INTRODUCCIÓN A LA LINGÜÍSTICA.
ENFOQUE TIPOLÓGICO
Y UNIVERSALISTA

INTRODUCCIÓN A LA LINGÜÍSTICA. ENFOQUE TIPOLÓGICO Y UNIVERSALISTA

Juan Carlos Moreno Cabrera

© JUAN CARLOS MORENO CABRERA

© EDITORIAL SÍNTESIS, S. A.
Vallehermoso, 34 - 28015 Madrid
Teléf.: (91) 593 20 98

Depósito legal: M. 7.492-1997
ISBN: 84-7738-450-9

Impreso en España - Printed in Spain

A mi hermana M.ª Aurora

ÍNDICE

Agradecimientos 11

Introducción... 13
    1. Tipología, universales y el estudio de las lenguas 13
    2. Lenguaje humano y diversidad de lenguas 16
    3. Concepciones formal y sustantiva de la gramática universal 17
    4. Universales, accesibilidad, origen y dignidad de las lenguas 18
    Orientación bibliográfica... 22
    Referencias bibliográficas 25

1. Breve repaso al desarrollo de la disciplina.. 27
    1. La explicación de la diversidad de lenguas 27
    2. Las aportaciones del siglo XIX 30
    3. El siglo XX 33
    Orientación bibliográfica... 37
    Referencias bibliográficas 38

2. El problema de la clasificación de las lenguas 41
    1. Criterios para clasificar las lenguas 41
    2. La clasificación genética 41
    3. Clasificación geográfica y territorial 44
    4. Clasificación tipológica 46
    5. Clasificación sociolingüística 49
    Orientación bibliográfica... 51
    Referencias bibliográficas 51

3. Los universales lingüísticos y sus diversos tipos 53
    1. Introducción a los universales lingüísticos 53
    2. Universales semióticos 55
        2.1. El signo lingüístico y la efabilidad 55
        2.2. Universales semióticos sustantivos y la dualidad 57

3. Universales gramaticales 62
   3.1. Universales gramaticales sustantivos 62
   3.2. Universales gramaticales formales 64
4. Universales, implicaciones y tendencias 67
   4.1. Introducción 67
   4.2. Universales absolutos 67
   4.3. Universales implicativos 67
   4.4. Las jerarquías universales 69
   4.5. Universales estadísticos 73
Orientación bibliográfica... 75
Referencias bibliográficas 75

4. La caracterización tipológica de las lenguas y familias lingüísticas............. 77
1. Tipologías Generalizadoras e Individualizadoras 77
2. Caracterización tipológica de la familia lingüística celta 78
   2.1. Introducción a las lenguas celtas 78
   2.2. Características peculiares de las lenguas celtas 78
3. Caracterización tipológica de la familia semítica 86
   3.1. Introducción a la familia semítica 86
   3.2. Peculiaridades de las lenguas semíticas 87
4. Hacia un parámetro tipológico 92
   4.1. Semejanzas entre las lenguas celtas y las lenguas semíticas 92
   4.2. El parámetro semántico del tipo de suceso 93
Referencias bibliográficas 97

5. Universales fonológicos y tipología fonológica 99
1. Bases fisiológicas de los universales fonológicos 99
   1.1. La producción de los sonidos 99
   1.2. Elementos fundamentales de los sistemas fonológicos 100
   1.3. Los fonemas primitivos 101
   1.4. Algunas generalizaciones universales sobre los sistemas fonológicos 102
2. Tipología y universales de los sistemas vocálicos 105
   2.1. La jerarquía universal de las vocales 105
   2.2. Universales de los sistemas fonológicos vocálicos 108
3. Tipología y universales de los sistemas consonánticos............ 110
   3.1. Introducción: conceptos fonéticos básicos sobre las consonantes . 110
   3.2. Tipología y universales de los sistemas consonánticos de las lenguas del mundo 111
4. Tipología y universales de la fonotáctica 121
Orientación bibliográfica 126
Referencias bibliográficas 127

6. Tipología y universales morfológicos................................... 129
1. Las unidades básicas de la primera articulación del lenguaje 129

1.1. Introducción: autonomía y autosuficiencia de las unidades morfo-
lógicas 129
1.2. Lexemas y gramatemas 131
1.3. Derivación y flexión 133
2. Técnicas de expresión lingüística y tipología morfológica de las len-
guas 136
2.1. Disposiciones paratáctica e hipotáctica de las unidades morfoló-
gicas 136
2.2. Subtipos de unidades morfológicas 138
2.3. Subtipos de disposición hipotáctica 138
3. Universales de la flexión 142
Orientación bibliográfica.. 144
Referencias bibliográficas 145

7. Tipología y universales semánticos 147
1. Universales del léxico.. 147
1.1. Universales de la estructuración estática del léxico 147
1.2. Construcción de meronomías homogéneas 148
1.3. Taxonomías materiales e individuales 150
1.4. Universales de la estructuración dinámica del léxico 153
1.5. Componentes léxicos universales 154
2. Universales semánticos oracionales 164
2.1. Estructura interna del evento 164
2.2. Modalidades de proceso 171
2.3. Dinámica de los EE 173
2.4. Esquemas eventivos, tipos eventivos y eventos 175
2.5. Relaciones eventivas 181
2.6. Coherencia/incoherencia intereventiva 183
3. El nivel de la enunciación y las modalidades 189
Orientación bibliográfica.. 191
Referencias bibliográficas 193

8. Tipología y universales sintácticos 195
1. La valencia verbal y las relaciones sintácticas fundamentales 195
1.1. Los lexemas predicativos y los argumentos requeridos 195
1.2. Referencia y caracterización argumental 196
1.3. Sistemas activo, ergativo-absolutivo y nominativo-acusativo 197
2. Argumentos simples y formación de argumentos complejos 207
2.1. Las reglas básicas de formación de argumentos complejos 207
2.2. La formación de modificadores complejos 208
3. Formación y modificación de los predicados 212
3.1. Las reglas universales de formación de los predicados 212
3.2. Las reglas de afección de la valencia 215
4. El parámetro de la expresión de las relaciones sintácticas 218
Orientación bibliográfica.. 220
Referencias bibliográficas 222

9. Universales del cambio gramatical.. 223
   1. Sincronía, diacronía y universales 223
   2. Indicatividad y predicatividad en sincronía y diacronía 225
   3. Los procesos de gramaticalización 228
   4. Los procesos de lexicalización 231
   5. Carácter cíclico de la diacronía gramatical 234
   Orientación bibliográfica... 238
   Referencias bibliográficas 238

10. La explicación de los universales lingüísticos 239
   1. Hacia una explicación materialista de la uniformidad y diversidad lingüísticas 239
   2. ¿Son inexplicables materialmente las propiedades formales del lenguaje humano? 241
   3. La base material de la gramática formal 244
   Orientación bibliográfica... 250
   Referencias bibliográficas 252

11. Repertorio de universales propuestos 253
   0. Universales Iniciales 253
   1. Universales Semióticos 253
   2. Universales Gramaticales 254
   3. Universales Metateóricos 254
   4. Universales Fonológicos 254
   5. Universales Morfológicos 255
   6. Universales Semánticos 255
   7. Universales Sintácticos 256
   8. Universales del Cambio Lingüístico 257

Bibliografía 259

Índice de materias 269

Índice de lenguas y familias lingüísticas 275

Índice de nombres... 281

AGRADECIMIENTOS

Este libro ha surgido de una invitación a dar un curso de universales y tipología lingüística por parte de la Universidad Nacional del Comahue, Río Negro, Argentina. Quiero agradecer ante todo al profesor Pascual José Masullo, director de la Escuela de Idiomas de esa Universidad y de quien surgió la iniciativa de la invitación, su amabilidad, generosidad, calor humano y hospitalidad. A mis alumnos quiero darles las gracias por sus numerosas sugerencias, preguntas e iniciativas, así como por su actitud comprensiva y condescendiente, que contribuyó a hacer de mi estancia en Argentina una experiencia inolvidable y querida. Quiero mencionar especialmente a Eduardo Bibiloni, Leopoldo Omar, Gabriela Comezaña, Adriana Álvarez, María Silvia Alasio, Nori Susana Robiglio, Maria Fernanda Casares de Gargini, María de los Ángeles Dalmau, Nelly Sosa, María Palmira Massi, Adriana Meriño y Sandra Cvejanov, algunos de ellos son profesores de la Universidad del Comahue y de otras universidades argentinas. Al profesor Pascual Masullo debo también observaciones y sugerencias muy valiosas. Todos ellos han contribuido a hacer que el libro que el lector tiene en sus manos sea muchísimo mejor que el que tuvieron que sufrir ellos.

INTRODUCCIÓN

1. TIPOLOGÍA, UNIVERSALES Y EL ESTUDIO DE LAS LENGUAS

La lingüística tipológica y universalista es aquella rama de la ciencia del lenguaje que se ocupa de estudiar las semejanzas y las diferencias entre las lenguas humanas. El objeto de estudio de esta disciplina es la totalidad de las lenguas humanas y no una lengua en particular.

Sabemos que las lenguas de la humanidad presentan una variedad grandísima en su forma. Hay dos posturas ante esta enorme variedad. La escéptica nos dice que no hay modo de encontrar generalización alguna que dé cuenta de dicha variedad: las lenguas (o familias de lenguas) difieren de modo imprevisible y arbitrario. Lo único factible es estudiar cada lengua (o cada familia de lenguas) en sus propios términos independientemente de las demás. El punto de vista que se adopta en este libro y en las investigaciones que intenta compendiar, es muy diferente. Se trata ahora de partir de la idea de que la variedad de lenguas (o familias lingüísticas) está sujeta a generalizaciones y leyes que hacen que la diversidad de lenguas esté constreñida o delimitada de una manera precisa. No podemos encontrar cualquier tipo de diferencia lógicamente concebible entre dos o más lenguas o familias. Las diferencias están situadas dentro de un marco general que determina hasta qué punto pueden ser distintas dos lenguas naturales. Se postula la existencia de principios comunes a todos los idiomas que nos especifican lo que hay de igual y de distinto en ellos, aquellos aspectos en los que pueden variar y aquellos otros en los que son siempre iguales. La investigación universalista intenta poner de manifiesto este marco común a todas las lenguas humanas; tal marco está constituido por una serie de principios que estarán intrínsecamente unidos con la configuración de la mente humana, donde se halla localizada la facultad del lenguaje. La investigación tipológica intenta mostrar que las formas en las que varían las lenguas o familias lingüísticas siguen unos patrones definibles que se pueden determinar con mayor o menor precisión.

Las investigaciones universalista y tipológica han estado separadas durante la mayor parte de la historia de los estudios gramaticales. Los filósofos y lógicos de diversas épocas y, en menor medida, los gramáticos se han ocupado de las cuestiones relativas a la indagación lingüística universalista. Por otro lado, los gramáticos y lingüistas de diversos períodos, se han ocupado de describir las distintas lenguas y familias lingüísticas y de establecer clasificaciones tipológicas. Sólo en el siglo XX se da una confluencia de ambas corrientes; es decir, de los estudios universalistas y tipológicos. En diferentes propuestas teóricas se muestra que no se puede hacer gramática de una lengua sin plantearse cuestiones de gramática universal y que no se pueden estudiar las variaciones tipológicas entre lenguas o familias lingüísticas sin hacer referencia a conceptos de la gramática universal. A lo largo del libro iremos presentando conceptos lingüísticos universales que han de tomarse en cuenta para establecer las tipologías lingüísticas; es decir, para plantearse los principios que delimitan y constriñen las variaciones permisibles entre las lenguas.

A pesar de esta confluencia de la que se habla en el párrafo anterior, la lingüística tipológico-universalista tiene que habérselas con dificultades enormes y aun insuperables.

Una de ellas es que no disponemos de información suficiente acerca de la gran mayoría de las lenguas del mundo. Sobre la estructura de las lenguas indoeuropeas, semíticas, urálicas, altaicas, sino-tibetanas y otras familias y lenguas disponemos de abundante información (aun así, no siempre todo lo completa que sería necesario). Sin embargo, de la mayor parte de las familias y lenguas del globo conocemos poco más que el nombre. Según la última edición del *Ethnologue* (B. Grimes (ed.) 1992) sólo en Nueva Guinea Papúa existen más de 800 lenguas, de la mayoría de las cuales no sabemos prácticamente nada. En este catálogo –el más completo existente– se contabilizan 6.528 lenguas con la distribución geográfica que se muestra en la siguiente tabla.

Distribución de los lenguajes del mundo

Continente	Número de lenguas	Porcentaje
Oceanía	1341	21%
Asia	2034	31%
América	949	15%
Europa	209	3%
África	1995	30%

A partir de esta tabla se puede construir el gráfico de la página siguiente.

Como puede apreciarse, sólo un 3% de las lenguas que se hablan en el mundo son lenguas de Europa. Sin embargo, la mayor parte de nuestros conocimientos actuales sobre la estructura de las lenguas provienen de idiomas que han nacido, se usan o han usado en Europa. No es extraño pensar, por consiguiente, que la mayoría de los tipos y universales lingüísticos que los especialistas proponen tiene un sesgo empírico muy pronunciado. Más concretamente, la lingüística contemporánea tiene un claro sesgo europeísta. Esto significa que nuestra manera de concebir las similitudes y diferencias entre las lenguas se lleva a cabo en la mayoría de los casos desde la perspectiva de las lenguas europeas. Por tanto, una de las limitaciones más serias de este tipo de lingüística, que habrá que ir superando con el tiempo, es la que proviene del sesgo empírico europeo. Para contrarrestar sus efectos, se están diseñando métodos que determinan el número de lenguas de familias diferentes que han de figurar en una

Distribución de las lenguas del mundo

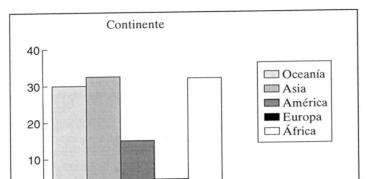

muestra parcial de lenguas (ya que como hemos visto es inviable exigir hoy por hoy una muestra total de las lenguas del orbe) que sirva de base empírica a una investigación tipológica y universalista. Estos métodos se conocen como *muestreo lingüístico (language sampling;* véase J. Carlos Moreno Cabrera 1995: 67-74). Es seguro, desde luego, que si una investigación tipológica desea deshacerse del bies europeísta, en un corpus de, por ejemplo, cien idiomas, sólo podría haber tres lenguas europeas, siendo las otras noventa y siete de las demás partes del mundo. En un corpus de 300 lenguas tan sólo 9 habrían de ser europeas. Esto rara vez se cumple, por las razones prácticas que hemos señalado, en las investigaciones actuales y ello las sesga inevitablemente. Así por ejemplo, el corpus fonológico UPSID sobre el que basamos los universales fonológicos del presente libro, contiene 300 lenguas y 24 lenguas son europeas (no debería haber más de 9 para respetar los porcentajes observados).

Este libro depende totalmente de los estudios ya realizados sobre las constantes y las variables en la diferenciación de lenguas; por ello, adolece de exactamente los mismos defectos que las aportaciones en que se basa. Esta observación bastará para que sean evaluadas en su justo alcance las aserciones que se hacen en él sobre la generalidad o universalidad de los conceptos que se irán explicando a lo largo de la presente obra, que tendrá las virtudes y los defectos del estado de nuestros conocimientos sobre la materia.

A las dificultades empíricas se le añaden limitaciones prácticas adicionales de otro orden. Si la lingüística tipológica y universalista tiene por objeto la explicación de lo diverso y común en todas las lenguas del orbe, es claro que no existe persona en el mundo capaz de manejarse en todas ellas, ni siquiera con ese tres por ciento de lenguas europeas, de las que, según las averiguaciones del *Ethnologue,* hay más de doscientas. Sin embargo, no hay motivo para desanimarse: el método de trabajo del lingüista con esta orientación no consiste en aprender todas las lenguas conocidas y, a partir de ahí, comenzar la tarea de descubrimiento de semejanzas y diferencias. Toda ciencia es una tarea colectiva en la que unos investigadores se apoyan en los conocimientos a que llegan otros estudiosos y parten de ellos. También existen investigadores que buscan encontrar conexiones entre diversos campos científicos, aunque no puedan considerarse expertos en todos y cada uno de esos campos. El tipólogo y universalista del lenguaje ha de apoyarse en lo que se sabe sobre las lenguas del mundo; ha de partir necesariamente de lo que los especialistas en cada una de las lenguas o familias lingüísticas del mundo dicen, no necesariamente para asumirlo ciegamente. Por supuesto, el tipólogo puede ser a su vez especialista en alguna lengua o familia; pero lo que es imposible es que sea especialista en todas las lenguas y familias del mundo. Ahora bien, debe disponer de un conjunto de instrumentos de análisis conceptuales que le permitan emprender la tarea con garantías. Debe tener, por tanto, una buena formación en lingüística general. Además ha de disponer de la suficiente experiencia empírica y teórica como para conceder el grado de fiabilidad que merecen las diversas fuentes consultadas sobre las lenguas del mundo. En conclusión, para hacer lingüística tipológica y universalista no es imprescindible conocer de modo especializado todas las lenguas objeto de estudio, pero sí disponer de los suficientes saberes como para manejar con aprovechamiento todo aquello que los especialistas aportan sobre las lenguas o familias de su competencia. Una buena formación de lingüística general y un conocimiento adecuado del mayor número de lenguas y/o familias lingüísticas posible, ayudarán indefectiblemente en esta fascinante empresa.

Que haya condiciones adversas de tipo empírico y teórico para emprender o continuar una tarea, no es motivo para abandonarla, si se considera intelectualmente interesante, sino para insistir con mayor esfuerzo y dedicación en ella y en la superación de los problemas que impiden llevarla a buen término. Por ello, la descripción de una pequeña lengua hablada por unos pocos cientos de personas en uno de los rincones más recónditos e inaccesibles del planeta, lejos de ser un empeño insignificante, constituye para el tipólogo y universalista una contribución de primer orden digna de los mayores elogios por lo que puede contribuir a ampliar los torcidos y reducidos horizontes que se ve obligado a otear, de modo involuntario las más de las veces, el sufrido tipólogo y universalista. Por igual razón, la muerte de una lengua de estas características, de la que ya no se podrá recabar testimonio alguno, debe ser vista por el investigador como un fuerte revés a la labor que intenta desarrollar.

2. LENGUAJE HUMANO Y DIVERSIDAD DE LENGUAS

Conviene empezar esta sección enunciando varias ideas algunas de las cuales pudieran parecer obvias, pero que no siempre se tienen en cuenta cuando se hacen críticas a la lingüística universalista y tipológica.

Primero, toda lengua humana es una manifestación concreta de la capacidad humana que denominamos *lenguaje;* pero no hay ninguna lengua que sea *la manifestación* del lenguaje humano. Es decir, no existe ninguna lengua que se pueda considerar la realización por antonomasia del lenguaje humano. Todas las lenguas del mundo presente, pasado y futuro son manifestaciones de igual rango, aunque difieran grandemente entre sí.

En segundo lugar, las lenguas humanas son diferentes entre sí, pero lo son, no de modo imprevisible y arbitrario, sino de modo previsible y motivado. Existe una serie de reglas generales o de principios comunes que restringen de modo muy fuerte las diferencias posibles entre las lenguas. Cuando estudiamos una lengua que no conocemos, en buena medida sabemos lo que nos vamos a encontrar basándonos sobre lo que sabemos sobre nuestra propia lengua. Por supuesto, lo que no podemos es saber cómo va a ser exactamente esa lengua sobre la base de lo que sabemos sobre la nuestra. Pero sí somos capaces de vislumbrar con qué tipo de entidad nos las vamos a ver. Por ejemplo, sabemos de antemano que tendremos que aprender un léxico y unas reglas que nos especifiquen cómo combinar elementos de ese léxico para obtener oraciones.

Si las lenguas variaran de modo arbitrario y sin ningún patrón regular tanto a lo largo del tiempo como del espacio, entonces la ciencia lingüística sería imposible. Hay sospechas más que fundadas que permiten deducir lo contrario y que, por tanto, justifican la existencia de una empresa que consista en desentrañar lo que hay de común y lo que hay de diferente en esa variación de lenguas.

Está justificado hablar de regularidades en la variación temporal y espacial de los idiomas. Ahora bien, esto no significa que el estudio de éstos se agote una vez establecidas estas regularidades. Ello es así porque cada lengua realiza de una manera idiosincrásica esas leyes. Ninguna regularidad, principio o ley conforma totalmente un idioma. Como toda entidad que se desarrolla históricamente, interactúan en una misma lengua diferentes factores uno de los cuales es el que acabamos de observar. Una lengua nunca desecha por completo etapas anteriores de su variación histórica; se ve afectada por influencias de otras lenguas con las que entra en interacción, por factores culturales, sociales, económicos, demográficos o políticos que hacen de cada lengua una entidad singular e irrepetible y más irregular de lo que muchos lingüistas quisieran. Esto hace que no haya idiomas puros, que reflejen de modo neto, uniforme e inexorable las leyes lingüísticas, ya sean éstas diacrónicas (o históricas) o sincrónicas (o contemporáneas), tipológicas o gramaticales, fonológicas, sintácticas o semánticas.

Pero lo anterior no significa que sea inadecuado proponer y estudiar estas regularidades lingüísticas (de las que los universales son los exponentes más generales), porque lo cierto es que, a pesar de todas esas idiosincrasias que individualizan los idiomas, por doquier vemos la influencia de esos principios generales que, lejos de ser neutralizados y aniquilados por esa multitud de factores convergentes, aparecen una y otra vez de modo insistente y machacón y siguen haciendo factible la labor de generalización de los lingüistas.

3. CONCEPCIONES FORMAL Y SUSTANTIVA DE LA GRAMÁTICA UNIVERSAL

Toda lengua es un mecanismo que sirve para asociar secuencias fónicas con significados. Para que sea posible alcanzar el rendimiento comunicativo que se observa en las lenguas naturales sobre la base del soporte físico y psíquico en el que se asienta ese mecanismo, existe una serie de propiedades que necesariamente debe tener ese mecanismo, dado que dicha base (aparato articulatorio y psiquis) es común a todos los seres humanos. La estructura de los órganos articulatorios y la estructura de la mente tienen una base común a todos los seres humanos.

Los *universales formales* son aquellas propiedades de las lenguas humanas que necesariamente debe tener un sistema de comunicación con el rendimiento observado y la base material común que lo caracteriza. Estas propiedades debe poseerlas cualquier lengua humana presente, pasada y futura. Los universales formales pueden llegar a formularse incluso si sólo estudiamos una única lengua y somos capaces de determinar qué propiedades de esa lengua se derivan de la base material común a todos los seres humanos. En este libro denominamos a los universales formales *universales semióticos*.

Los *universales sustantivos* son determinadas propiedades que no necesariamente son definitorias del lenguaje humano, pero que se dan en todas las lenguas que conocemos. Estamos ahora, no en el plano de lo esencial, sino de lo accidental, de los datos que provienen del estudio empírico de las diferentes lenguas del mundo. Desde este punto de vista empírico, el carácter universal de una generalización supondría la comprobación de que dicha generalización se verifica, en efecto, en todas y cada una de las lenguas presentes, pasadas y futuras. Es evidente que, si no conocemos bien todas las lenguas que se hablan en el mundo hoy en día, si desconocemos la mayoría de las lenguas pasadas y la totalidad de las futuras, es imposible justificar o comprobar totalmente un universal de este tipo. El método universalista debe ser de ensayo y error. Se propone un determinado universal con la idea de que tal universal es provisional, y, por tanto, de que debe estar sometido constantemente a comprobaciones empíricas. Todos los universales sustantivos que se enumeran en este libro tienen, como no podría ser de otra forma, este carácter provisional; datos de otras lenguas distintas a las que aquí se han tenido en cuenta deben proporcionarnos criterios para modificar, desarrollar, sustituir o abandonar los universales que se enumeran.

4. UNIVERSALES, ACCESIBILIDAD, ORIGEN Y DIGNIDAD DE LAS LENGUAS

El estudio de los universales lingüísticos tiene repercusiones indudables en muchas ramas de la lingüística y de las ciencias relacionadas.

Ocupémonos, en primer lugar, de la relación de los universales con el origen ontogenético y filogenético de las lenguas. Desde el punto de vista de la adquisición del lenguaje por parte del niño, tenemos un dato incontestable que justifica a todas luces la necesidad de postular universales lingüísticos. Este hecho se basa en la noción de *accesibilidad* de todas las lenguas humanas por parte de cualquier ser humano en su etapa de adquisición de su lengua materna. Es decir, todo ser humano nace capacitado para adquirir cualquier lengua natural. Si trasladamos a un recién nacido en Madrid a Pekín con una familia china y un recién nacido en Pekín, a Madrid con una familia española, tanto un niño como otro adquirirán sin la menor dificultad las lenguas china y española, aunque sus rasgos físicos difieran marcadamente de los de las personas de su entorno. Hay que hacer una advertencia: este razonamiento sólo tiene validez para los aspectos naturales y no artificiales de las lenguas; es decir, para todos aquellos aspectos que se aprenden de modo natural, sin necesidad de una instrucción específica. Por ejemplo, la escritura no es algo que se aprende de modo natural, sino por medio de acciones educativas específicas y escapa al razonamiento que acabamos de hacer. Es claro que la escritura china es más compleja que la española y que el niño probablemente tarde más en aprender una que otra en términos comparativos. Lo mismo puede decirse de otros aspectos lingüísticos que exigen instrucción específica para su aprendizaje. Este experimento –que no hace falta realizar artificialmente porque se ha dado, se da y se dará de modo natural y habitual– se puede repetir para cualquier par de lenguas; ello significa que todas las lenguas tienen idéntica propiedad: la accesibilidad o el carácter de adquiribles. Podemos entonces plantear el siguiente universal:

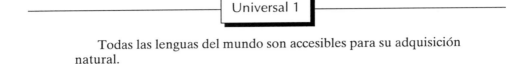

Universal 1

Todas las lenguas del mundo son accesibles para su adquisición natural.

Por *adquisición natural* entendemos el proceso mediante el cual un niño adquiere en su desarrollo la lengua que se hable en su entorno. Esta posibilidad sólo se puede explicar si suponemos que todas las lenguas comparten una serie de rasgos o propiedades que sintonizan de modo perfecto con la forma en la que los seres humanos aprendemos naturalmente una lengua. Ese conjunto de rasgos o propiedades debe ser universal, todas las lenguas tienen que presentarlos. Esto sólo se podría poner en duda si se llegara a comprobar que hay lenguas que se adquieren naturalmente con más dificultad de que otras.

Otro ámbito en el que los universales desempeñan un papel importante es el de los orígenes de las lenguas. La investigación de cómo surgió la capacidad lingüística y cómo se formaron las primeras o primera lengua o protolengua, adquiere unos tintes específicos desde el punto de vista del universalismo. Esos rasgos universales pueden constituir una inestimable ayuda para la investigación sobre los orígenes del lenguaje y las lenguas. Los universales sustantivos desempeñarán también aquí un papel decisivo. El conjunto de tales universales puede servir para ofrecernos un retrato robot de esa primera o primeras protolenguas. También puede tener alcance para la cuestión del monogenetismo o poligenetismo de las lenguas. Es decir, sobre la cuestión de si todas las lenguas provienen de una única lengua originaria o el origen está en un conjunto de lenguas primitivas no relacionadas genéticamente entre sí. Aquí los universales sustantivos son determinantes: si realmente todas las lenguas humanas comparten una serie de características que no se derivan directamente de la configuración física, fisiológica y mental de los seres humanos, entonces la hipótesis del monogenetismo se vería en gran medida reforzada. De todas maneras, la existencia misma de universales del tipo que sean, no hace descartable el monogenetismo.

Otro de los datos que pone de manifiesto a las claras la existencia de una base común a todas las lenguas del mundo es la propiedad de la *traductibilidad*. Consiste en la posibilidad de traducción entre cualesquiera lenguas. Proponemos el siguiente universal:

Universal 2

Es posible la traducción entre cualesquiera lenguas naturales humanas.

Hay diversas matizaciones que hacer a este universal. Lo que se dice es que es posible la traducción entre las lenguas o, dicho de otro modo, todavía no se ha encontrado ninguna lengua humana natural intraducible. En las descripciones de las lenguas más exóticas o alejadas geográfica y culturalmente nos encontramos glosarios con traducción de algunos de sus vocablos a alguna lengua europea, así como textos traducidos a ella. Hay obras políticas o literarias como el *Manifiesto Comunista* o *Don Quijote de la Mancha* que han sido traducidas a centenares de lenguas, sin que hasta ahora se haya encontrado lengua alguna en la que esa traducción sea imposible.

Ahora bien, el tipo de traducción que suponemos aquí no coincide con lo que algunos conciben como traducción en sentido estricto. Ciertamente existen palabras en las lenguas que no tienen equivalente exacto en otras lenguas. Veamos un ejemplo concreto de una lengua exótica. Se trata del limba, lengua níger-congo del grupo atlántico occidental hablada en Sierra Leona y Guinea (los datos se extraen de M. L. Clarke *A Limba-English Dictionary*). Veamos primero una lista de palabras que no tienen equivalente en español:

CINCO PALABRAS DEL LIMBA

- *Napekepeke:* acción repetida de una aguja o instrumento afilado.
- *Kutopitopiko:* árbol pequeño que da flores de un rojo brillante y muda unas hojas antes de florecer que se usan para una enfermedad infantil llamada *kusam.*
- *Huteyangha:* momento alrededor de las siete de la mañana
- *Doboro:* la comida de las chicas bundu cuando hacen su primera aparición pública, compuesta de *sisa, longba, tihiya, npindi, feni* y *maiya.*
- *Bakambewo:* persona aseada, que presta especial atención a su apariencia personal, amante de los adornos.

Hemos podido traducir estas cinco palabras del limba sin problemas, aunque no encontremos una palabra española exactamente equivalente. La primera palabra es un adverbio que se utiliza para acciones en las que una aguja o similar penetra un determinado objeto más de una vez. Nuestro verbo *coser* hace referencia a una acción habitualmente de este tipo. Nada hay de extraño o intraducible en esta palabra limba. La siguiente expresión tampoco ofrece problema alguno de traducción. Tampoco la palabra *doboro,* para la que no existe equivalente en castellano, ofrece especiales dificultades de traduccion mediante una paráfrasis. La última expresión incluso podría traducirse al español como *pisaverde, lechuguino* o *dandi.*

Cuando decimos que todas las lenguas son traducibles, nos referimos al hecho de que todavía no se ha encontrado ninguna lengua en la que no se pueda hacer lo que acabamos de llevar a cabo en el caso del limba.

Otra cuestión distinta a la anterior es si es posible la traducción *exacta* entre todas las lenguas. Depende de lo que entendamos por *exactitud;* es evidente que, cuantos más componentes introduzcamos en la definición de esa exactitud, más difícil será esa posibilidad. Las diferencias culturales, ideológicas, históricas, artísticas o políticas pueden utilizarse en la concepción de la exactitud y ello hará que el concepto de traducción se haga cada vez más difícil. Es posible que no sea factible tal traducción exacta; es incluso posible que dos personas que hablen la misma lengua tampoco tengan concepciones, ideas o sentimientos exactamente iguales, pero esto no impide que exista una base común que haga posible la comunicación intra e interlingüística entre los individuos. Esa base común es innegable y hace posible la traductibilidad de las lenguas.

A pesar de lo dicho, no existe una conexión directa entre la traductibilidad y los diversos universales lingüísticos como los que expondremos a lo largo del presente libro, tal como ha demostrado B. Comrie (1988). Este autor argumenta que la traductibilidad pueden presentarla lenguas que no se atengan a los universales reconocidos como válidos. Por ejemplo, en ninguna lengua del mundo las oraciones interrogativas se forman invirtiendo el orden de todas y cada una de las palabras de una oración enunciativa. Comparemos una oración afirmativa como *Juan ha llegado tarde a la reunión* con lo que se originaría, si se aplicase en español esa regla de formación de interrogativas, es decir, con la siguiente secuencia: *reunión la a tarde llegado ha Juan*. La razón de esta imposibilidad está en el universal que nos dice que todas las operaciones sintácticas son sensibles a la estructura de la oración que las experimentan y no al mero orden secuencial de los elementos que la componen. Sin embargo, arguye Comrie, no es difícil la traducción de la secuencia *reunión la a tarde llegado ha Juan* como interrogativa de *Juan ha llegado tarde a la reunión*. Comrie examina algunos universales más y llega a la conclusión de que no están directamente relacionados con la traductibilidad entre las lenguas humanas naturales. La violación de universales gramaticales no parece, por lo tanto, afectar a la traductibilidad y, por consiguiente, la traductibilidad nada tiene que ver con los universales, según el autor citado.

Si no parece acertada la suposición de una conexión directa entre los universales gramaticales y la propiedad de la traductibilidad, sí que podemos afirmar que la traductibilidad depende de una propiedad de las lenguas que sí es universal: la propiedad de la *efabilidad* u *omnisimbolismo* que estudiaremos en el capítulo tercero (sección 2.1) y que dice que cualquier contenido expresable simbólicamente lo es en cualquier lengua humana. De esta característica universal de las lenguas humanas naturales se sigue la propiedad de la traductibilidad.

La existencia de universales hace que las lenguas estén situadas en un plano de igualdad a pesar de las enormes diferencias culturales que muchas veces van asociadas a ellas. La base universal de las lenguas hace que, a los efectos de manifestación concreta, individual, específica e irrepetible de la capacidad lingüística humana, cada lengua humana tenga exactamente el mismo valor y merezca la misma consideración científica, social o cultural que las demás, independientemente de si tiene detrás una tradición cultural escrita o solamente oral, un estado que la arrope, la proteja y la potencie, una superioridad demográfica, política, militar o social. La existencia de universales lingüísticos pone de manifiesto la dignidad de todas las lenguas humanas se hablen donde se hablen o tengan el número de hablantes que tengan. No hay que olvidar que todas las personas pertenecen a la misma especie, sean de la raza que sean, y que igualmente todas las lenguas, sean del tipo que sean, son realizaciones concretas de una capacidad asociada a esa especie que llamamos *lenguaje humano*.

ORIENTACIÓN BIBLIOGRÁFICA

Comrie, B. (1989): *Language Universals and Linguistic Typology,* Londres, Basil Blackwell, 252 páginas con bibliografía, índice de lenguas, índice de nombres propios e índice de temas [Versión española, Universales del Lenguaje y Tipología Lingüística, Madrid, Gredos, 1990].
Se trata de una obra introductoria ya clásica. Está centrada en cuestiones teóricas básicas en los tres primeros capítulos. El primer y segundo capítulo tratan respectivamente de los tipos de universales y de los parámetros tipológicos. Los siguientes capítulos están dedicados a problemas de sintaxis tipológica tales como el orden de palabras, el sujeto, la marcación de caso, las oraciones de relativo, las construcciones causativas, el parámetro de la animación. También se expone la relación entre la tipología lingüística y la lingüística histórica. Es un libro, en suma, recomendable y útil para introducirse en los estudios actuales de tipología y universalística lingüísticas.

Croft, W. (1990): *Typology and Universals,* Cambridge University Press, 311 páginas, con bibliografía, mapa de las lenguas citadas, índice de autores, índice de lenguas e índice de temas.
Es un libro similar al de Comrie, pero más teórico. En él se van exponiendo conceptos centrales de la tipología lingüística actual, tales como el de marcación, las jerarquías gramaticales, los universales implicativos, las categorías tipológicas prototípicas (transitividad, caso, nombre, persona), las motivaciones externas para una tipología de las relaciones de forma-función, incluyendo la iconicidad. También contiene un capítulo sobre tipología diacrónica. Se trata de un libro algo más técnico y difícil que el de Comrie, pero hoy por hoy imprescindible para tener acceso a una exposición ordenada, ilustrada y coherente de la mayor parte de los conceptos fundamentales de la tipología lingüística contemporánea.

Décsy, G. (1988): *A Select Catalog of Language Universals,* Bloomington, Eurolingua, 142 páginas, con bibliografía.
Se trata de una enumeración de universales lingüísticos relativos a la fonología, morfología, sintaxis, léxico y semántica de las lenguas naturales. El libro es útil, aunque irregular en cuanto a la calidad e interés de sus propuestas. Por ello, no es totalmente adecuado para introducirse en la materia.

Greenberg, J. (ed.) (1963): *Universals of Language,* Massachusetts, The MIT Press, 337 páginas, con índice de materias y nombres propios.
Es una antología ya clásica de trabajos sobre los universales lingüísticos presentados en un famoso congreso sobre el tema celebrado entre el 13 y 15 de 1961 en Dobbs Ferry, Nueva York. Este congreso reavivó en EEUU el interés por la investigación universalista. Contiene contribuciones clásicas como la de Ch. F. Hockett sobre las propiedades universales del lenguaje humano, la de H. Hoenigswald sobre los universales del cambio lingüístico o la de R. Jakobson sobre las implicaciones de los universales del lenguaje para la lingüística. Los estudios parciales no son menos importantes: al de J. Greenberg sobre el orden de palabras (artículo que funda una línea propia de investigación), se suman el de Cowgill sobre los universales de la morfología indoeuropea o los de Weinreich y Ullmann sobre universales semánticos. Las perspectivas antropológica y psicolingüística también tienen cabida en este libro, auténticamente fundacional, de la mano de J. B. Casagrande y Ch. E. Osgood, respectivamente.

Greenberg, J. (1966): *Language Universals with special reference to feature hierarchies,* Mouton, La Haya, 89 páginas.
Este opúsculo, que es la publicación en tirada aparte de un artículo del autor, presenta el concepto de marcación como fundamento de los universales implicativos en los niveles fonológi-

co, gramatical y léxico. Se ocupa además de las características comunes de los universales de cada uno de estos niveles y además nos ofrece un estudio de los universales de la terminología del parentesco. La sencillez, claridad y accesibilidad del libro lo hacen ideal para adquirir una idea rápida y fundamentada de los universales implicativos.

Greenberg, J. (1974): *Language Typology: a historical and analytic overview,* Mouton, La Haya, 82 páginas, con índice de temas y nombres propios.

Como el opúsculo anteior, se trata de la publicación independiente de un artículo de Greenberg. Consiste en una exposición de los fundamentos lógicos, históricos, teóricos y diacrónicos de la tipología lingüística. Es un libro adecuado para comprender la situación de esta disciplina a finales de los sesenta y principios de los setenta.

Greenberg, J.; Ferguson, Ch. A. y Moravcsik, E. A. (eds.) (1978): *Universals of Human Language, Volume 1. Method & Theory,* Stanford, Stanford University Press, 286 páginas, con índice de lenguas y de autores.

Este volumen recoge trabajos sobre la teoría de la tipología y de los universales lingüísticos. El propio Greenberg redacta dos contribuciones: una sobre tipología y generalizaciones interlingüísticas y otra sobre la relación entre diacronía, sincronía y universales lingüísticos. Hay además un artículo sobre la historia de la investigación universalista de Ch. Ferguson; otro sobre el contacto lingüístico y otro sobre el muestreo lingüístico. Es una buena antología de estudios teóricos que debe ser conocida y tenida en cuenta.

Greenberg, J.; Ferguson, Ch. A. y Moravcsik, E. A. (eds.) (1978): *Universals of Human Language, Volume 2. Phonology,* Standford, Stanford University Press, 590 páginas, con índice de lenguas y de autores.

Este volumen está dedicado a la fonología y contiene trabajos muy relevantes. Se tratan las oclusivas y fricativas (Th. Gamkrelidze), la palatalización (D. Bhat), los universales de los sistemas vocálicos (J. Crothers) y las consonantes silábicas (A. Bell); las vocales nasales (M. Ruhlen), los grupos consonánticos iniciales y finales (J. Greenberg), los procesos fonológicos (Ch. Ferguson), la demarcación fonológica de las palabras (L. M. Hyman), la entonación (D. Bolinger) y el simbolismo fónico y la metátesis (R. Ultan); también se estudian monográficamente en los restantes capítulos. En conjunto, forman una visión de los universales fonológicos con una amplia cobertura empírica.

Greenberg, J.; Ferguson, Ch. A. y Moravcsik, E. A. (eds.) (1978): *Universals of Human Language, Volume 3, Word Structure,* Stanford, Stanford University Press, 463 páginas, con índice de lenguas y de autores.

Los trabajos de este tercer volumen están dedicados a problemas morfológicos. Se analizan, entre otras cuestiones, los aspectos universales y tipológicos del auxiliar verbal (S. Steele), de los pronombres personales (D. Ingram), de los sistemas numerales (J. Greenberg), de las relaciones espacio-temporales (E. Closs-Traugott), de los morfemas de tiempo futuro (R. Ultan), de la derivación (Y. Malkiel), de los marcadores de género (J. Greenberg), de la reduplicación (E. Moravcsik) y de las frases hechas (A. Makkai).

Greenberg, J.; Ferguson, Ch. A. y Moravcsik, E. A. (eds.) (1978): *Universals of Human Language, Volume 4, Syntax,* Stanford, Stanford University Press, 667 páginas, con índice de lenguas y de autores.

Este nutrido volumen contiene también muchas aportaciones de interés. Se estudian las oraciones interrogativas (R. Ultan), la concordancia (E. Moravcsik), la negación (L. Horn), la posesión (R. Ultan), las construcciones adverbiales (G. Sanders), las construcciones locativas (E. Clark), la marca de caso de los objetos (E. Moravcsik), la definitud y la referencialidad (T. Givón), las oraciones de relativo (B. Downing), las oraciones enfáticas (H. Harries-Delisle), el orden de palabras (S. Steele) y las oraciones complejas (L. Talmy). Por su variedad temática y por el amplísimo número de lenguas estudiadas constituye una excelente conclusión de esta soberbia serie de volúmenes.

Keenan, E. (1987): *Universal Grammar: 15 Essays,* Londres, Croom Helm, 499 páginas.
   Esta antología de artículos de E. Keenan es un ejemplo de un tipo de investigación universalística que se apoya en el uso intensivo de instrumentos lógicos, que permiten alcanzar un grado de generalidad y precisión nunca sospechado en la lingüística. Los trabajos se agrupan en cinco partes. La primera versa sobre el concepto de parametrización de la gramática universal así
   como de su validez psicológica. La segunda sección agrupa trabajos sobre las relaciones gramaticales universales. La tercera sección investiga los fundamentos formales de las reglas
   que modifican la valencia de los predicados. La parte cuarta aborda el problema de la explicación de los universales gramaticales y la parte quinta incluye un único artículo sobre el papel
   del concepto de verdad en la semántica de las lenguas naturales. En suma, estamos ante una obra
   fundamental que presenta de modo avanzado algunos de los resultados más brillantes y sobresalientes de la lingüística universalista formal.

Moreno Cabrera, J. C. (1995): *La lingüística teórico-tipológica,* Madrid, Gredos, 194 páginas,
   con bibliografía, glosario e índice de materias, lenguas y nombres e índice general.
   Se trata de una visión de conjunto de los aspectos teóricos y prácticos de la actual tipología lingüística. No es un libro adecuado para introducirse en la materia, ya que el lector necesita algunos conocimientos lingüísticos previos.

Seiler, H. (ed.) (1978): *Language Universals,* Tubinga, Gunter Narr, 328 páginas.
   Puede considerarse esta antología de trabajos como la versión europea del libro compilado por
   Greenberg y publicado en 1963 que ya hemos comentado. En efecto, se trata de las actas de un
   congreso celebrado en Gummersbach y Colonia entre el 3 y el 8 de octubre de 1976, es decir,
   quince años después del que se celebró en Nueva York. Y también en este caso, el congreso dio
   origen a un importantísimo proyecto de universales y tipología conocido como UNITYP.
   Hay trabajos de diverso carácter, predominantemente teórico. Entre ellos destacan las dos aportaciones de H. Seiler, fundador del UNITYP: la que abre el volumen, en la cual se enuncian los
   objetivos y métodos del UNITYP y la que cierra el libro, donde el maestro suizo esboza una de
   las dimensiones que configuran el proyecto: la dimensión de la determinación. Aparte de esto
   el libro contiene importantes contribuciones teóricas de René Thom, P. Ramat y L. Dezső.

Shopen, T. (ed.) (1985): *Language Typology and Syntactic Description, Vol I. Clause Structure,*
   399 páginas, con bibliografía general e índice de materias y lenguas. Cambridge, Cambridge
   University Press.
   Esta volumen consta de cinco capítulos. El primero es de P. Schachter y se dedica al estudio interlingüístico de las clases de palabras. El segundo, escrito por A. Andrews, trata de las funciones
   del sintagma nominal. J. M. Sadock y A. M. Zwicky llevan a cabo un estudio interlingüístico de
   la expresión sintáctica de los actos de habla, en el siguiente capítulo. La negación merece un capítulo entero, compuesto por J. Payne. E. L. Keenan realiza en el siguiente capítulo una investigación sobre la pasiva en sus aspectos tipológicos. Por último, W. Foley y R. D. van
   Valin investigan cómo se organiza la información en las oraciones, en el capítulo que cierra este primer volumen.

Shopen, T. (ed.) (1985): *Language Typology and Syntactic Description, Vol II. Complex
   Constructions,* 317 páginas, con bibliografía general e índice de materias y lenguas.
   Cambridge, Cambridge University Press.
   Cinco capítulos componen este segundo tomo. En el primero, J. Payne analiza los sintagmas y
   oraciones compuestas por coordinación. M. Noonan lleva a cabo un completo estudio sobre la
   subordinación oracional en el siguiente capítulo. Las oraciones de relativo merecen un nuevo
   capítulo, escrito por E. L. Keenan. El capítulo cuarto se ocupa de las subordinadas adverbiales
   y está compuesto por S. Thompson y R. Longacre. El volumen se cierra con un trabajo de R.
   Longacre sobre las oraciones como combinaciones de clásulas.

Shopen, T. (ed.) (1985): *Language Typology and Syntactic Description, Vol III. Grammatical
   Categories and the Lexicon,* 427 páginas, con bibliografía general e índice de materias y lenguas. Cambridge, Cambridge University Press.

Este último volumen consta de siete capítulos. En primer lugar, un estudio de S. Anderson sobre las distinciones tipológicas en la formación de palabras abre el libro. A continuación, L. Talmy diserta sobre los patrones de lexicalización. La morfología flexiva ocupa el tercer capítulo, escrito por S. Anderson. El tiempo, aspecto y modo se analizan tipológicamente en el capítulo cuarto, compuesto por S. Chung y A. Timberlake. La deíxis es objeto del siguiente capítulo, realizado por S. Anderson y E. Keenan. El profesor B. Comrie hace una detallada exposición de la causatividad en el capítulo sexto. Por último, la nominalización es objeto del último capítulo, escrito por B. Comrie y S. Thompson.

Varios Autores (1997-1998): *EUROTYP,* Berlín Mouton de Gruyter, 9 tomos.
Se incluyen en esta extensa obra los resultados del proyecto de tipología de las lenguas europeas EUROTYP, expuestos en cerca de diez mil páginas. Los tomos están dedicados al orden de palabras, las construcciones adverbiales, los sistemas acentuales, la actancia y la valencia, los clíticos, el tiempo y el aspecto, la estructura del sintagma nominal, la organización pragmática del discurso y la subordinación. Aunque se centran sobre las lenguas europeas en diversos tomos, hay también muchos datos de lenguas habladas en muy diferentes lugares del globo. Esta serie presenta una tipología empíricamente orientada que alcanza una profundidad y detenimiento pocas veces conseguidos en la historia de la lingüística.

REFERENCIAS BIBLIOGRÁFICAS

Comrie, B. (1988): "Translatability and Language Universals" en M. Kefer y J. van der Auwera (eds.) *Universals of Language, Belgian Journal of Linguistics,* nº 4, 1989, páginas 53-67.
Grimes, B. (ed.) (1992): *Ethnologue. Languages of the World,* Dallas, Summer Institute of Linguistics, 12ª edición.

1

BREVE REPASO AL DESARROLLO
DE LA DISCIPLINA

1. LA EXPLICACIÓN DE LA DIVERSIDAD DE LENGUAS

La historia de la clasificación de las lenguas ha sido en su mayor parte la historia de los mitos sobre su origen y su diversidad. Desde el mito bíblico de Babel hasta prácticamente nuestros días han proliferado las hipótesis fantasiosas que intentan determinar el origen y clasificación de las lenguas actuales y pasadas, basándose en alguna idea religiosa, mítica o supersticiosa.

Una primera característica de todos estos empeños consiste en que se une el problema de la clasificación de las lenguas con el problema del origen de las lenguas. Se parte, por ejemplo, de que todas las lenguas proceden de la lengua de Adán, que según muchos autores es el idioma que ha dado origen al hebreo, que es, de este modo, la lengua madre de todos los idiomas del mundo. Véase para una exposición detenida de esta propuesta A. Borst 1957-1963: 232 ss; 1049 ss; 1074-1077; 1174 ss; 1191-1197; 1221-1224; 1363-1367; 1513-1517, etc., y U. Eco 1993, capítulos II, III y V.

Un primer paso fundamental para mejorar y superar las ideas míticas, religiosas o supersticiosas sobre las lenguas, su origen y clasificación, empezó cuando se hizo un recuento exhaustivo de los idiomas que se hablan en el mundo y esto tuvo lugar de modo preliminar en algunos ensayos iniciales que se llevaron a cabo en el siglo XVIII y siglos anteriores. Entre algunos de estos esfuerzos por recopilar y valorar las lenguas habladas hay que mencionar a autores como Dante (1265-1321) con su *De vulgari Eloquentia*, que supone un paso decisivo hacia la adecuada consideración de las lenguas utilizadas por la gente de la época y en la que este autor habla de *tipos de lenguas* y establece criterios para descubrirlos tales como las formas de las palabras, y la estructura de la oración. Según nos cuenta Arens (1976: 86), en los capítulos VIII a X de esta obra, Dante se ocupa de la clasificación de las lenguas de Europa y pone de manifiesto la variedad de las mismas y la constatación de que evolucionan históricamente. Esta obra es un primer hito en la toma de conciencia de la diversidad lingüística como algo no necesariamente negativo ni derivado de una maldición bíblica. Sobre la contribución de Dante al problema puede consultarse Borst 1957-1963, páginas 869-877 y U. Eco 1993, capítulo 3.

El francés José Justo Escalígero (1540-1609; hijo del filólogo y médico italiano Julio César Escalígero [1484-1558]) en su *Diatriba de Europaeorum linguis* (1599, publicado en 1610 como parte de sus *Opuscula Varia,* cfr. Arens 1976: 975) habla de lenguas-madre y lenguas-hijas y reconoce familias lingüísticas como la romance, la germánica o la eslava, a las que denominó por el nombre para *Dios* que se podía reconstruir para cada una de ellas. De este modo a las lenguas eslavas las denominó *lenguas Boge;* a las lenguas germánicas, *lenguas Godt;* y a las romances, *lenguas Deus.* Vemos un tratamiento empírico y, en gran medida, libre de los prejuicios de aquella época y de épocas anteriores. Más información sobre la contribución de este autor puede encontrarse en Borst 1957-1963, páginas 1221-1225.

Gottfried Wilhelm Leibniz (1646-1716; cfr. Arens 1976: 132, Borst 1957-1963, páginas 1475-1478 y U. Eco 1993, Capítulo XIV) establece una descripción de las lenguas que se basa en la observación científica y carece de prejuicios religiosos o míticos. Este autor reconoció que las lenguas evolucionan históricamente de acuerdo con unos patrones bien definidos. En sus *Neue Abhandlungen über den menschlichen Verstanden* [Nuevos ensayos sobre el entendimiento humano] reconoce la existencia de una familia eurásica en la que incluye las lenguas celtas y germánicas y se percata de la relación entre, por ejemplo, el finés y el húngaro; establece igualmente familias lingüísticas como la escita (lenguas túrcicas y tártaro). Importante es también su trabajo *Brevis designatio meditationum de originibus gentium ductis potissimum ex indicio linguarum* (Berlín, 1710), donde nos habla de lenguas jaféticas y arameas: la primera familia sería el ancestro de las lenguas europeas y la segunda, el de las lenguas afroasiáticas. En esta misma obra examina asimismo las lenguas fino-ugrias. Sin duda, con Leibniz estamos ante una de las primeras propuestas documentadas sobre la clasificación científica de las lenguas del orbe. Sin embargo, aún se estaba lejos de tener una idea siquiera aproximada de la riqueza y variedad de las lenguas del mundo.

A finales del siglo XVIII fue precisamente un jesuita español, Lorenzo Hervás y Panduro (1735-1809) quien llevó a cabo una recopilación, entonces exhaustiva, de las lenguas habladas en el planeta, amén de una caracterización detallada de muchas de ellas. No en vano, según A. Tovar, Hervás fue "el lingüista mejor informado de su tiempo acerca de la distribución de las lenguas del mundo". Hervás nació en Horcajo de Santiago, hoy provincia de Cuenca. Cuando contaba con treinta y dos años, en 1767, el Rey Carlos III expulsó a todos los jesuitas de los dominios de la Monarquía española y los envió a los Estados Pontificios. Trabajó como bibliotecario en Cesena y allí empezó a publicar en italiano a partir de 1778 una enciclopedia, en veintiún tomos, titulada *Idea dell'Universo, che contiene la Storia della vita dell'uomo, elementi cosmografici, viaggio estatico al mondo planetario, e Storia della terra, e delle lingue.* En 1784 fue llamado a Roma por el Papa Pío VII quien lo nombra bibliotecario suyo (1784-1798). Precisamente de su etapa de Roma son los tomos de la enciclopedia dedicados a temas lingüísticos. En efecto, en 1784 publica *Catalogo delle lingue conosciute, e notizia della loro affinità, e diversità,* que constituía el tomo XVII de la enciclopedia (esta obra fue luego publicada en español en una versión muy ampliada en seis tomos entre 1800 y 1805, con el título de *Catálogo de las lenguas de las naciones conocidas, y enumeración, división y clases de éstas, según la diversidad de sus idiomas y dialectos*); en 1785 publica el tomo XVIII de la enciclopedia, titulado *Origine, formazione, meccanismo, ed armonia degl'idiomi;* en 1785 y 1786 saca a la luz el tomo XIX en dos volúmenes titulados *Tratatto I. Arithmetica di quasi tutte le nazioni conosciute;* y *Tratatto II. Divisione del Tempo fra le nazioni Orientali.* Por último, en 1787 edita los dos últimos tomos de la enciclopedia, el *Vocabolario Poligloto* y el *Saggio pratico delle lingue.*

La obra de Hervás es el primer tratado sistemático y empíricamente realizado sobre las lenguas del mundo, su clasificación, su origen y su tipología. Hervás preludia el advenimiento de la lingüística histórico-comparativa al reconocer diversas familias lingüísticas. Por ejemplo, reconoció el origen indo-ario de los gitanos y de sus lenguas, descubrió similitudes entre el persa y el germánico. Reconoció la familia céltica de lenguas. Clasificó un sinfín de lenguas de América del Norte, Central y del Sur. Por ejemplo, reconoció la familia maya y la familia tupí-guaraní. De hecho, es el primer estudioso en la historia de nuestra disciplina que nos ofrece una visión de conjunto de las lenguas de América y también de otros continentes; por ejemplo, según los especialistas en la familia lingüística austronesia, es el primer autor que reconoció la familia malayo-polinesia, incluyendo en ella incluso el malgache. Por supuesto, tenía muchas ideas equivocadas sobre la filiación genética de varias familias lingüísticas así como una creencia ciega en el origen de la diversidad de las lenguas causada por la confusión de Babel.

Desde el punto de vista de las aportaciones teóricas, también hay que señalar que Hervás fue el primero en formular una teoría del sustrato así como en aplicar la comparación léxica sobre la base de una lista de elementos del vocabulario que se pueden considerar básicos y poco susceptibles de préstamo para, de este modo, poder tener una base de comparación lingüística lo suficientemente coherente. Esto lo lleva a cabo en su *Vocabolario Poligloto* en donde compara los vocabularios básicos de más de un centenar de lenguas utilizando 63 palabras básicas tales como *agua, animal, cabeza, casa, cara, madre, mano, noche, lluvia, viento*. Este mismo método fue luego desarrollado por Morris Swadesh y A. Dolgopolsky en sus propuestas de un método comparativo para descubrir relaciones genéticas entre las lenguas (véase el Capítulo VII, sección 1.5 para mayor información sobre esta cuestión).

En el último tomo de la enciclopedia, titulado *Saggio pratico delle lingue* compara el padrenuestro en cincuenta y cinco lenguas haciendo una traducción literal de todos ellos para así poder apreciar la estructura sintáctica y morfológica de las diversos idiomas. En esto sigue una tradición, que, como nos dice M. Breva Claramonte (1991: 776), consistía en publicar esta oración en diversas lenguas. Así, Guillermo Postel (1510-1581, extravagante visionario francés que intentó demostrar que todas las lenguas provenían del hebreo y que, en el cielo, a través de las figuras formadas por las estrellas, podían leerse en caracteres hebreos todos los secretos de la naturaleza) en 1538, en París, publica el padrenuestro en doce lenguas *(Linguarum duodecim characteribus differentium alphabetum introductio;* las lenguas son el hebreo, el sirio, el caldeo antiguo, el samaritano, el árabe, el etíope, el griego, el georgiano, el servio, el ilirio, el armenio y el latín). Según nos recuerda también M. Breva Claramonte, Juan Chamberlayn (erudito inglés muerto en 1723) publicó en 1715 el padrenuestro en ciento cincuenta lenguas *(Oratio dominica in diversas omnium fere gentium linguas versa)*. Ahora bien, como observa Breva, no estaba provista de traducciones literales y, por lo tanto, era y es de poca utilidad.

Hervás, sin embargo, realiza en su libro un análisis detallado de cada una de las palabras de los diversos padrenuestros con lo que nos proporciona un vasto elenco de análisis gramaticales con una riqueza absolutamente desconocida hasta entonces de observaciones morfosintácticas penetrantes. Aún hoy pueden encontrarse muchos datos aprovechables en este libro de Hervás.

Con Hervás tenemos, pues, el primer catálogo serio de las lenguas del mundo así como la primera descripción empírica y gramatical de multitud de idiomas. A pesar de sus prejuicios religiosos, comunes en su época, sobre el origen babélico de las lenguas, la obra de Hervás constituye el primer hito que separa el estudio de los universales y tipología lingüísticos de las ideas mitológicas y fantasiosas que habían predominado avasalladoramente en los siglos anteriores.

También a finales del siglo XVIII encontramos otros intentos de clasificación de las lenguas del mundo, aunque, sin duda, mucho menos logrados que el de Hervás. Un ejemplo es el *Mithridates oder Allgemeine Sprachenkunde mit dem Vater Unser als Sprachprobe in beinahe fünfhundert Sprachen und Mundarten* [Mitridates o Ciencia General de las Lenguas con el padrenuestro como ejemplificación en casi quinientas lenguas y dialectos] de Johan Christoph Adelung (1732-1806), que sólo vivió para ver publicado el primer tomo, y fue J. S. Vater quien a partir de 1806 y hasta 1817 terminó los tres tomos restantes. En muchas historias de la lingüística se cita a Adelung como precursor del conocimiento y clasificación de las lenguas del mundo, relegando injustamente a Hervás a un segundo plano, unas veces, y silenciando su obra totalmente, otras.

2. LAS APORTACIONES DEL SIGLO XIX

Llegamos así al siglo XIX, siglo en el que se inicia el estudio científico de las lenguas y se crea una nueva disciplina: la lingüística.

En este siglo la lingüística alcanza *status* de ciencia autónoma con sus métodos y leyes científicas particulares. Se dice que el XIX es el siglo del *comparativismo lingüístico* y vamos a ver que, en efecto, es así, aunque daremos a *comparativismo* un significado que excede el punto de vista histórico-genético con el que normalmente se identifica. De entre los muchos aspectos que podrían estudiarse, vamos a centrarnos aquí en la cuestión del establecimiento de la tipología lingüística, que nace como disciplina científica en este siglo XIX. Pudo lograrse esto gracias a dos factores fundamentales:

a) El grado de perfección conseguido en la descripción gramatical de las lenguas (aspecto tipológico).
b) El grado de consecución de una base teórica general que pone de manifiesto lo esencial de las lenguas humanas (aspecto universalista).

En el siglo XIX podemos distinguir dos corrientes o tendencias que nunca estuvieron totalmente separadas, por más que predominase una sobre la otra en diversos períodos. Primero, tenemos la corriente *histórico-comparativa,* la más conocida y la que más influencia ejerció. Esta corriente surgió de la observación de *afinidades regulares* entre muy diversas lenguas de Europa, y entre éstas y lenguas no europeas, como el sánscrito. Se trata de afinidades controladas por reglas o leyes susceptibles de ser descritas científicamente. Los representantes de esta corriente son, entre otros, F. Bopp (1791-1867), R. Rask (1787-1832), J. Grimm (1785-1863), A. Schleicher (1821-1868) y los neogramáticos, con su representante tardío H. Paul (1846-1921). La obra que supone un compendio de los resultados lingüísticos que se obtuvieron, es la de H. Paul *Prinzipien der Sprachgeschichte* [Principios de historia de la lengua] (1880). Los conceptos-clave de esta escuela son dos: *raíz y ley fonética.* El intento de remontar las lenguas indoeuropeas a un estadio primitivo común (que se enuncia de modo explícito en la obra de A. Schleicher) va unido al desarrollo del concepto de raíz como ese núcleo supralingüístico e inalterado que aparece de modo más o menos disfrazado en las lenguas emparentadas entre sí. Este concepto recibió atención especial por parte de Schleicher: las raíces guardan el secreto de esa lengua ancestral de la que conforman el núcleo. Este mismo concepto aparece también en la corriente tipológica.

Pero sólo mediante el desarrollo del concepto de *ley fonética* se llega a la enunciación precisa de las relaciones genéticas entre las lenguas y al método retrospectivo capaz de posibilitar que nos remontemos a esa lengua ancestral, el indoeuropeo en el caso que nos ocupa. Aunque la idea de *ley fonética* está presente de modo más o menos implícito en Bopp o en Grimm, llegó a su máximo desarrollo con los neogramáticos en el último decenio del siglo XIX.

La segunda de las corrientes a que hacíamos referencia es la que podemos denominar *teórico-tipológica* o *humboldtiana* y arranca básicamente de W. von Humboldt (1767-1835) (con los coetáneos Friedrich von Schlegel [1772-1829] y su hermano August von Schlegel [1767-1845]). Entre sus representantes más destacados podemos citar a A. F. Pott (1802-1887), también importante precursor de la primera de las corrientes como fundador de los estudios etimológicos indoeuropeos, H. Steinthal (1823-1899), F. N. Finck (1867-1910), F. Misteli (1841-1903) y G. von der Gabelentz (1840-1893). En esta corriente hay dos preocupaciones íntimamente ligadas: la investigación de los fundamentos universales del lenguaje humano que da lugar a la propuestas de conceptos como el de *forma lingüística,* y la constatación y estudio de las diferencias particulares entre las lenguas de todo el mundo, no sólo de las indoeuropeas, lo que origina el concepto de *tipo lingüístico.* Como ejemplo de la importancia del primero de los conceptos, podemos comprobar cómo en el libro que compendia toda esta corriente, *Die Sprachwissenschaft. Ihre Aufgaben, Methoden und Bisherigen Ergebnisse* [La Lingüística. Sus objetivos, métodos y resultados actuales] (Leipzig, 1891) hay treinta y tres apretadas páginas en donde se resumen las concepciones que sobre la forma lingüística tenían autores como Humboldt, Pott, Steinthal, Misteli y Max Müller (1823-1900). Estas ideas cristalizarán en el siglo XX en autores como N. Chomsky en conceptos tales como *estructura profunda.*

La importancia del segundo aspecto es aún mayor, ya que en este siglo se producen por primera vez estudios detenidos de muy diversos fenómenos gramaticales echando mano de diferentes lenguas europeas y no europeas. Podemos citar como ejemplo sobresaliente la obra de Pott, quien en 1847 publica el libro *Die quinäre und vigesimale Zählmethode bei Völkern aller Weltteile* [Los métodos de numeración quinario y vigesimal en los pueblos de todas las partes del orbe] y, en 1862, *Doppelung als eines der wichtigsten Bildungsmittel der Sprache beleuchtet aus Sprachen aller Welttheile* [La reduplicación como uno de los principales métodos de formación lingüística ilustrado con lenguas de todas las partes del orbe], en donde se analizan decenas de lenguas europeas y no europeas.

A partir de Humboldt, se clasifican las lenguas siguiendo un criterio morfológico en *aislantes, aglutinantes, flexivas* e *incorporantes.* Esta tipología morfológica de las lenguas, que veremos en el Capítulo VI, pervivió a lo largo de todo el siglo XIX y es uno de los rasgos característicos de la tipología lingüística decimonónica.

Las lenguas aislantes se caracterizan por una ausencia total de morfología nominal y verbal: las relaciones sintácticas se expresan por el orden de las palabras, fundamentalmente. El ejemplo que se ponía en aquella época era el chino, lengua a la que Humboldt prestó especial atención. Las lenguas aglutinantes se caracterizan por presentar una rica morfología nominal y verbal en la que cada palabra puede segmentarse fácilmente al ser todos los morfemas aislables e identificables. Un ejemplo es la lengua turca. Los idiomas flexivos tienen también una rica morfología, pero en ellos los morfemas se funden con la raíz o tema y entre sí, de modo que no resulta factible separarlos e identificarlos. El latín es un ejemplo paradigmático de este tipo. Por último, las lenguas incorporantes se caracterizan porque en ellas varias raíces se funden en una sola palabra con lo que se obtienen palabras que incluyen el significado de toda una oración. Muchas lenguas amerindias pertenecen a este tipo. En el Capítulo VI del presente libro veremos ejemplos de estas lenguas.

Si el siglo XIX inicia el estudio científico de las lenguas indoeuropeas, no es menos cierto que se investigan de modo concienzudo los idiomas no europeos, como los de América, Asia u Oceanía. Estos estudios obligan a los lingüistas a replantearse el problema de la base común de las lenguas y de sus diferencias desde una perspectiva empírica y no mitológica o ideológica, lo que supone un avance sin precedentes en su estudio. El mismo Humboldt se interesó por el estudio de idiomas no indoeuropeos como el vasco, las lenguas de México (Humboldt conoció a Hervás en su época de embajador en Roma y recibió de él materiales sobre éstas y otras lenguas de América). Su obra capital *Über die Verschiedenheit des menschlichen Sprachbaues und ihre Einfluss auf die Geistige Entwicklung des Menschengeschlechts* [versión española de A. Agud con el título *Sobre la diversidad de la estructura del lenguaje humano y su influencia sobre el desarrollo espiritual de la humanidad,* Barcelona, Anthropos, 1990] (1830-1835) no es otra cosa que una introducción al estudio de la lengua kaví de la isla de Java. En su trabajo sobre el dual (1827) estudia las lenguas semitas, filipinas, quechuas, esquimales y araucanas, entre otras. Hans Conon von der Gabelentz (1807-1874), padre de Georg, fue una autoridad en lenguas melanesias y polinesias y, en 1860, publicó *Über das Passivum. Eine Sprachvergleichende Abhandlung* [Sobre la pasiva. Investigación lingüística comparativa] en el que se analiza la construcción pasiva en más de doscientas lenguas de todas las partes de la tierra. Por su parte, Otto Böthling (1815-1904), que publicó la gramática de Pāṇini en Europa y colaboró con R. Roth en un magno diccionario sánscrito en siete volúmenes, publicó en 1851 *Über die Sprache der Jacuten* [Sobre la lengua de los yacutos], considerado como modelo de exposición descriptiva y en cuyo prólogo se insiste en la dirección tipológica que han de tener en cuenta este tipo de estudios. En 1850 publica H. Steinthal *Die Classification der Sprachen, dargestellt als die Entwicklung der Sprachidee* [La clasificación de las lenguas presentada como el desarrollo de la idea lingüística] y G. von der Gablentz en su libro citado estudia o cita multitud de lenguas de todas las familias del mundo. Por su parte Misteli, en el libro *Characteristik der hauptsächlichsten Typen des Sprachbaues* [Características de los principales tipos de estructura lingüística] (Berlín, 1893; reelaboración de una obra de Steinthal del mismo título) estudia detenidamente el húngaro, finés, yacuto, nahua, groenlandés, chino, birmano, malayo, copto, bantú, árabe, hebreo, canarés y otras lenguas de diversos continentes.

3. EL SIGLO XX

Durante la primera mitad del siglo XX se desarrollan los puntos de vista ya propuestos en el siglo anterior. Podemos mencionar entre los autores relevantes en el estudio de la tipología lingüística a F. N. Finck (1867-1910). En el año 1909 publica *Die Haupttypen des Sprachbaus* [Los principales tipos de estructura lingüística], donde estudia el chino, el subiya (lengua bantú), el groenlandés, el turco, el samoano, el árabe, el griego, el georgiano, y llega a una clasificación muy similar a la de Steinthal y Misteli. Distingue lenguas aislantes, flexivas y combinantes. Las primeras conocen un subtipo radical (chino) y otro temático (samoano). Las flexivas presentan tres tipos fundamentales: el radical (árabe), el temático (griego) y el grupal (georgiano). Las lenguas combinantes (antes llamadas aglutinantes), se dividen en tres grupos: las alinenantes (subiya), las subordinantes (turco) y las incorporantes (groenlandés).

Con la propuesta de Finck se llega a la decadencia de esta forma de tipología lingüística morfológica decimonónica, que adquiere un nuevo impulso con la obra del lingüista checo V. Skalička. Este autor (Sgall, 1995; Skalička, 1979) distingue cinco tipos de lenguas: aglutinantes, flexivas, aislantes, polisintéticas e introflexivas. A pesar de que los términos son, en parte, los tradicionales, la caracterización de los tipos difiere sustancialmente de la que hacían los lingüistas decimonónicos. En primer lugar, la clasificación de este autor se basa en todos los niveles de la gramática y no sólo en el morfológico: el fonológico y el sintáctico son igualmente tenidos en cuenta. En segundo lugar, se redefinen radicalmente algunos de los tipos tradicionales. Así, se considera que el inglés y francés son lenguas aislantes y que el chino, considerada lengua aislante en el siglo XIX, pasa a ser lengua polisintética, en la cual la composición tiene el papel fundamental (frente a la derivación o a la flexión). Por último, nuestro autor propone el tipo introflexivo que caracteriza las lenguas semíticas.

Un intento renovador dentro de la primera mitad del siglo XX fue llevado a cabo por el genial lingüista E. Sapir (1884-1939), quien en su libro *Language* (1921) propuso una tipología basada en parámetros totalmente nuevos (véase J. Pena, 1996). Un primer parámetro es claramente nocional y hace referencia a los tipos de conceptos gramaticales existentes: que van de los más léxicos (elementos léxicos) a los más relacionales (orden de palabras) pasando por los que ocupan un lugar intermedio entre los dos polos (por ejemplo, las preposiciones). El polo léxico y el relacional son para Sapir universales, pudiendo estar los intermedios ausentes en algunas lenguas. El otro parámetro que utiliza Sapir es más tradicional y se refiere a la estructura morfológica de las lenguas. Sapir distingue tres técnicas fundamentales: la aislante (en donde la palabra se identifica con la raíz), la afijal (en donde hay diferencia entre raíz y la palabra que se forma a partir de la raíz mediante la adición de afijos) y la simbólica (en donde la palabra se obtiene de la raíz realizando sobre ella modificaciones de su estructura fónica). Sapir utiliza un tercer parámetro: se trata del que determina en qué medida se produce una realización de diversos conceptos gramaticales en la misma unidad lingüística. Así, las lenguas analíticas tienden a realizar una proyección uno-a-uno de las categorías conceptuales con las categorías morfológicas, las lenguas sintéticas pueden combinar en una misma unidad diversos conceptos (por ejemplo *casas* es una unidad que expresa dos conceptos, el léxico 'casa' y el gramatical 'plural'). Por fin, las lenguas polisintéticas reunen en una misma palabra multitud de conceptos léxicos y gramaticales. Por ejemplo, para Sapir el chino es una lengua aislante y analítica y el árabe es simbólico-fusional y sintético.

Sapir logró enunciar un parámetro semántico, otro morfológico y otro que supone la relación entre ambos, que es el de la síntesis. Con ello se proponía una tipología mucho más elaborada y precisa que cualquiera de las que la precedieron en el siglo anterior. Ya Sapir insistió en que estos tipos no son absolutos sino que se dan en mayor o menor grado en diversas lenguas y fue precisamente J. Greenberg quien en 1954 (Greenberg 1960) propuso una tipología cuantificativa de las lenguas basada en una serie de índices: el de *síntesis,* determinado por la razón entre palabras (P) y morfemas (M): M/P; el de *aglutinación,* determinado por la razón entre el número de construcciones aglutinativas (A) y el número de articulaciones morfémicas (AM), es decir el número de uniones de morfemas (entre sí o con un lexema) que hay en cada palabra: A/AM. El tercer parámetro incluye varios índices: el de *composición,* que sirve para determinar el número de raíces R por palabra P (R/P), el de *derivación,* que sirve para determinar el número de morfemas derivativos (D) por palabra (P): D/P, el de *flexión,* que sirve para determinar el número de morfemas flexivos (F) por palabra (P): F/P. El cuarto parámetro está determinado por el orden de los elementos subordinados respecto de la raíz. Contiene dos nuevos índices: el índice de *prefijación,* que se obtiene dividiendo el número de prefijos (Pr) por el de palabras (P): Pr/P, y el índice de *sufijación,* que se obtiene dividiendo el número de sufijos (S) por el de palabras (P): S/P. El quinto parámetro tiene en cuenta los mecanismos para conectar unas palabras con otras. Comprende tres índices: el índice de *aislamiento,* que se obtiene diviendo los ejemplos de orden de palabras gramaticalmente relevante (O) por el número de nexos (N) o unidades sintácticas dentro de las cuales se indican relaciones entre las palabras (es decir, O/N); el índice de la *flexión pura,* que se obtiene dividiendo el número de morfemas flexivos que no concuerdan (FNC) por el de nexos (N): FNC/N; y el índice de la *concordancia,* que se obtiene dividiendo el número de morfemas de concordancia (FC) (género y número, por ejemplo) por el de nexos (N): FC/N. Resultan un total de diez índices, a través de los cuales podemos establecer una tipología lingüística cuantitativa, basada en la morfología. Entre nosotros, A. Tovar (Tovar 1981) ha aplicado esta tipología a diferentes lenguas europeas y americanas, incluyendo el vasco y las lenguas caucásicas. Respecto del vasco, Tovar llega a la conclusión de que su segundo índice, el de aglutinación, es muy elevado comparado con el de las lenguas indoeuropeas. Veamos el resultado de la comparación del español y del vasco respecto de los diez índices, según determinó nuestro ilustre lingüista:

Tipología morfológica cuantitativa del español y vasco según Tovar 1981 [1997:197]

Índice	Español	Vasco
Síntesis	1,68	2
Aglutinación	0,04	0,67
Composición	1,02	1,07
Derivación	0,11	0,07
Flexión	0,65	0,78
Prefijación	0,05	0,17
Sufijación	0,57	0,76
Aislamiento	0,45	0,54
Flexión pura	0,09	0,36
Concordancia	0,45	0,09

Estas cifras no son absolutas, sino que han sido obtenidas sobre un texto breve de las dos lenguas. Los índices de síntesis, aglutinación, flexión, prefijación, sufijación y flexión pura son más altos en vasco que en español, ya que el euskera tiene una morfología nominal flexiva más rica que el castellano. El español tiene mayor índice de derivación y de concordancia, esto último debido a que el vasco no conoce morfema de género en el nombre. Este método fue también aplicado por W. Cowgill (1963) para el estudio de la evolución morfológica de las lenguas indoeuropeas.

Un hito importante en el desarrollo de la lingüística universalista moderna está constituido por el trabajo de R. Jakobson (1896-1982) sobre los universales fonológicos (Jakobson 1941), obra culminante de la teoría jakobsoniana de los rasgos distintivos que constituye la base de la fonología moderna. A partir de datos sobre la adquisición por parte de los niños de su lengua materna y del estudio de los diversos tipos de trastornos del lenguaje con consecuencias en la capacidad articulatoria de los fonemas, Jakobson establece una serie de universales implicativos que rigen la estructura de los sistemas fonológicos posibles. Si la oposición fonológica X se adquiere por parte de los niños después de la oposición fonológica Y y si ésta última se pierde cuando hay algún trastorno antes que la X, se deduce que la oposición X es más básica que la oposición Y. Por ello, si un sistema fonológico de una lengua tiene Y también habrá de tener X. Por ejemplo, Jakobson nota que los niños adquieren las consonantes fricativas (consonantes en las que hay estrechamiento articulatorio pero no oclusión total de la corriente de aire) después de haber adquirido las oclusivas (que se producen mediante una interrupción articulatoria de la corriente de aire). De aquí se deduce que si un sistema fonológico tiene fricativas también tendrá oclusivas, pero no necesariamente a la inversa y, en efecto, Jakobson hace notar que no se conoce ninguna lengua que no tenga oclusivas y que sí hay lenguas que no conocen las fricativas.

Otro hito decisivo dentro de la lingüística tipológica se produjo también dentro del ámbito de la fonología de la mano de N. S. Trubetzkoy (1890-1938) del que aparecen en 1939 unos fundamentales *Grundzüge der Phonologie* [Fundamentos de Fonología], en donde se establece una amplia tipología de los sistemas fonológicos de las lenguas del mundo, así como los criterios que deben emplearse para construir esa tipología, lo que pone de manifiesto las leyes generales que gobiernan la hechura de los sistemas fonológicos de las lenguas del mundo. Las oposiciones fonológicas se clasifican en una serie de tipos: aisladas y proporcionales (según el rasgo distintivo aparece en una o en más de una oposición); bilaterales y multilaterales (según la base común de comparación se dé en una sola oposición o en más de una); privativas, graduales y equipolentes (según la distinción se base en la presencia de un rasgo frente a su ausencia; o se base en la presencia de diversos grados de una distinción; o en la presencia de dos rasgos distintos). A este autor debemos el concepto de *correlación* como un conjunto de oposiciones proporcionales, bilaterales y privativas. La correlación es uno de los modos de estructuración principales de las lenguas del mundo.

Siguiendo el camino abierto por Jakobson, J. Greenberg publica en 1966 (Greenberg 1966) un trabajo en el que propone, en todos los niveles de la gramática, preferencias universales de los elementos no marcados sobre los marcados, todo ello apoyado con datos empíricos de diversas lenguas. Antes, en 1963 (Greenberg 1963a) ya había expuesto una tipología del orden de palabras en la que se observan regularidades interlingüísticas sintácticas y morfológicas asociadas al orden de las partes de la oración que presentan las lenguas del mundo. Se inaugura así una tipología predictiva de las lenguas que da una riqueza sin precedentes a la lingüística tipológica y universalista contemporánea.

La segunda mitad del presente siglo inaugura además una nueva corriente de lingüística universalista de carácter psicologizante, iniciada por las propuestas de N. Chomsky (1928). En su importante libro *Aspects of the Theory of Syntax* [Aspectos de la teoría de la sintaxis] (Chomsky 1965), nuestro autor introduce una sección crucial en el primer capítulo titulada *formal and substantive universals* [universales formales y sustantivos]. Esta sección comienza con las siguientes palabras:

> «Una teoría de la estructura lingüística que pretenda tener adecuación explicativa ha de dar cuenta de los universales lingüísticos y además le atribuye al niño el conocimiento de esos universales.»

Esta idea es crucial porque pone en conexión ineludible e inextricable la investigación de las gramáticas particulares con la investigación de los universales lingüísticos. Es curioso que Chomsky también mencione la adquisición de la lengua por parte del niño como un elemento decisivo para adoptar esta postura universalista. Esto lo había hecho Jakobson, como hemos visto, pero el punto de vista es diferente ahora. Jakobson estudió el orden en el que el niño adquiere los fonemas a partir de los sonidos que imita, para deducir qué fonemas son menos marcados. Chomsky parte de otra observación diferente: cualquier niño normal está capacitado para construir la gramática de la lengua que se hable en su entorno, sea ésta la lengua que sea. No hay lenguas fáciles ni difíciles para los niños (hay que cuidar de no confundir lengua con escritura, ya que sí hay escrituras de diversos grados de complejidad). El caso es que sea cual sea la estructura fonológica de una lengua, el niño normal siempre es capaz de adquirirla. Esto se debe, según Chomsky, a que todas las lenguas comparten unos principios estructuradores idénticos que están en la mente del niño y que le permiten adquirir el sistema fonológico de cada lengua a partir de los datos empíricos a los que accede. Si el niño no dispusiera de estos principios sería milagroso que entre las casi infinitas maneras en las que se puede estructurar combinatoriamente un sistema fonológico, eligiera siempre la única correcta (como lo demuestra al adquirir la competencia fonológica adecuada). Ahora bien, los principios fonológicos universales reducen esas posibles combinaciones a unas pocas o posiblemente a una sola, lo que hace explicable la adquisición.

Aquí radica una distinción fundamental que hace Chomsky en este mismo lugar entre universales *sustantivos* y *formales*. Los universales de Jakobson y Greenberg son predominantemente sustantivos, pues intentan desentrañar cuáles son las preferencias generales que se establecen entre los diversos elementos gramaticales de las lenguas; los universales de la gramática generativa son principalmente formales, ya que se intenta poner de manifiesto la serie de principios formales o abstractos que configuran los modos en los que se estructuran esos elementos gramaticales. Gran parte de la lingüística tipológica y universalista contemporánea gira alrededor de estos dos tipos de universales tendiendo en muchos casos a su armonización e integración.

La investigación actual en lingüística tipológica y universalista está centrada en una serie de aspectos. En primer lugar, en el conocimiento de universales sustantivos y tipología de los sistemas fonológicos, morfológicos, sintácticos y semánticos. Hay un incremento significativo, que esperamos que siga en el futuro, en el conocimiento de la fonología, morfología, sintaxis y semántica de muchas lenguas de las que sabíamos poco o absolutamente nada. Este conocimiento posibilitará perfeccionar o reformular los universales sustantivos y las generalizaciones tipológicas ya existentes o proponer otras nuevas.

En segundo lugar, se están perfeccionando los instrumentos teóricos de análisis que nos permiten descubrir y refinar los universales formales. Para encontrar universales formales se utilizan lenguajes formales e instrumentos lógicos de diverso tipo (gramáticas sintagmáticas, categoriales, gramáticas de unificación, teoría de modelos, álgebra abstracta, lógicas clásicas y no clásicas, etc.).

En tercer lugar, se trabaja en la explicación de los universales sustantivos y formales, dentro de terrenos como la adquisición de lenguas maternas, el aprendizaje de lenguas segundas, las patologías lingüísticas, la estructura de la mente humana, la estructura de los sistemas comunicativos en general, las teorías de la información, la teoría general de sistemas, las teorías de la interacción social, etc.

En cuarto lugar, se intenta integrar en una única teoría las investigaciones sobre universales sustantivos y formales. Hay diversas propuestas en este sentido, tales como la moderna teoría de Principios y Parámetros (Fukui 1995) o la teoría del proyecto UNITYP (Seiler 1995; Moreno Cabrera 1995: 118-129).

En suma, la integración de la perspectiva tipológica y la universalista puede considerarse como característica del quehacer lingüístico contemporáneo.

ORIENTACIÓN BIBLIOGRÁFICA

Arens, H. (1976): *La Lingüística. Sus textos y su evolución desde la antigüedad hasta nuestros días,* Madrid, Gredos, 2 vols., 1097 páginas, con indicación de fuentes (973-987), bibliografía (989-1058), índice de nombres (1059-1069), índice de términos (1070-1092) e índice general (1093-1097).
Es una excelente antología de textos de los principales lingüistas de los siglos XIX y XX (y de algunos estudiosos de siglos anteriores), con comentarios introductorios. Es muy recomendable para adquirir una visión de conjunto de la evolución del pensamiento lingüístico en donde pueda insertarse adecuadamente la lingüística tipológica y universalista.

Eco, U. (1993): *La Búsqueda de la Lengua Perfecta,* Barcelona, Crítica, 1994, con bibliografía (295-308), índice onomástico (309-314) e índice general.
En este entretenido e ilustrativo libro, U. Eco pasa revista a las concepciones míticas sobre el origen y diversidad de las lenguas que imperaron en Europa desde la Edad Media. Es esencial conocer cómo se pensaba en este campo para entender el inmenso avance científico que supone la tipología lingüística moderna. Interesan especialmente los capítulos I, II, III y V.

Horne, K. M. (1966): *Language Typology. 19th and 20th Century Views,* Georgetown University School of Languages and Linguistics, 46 páginas, con bibliografía.
Este opúsculo es un repaso sumario pero exacto y bastante completo de las aportaciones del siglo XIX y XX a la tipología lingüística. La parte dedicada al siglo XIX (páginas 11-24) es excelente.

Morpurgo Davies, A. (1975): "Language classification in the Nineteenth Century" en T. E. Sebeok (ed.) *Current Issues in Linguistics. Volume 13, Historiography of Linguistics,* La Haya, Mouton, páginas 607-716, con bibliografía (683-716).

Se trata de un estudio muy detenido sobre el desarrollo de la comparación de lenguas en el siglo XIX. Después de una amplia introducción, la sección segunda se dedica a la clasificación genealógica (616-652) y la sección tercera (652-682) se dedica a la clasificación tipológica. La bibliografía, que se extiende a lo largo de 34 páginas, es utilísima.

Shibatani, M. y Bynon, T. (eds.) (1995): *Approaches to Language Typology,* Oxford, Clarendon Press, 381 páginas, índice de materias.
Es un buen repaso a la tipología lingüística actual. Tiene la particularidad de que cada escuela está descrita por un especialista (a veces se trata de su creador). Hay un capítulo dedicado a la aportación tipológica de la escuela de Praga; y otro dedicado a la tipología sintáctica moderna. J. Greenberg aporta un interesante estudio sobre la tipología diacrónica. El modelo RIVALC es presentado por G. Lazard, su creador e impulsor. Igualmente, el modelo UNITYP es presentado por su creador H. Seiler. La escuela de Leningrado/San Petersburgo es examinada por V. P. Nedialkov, relevante representante de la misma. También hay una descripción del modelo de Principios y Parámetros. Es, como puede verse por lo dicho, una obra amplia, útil y aprovechable para tener una visión de conjunto de la lingüística tipológica actual.

REFERENCIAS BIBLIOGRÁFICAS

Breva Claramonte, M. (1991): "Las ideas lingüísticas del siglo XVIII en Lorenzo Hervás: la descripción de las lenguas del mundo", *ASJU,* 1991: XXV-3, páginas 769-781.
Borst, A. (1957-1963): *Der Turmbau von Babel. Geschichte der Meinungen über Ursprung und Vielfalt der Sprachen und Völker,* 4 Tomos en 6 volúmenes, Múnich, Deutscher Taschenbuch Verlag, 1995.
Chomsky, N. (1965): *Aspects of the Theory of Syntax,* Cambridge, MIT [versión española con introducción, notas y apéndice de C. P. Otero, *Aspectos de la Teoría de la Sintaxis,* Madrid, Aguilar, 1971].
Cowgill, W. (1963): "A search for universals in Indo-European diachronic morphology" en J. Greenberg (ed.) *Universals of Language,* Massachusetts, The MIT Press.
Eco, U. (1993): *La búsqueda de la lengua perfecta en la cultura europea,* Barcelona, Crítica 1994.
Fukui, N. (1995): "The Principles-and-Parameters Approach: A Comparative Syntax of English and Japanese" en M. Shibatani y T. Bynon (eds.) 1995 *Approaches to Language Typology*, Oxford, Clarendon Press.
Greenberg, J. (1960): "A quantitative approach to the Morphological Typology of Language" *International Journal of American Linguistics,* XXVI, n° 3, 1960, páginas 192-220.
Greenberg, J. (1963): "Some universals of grammar with particular reference to the order of meaningful elements" en J. Greenberg (ed.) *Universals of Language,* Massachusetts, The MIT Press, páginas 58-90.
Greenberg, J. (1966): *Language Universals,* Mouton, La Haya.
Hervás y Panduro, L. (1787): *Vocabolario Poligloto. Saggio Pratico delle lingue,* Estudio Introductorio y edición facsímil de Manuel Breva-Claramonte y Ramón Sarmiento, Madrid, SGEL, 1990.
Jakobson, R. (1941): *Child Language, Aphasia and Phonological Universals,* La Haya, Mouton 1972.
Moreno Cabrera, J. C. (1995): *La lingüística teórico-tipológica,* Madrid, Gredos.
Pena, J. (1996): "Tipología morfológica de Sapir" en *Scripta Philologica in memorian Manuel Taboada Cid,* Tomo I, Ediciones Universidade da Coruña, páginas 165-176
Seiler, H. (1995): "Cognitive-Conceptual Structure and Linguistic Encoding: Language Universals and Typology in the UNITYP framework" en M. Shibatani y T. Bynon (eds.) *Approaches to Language Typology,* Oxford, Clarendon Press, páginas 273-326.
Sgall, P. (1995): "Prague School Typology" en M. Shibatani y T. Bynon (eds.) *Approaches to Language Typology,* Oxford, Clarendon Press, páginas 49-84.
Skalička, V. (1979): *Typologische Studien,* Wiesbaden, Vieweg.

Tovar, A. (1981): "Comparación: léxico-estadística y tipología" en A. Tovar *Estudios de Tipología Lingüística. Sobre el euskera, el español y otras lenguas del Viejo y el Nuevo Mundo,* Madrid, Istmo, 1997, capítulo IX, páginas 173-203.

Tovar, A. (1986): *El Lingüista español Lorenzo Hervás. Estudio y Selección de Obras Básicas. I Catalogo delle Lingue, Madrid, SGEL.*

Val Álvaro, J. F. (1986): "Lengua e Historia en el Catálogo de las Lenguas" en Estudio en Homenaje al Dr. Antonio Beltrán Martínez, Zaragoza, páginas 1231-1239.

2

EL PROBLEMA DE LA CLASIFICACIÓN DE LAS LENGUAS

1. CRITERIOS PARA CLASIFICAR LAS LENGUAS

Vamos a examinar los criterios que pueden emplearse para clasificar las lenguas del mundo y que se han ido proponiendo a lo largo de la historia de la taxonomía lingüística. Según J. Greenberg (1966) hay tres modos fundamentales de clasificación de las lenguas: la genética, la tipológica y la territorial. Veremos cada una de ellas en las siguientes secciones del presente capítulo.

2. LA CLASIFICACIÓN GENÉTICA

La clasificación genética tiene por base la evolución de las lenguas. Sabemos que con el paso del tiempo las lenguas van cambiando y se van diversificando. En diferentes lugares, una lengua puede realizarse de diversos modos denominados *dialectos;* esos dialectos pueden ir evolucionando con el paso de los años hasta convertirse en lenguas independientes. De este modo, el latín hablado en Hispania dio origen a diversas lenguas tales como el castellano, el catalán o el gallego; el latín hablado en Italia dio lugar al italiano, y el latín hablado en las Galias dio lugar al provenzal y al franciano, del que deriva el francés actual. La clasificación genética tiene en cuenta, pues, el desarrollo histórico de las lenguas y clasifica éstas en grupos según hayan ido surgiendo a partir de una lengua o conjunto de dialectos anterior. Las lenguas romances conforman una familia que proviene de una lengua o conjunto de dialectos que denominamos habitualmente como *latín vulgar.*

Examinemos a modo de ilustración tres grupos genéticos de tres continentes diferentes. En Europa tenemos la familia eslava de lenguas. Se supone que estas lenguas provienen de una lengua o grupo de dialectos antiguos que se suele denominar *eslavo común* o *proto-eslavo* (véase Schenker 1993) y de la que no se conserva ningún testimonio escrito.

Una de las familias lingüísticas más extendidas en Asia es la familia altaica, que incluye las lenguas túrcicas.

De África es la bantú una de las familias lingüísticas más características.
En Oceanía, la familia malayo-polinesia es la dominante respecto del número de hablantes. Una de las familias lingüísticas características de América es la yuto-azteca. Enumeramos a continuación algunas de las lenguas de cada familia.

Familia eslava	Ruso (Rusia), polaco (Polonia), ucraniano (Ucrania), bielorruso (Bielorrusia), servio (Serbia), croata (Croacia), esloveno (Eslovenia), búlgaro (Bulgaria), macedonio (Macedonia), checo (República Checa) y eslovaco (República Eslovaca).
Familia túrcica	Turco [Turquía], acerí [Azerbaiyán], uzbeco [Uzbekistán], cazajo [Kazajistán], turcomano [Turkmenistán], caracalpaco [Karakalpakia], uiguro [China], tártaro [Tartaria], basquiro [Basquiria], cumico [Daguestán], gagauso [Ucrania, Moldavia], chuvacho [Chuvachia].
Familia bantú	Lingala [Zaire, Congo], congo [Zaire, Congo, Angola], herero [Angola, Namibia], suahelí [Tanzania, Kenya, Uganda, Ruanda, Burundi, Zaire], luganda [Uganda], quicuyú [Kenya], ruanda [Rwanda], macua [Tanzania, Mozambique], soto [Lesotho], suací [Suazilandia], josa [Suráfrica], zulú [Suráfrica].
Familia malayo-polinesia	Tagalo (Filipinas), capampango (Luzón), ilocano (Luzón, Mindanao), cebuano (Cebú, Zamboanga), hiligainón (Filipinas), macasarés (Célebes), buguinés (Célebes), minancabáu (Sumatra), malayo (Malasia), indonesio (Indonesia), achenés (Sumatra), samoano (Samoa), tahitiano (Tahití), maorí (Nueva Zelanda), havayano (Hawaii), malgache (Madagascar).
Familia yuto-azteca	Hopí (EEUU: Arizona), tepehuano (México: Chihuahua, Durango, Sonora y Jalisco), tarahumara (México: misma zona que el anterior), huichol (México: Jalisco, Durango, Puebla, Coahuila), nahua (México: Veracruz, Puebla, Hidalgo y Guerrero).

Las familias lingüísticas se pueden dividir en subgrupos o subfamilias. Dentro de la familia romance tenemos un grupo galorromance al que pertenecen el francés y el provenzal y un grupo iberorromance al que pertenecen el español y el portugués, entre otros subgrupos.

Diversas familias lingüísticas pueden agruparse en unidades mayores que podemos denominar *macrofamilias,* que incluyen diversas familias y lenguas que se consideran emparentadas de modo más lejano. Por ejemplo, las lenguas de la familia báltica (lituano y letón) y las lenguas de la familia eslava se suelen agrupar en una macrofamilia balto-eslava. Las familias sinítica (con el chino como lengua más representativa) y tibetana (que contiene lenguas como el tibetano y el birmano) se agrupan en una macrofamilia sino-tibetana. La familia quechua se une al aimara, araucano y alacalufo para componer la macrofamilia andina.

A su vez, un conjunto de familias y/o macrofamilias lingüísticas se pueden a veces a grupar en conjuntos de lenguas más grandes aún denominados *filos.* Las familias germánica, balto-eslava, celta, itálica, griega, armenia, anatolia, e indoaria, entre otras, forman lo que se denomina el filo indoeuropeo.

Los filos se pueden agrupar en unidades mayores de familias lingüísticas lejanamente emparentadas que se denominan *macro-filos*. Por ejemplo, se ha propuesto que los filos indoeuropeo, urálico (que incluye la familia fino-ugria), y altaico (que incluye la familia túrcica) están relacionados genéticamente y, por tanto, deben agruparse en un *macro-filo* denominado *eurasiático* (Bomhard y Kerns 1994: 36).

A su vez, los macro-filos pueden agruparse, si se considera que están genéticamente relacionados, en grupos aún mayores, que podemos denominar *mega-filos*. Por ejemplo, se ha propuesto que el macro-filo eurasiático está genéticamente emparentado con la familia kartuélica (con el georgiano como lengua más conocida) y el filo afroasiático (que contiene la familia semítica). Obtenemos así el megafilo *nostrático* (Bomhard y Kerns 1994: 36).

En el siguiente esquema vemos los diversos grupos genéticos de una lengua concreta: el español.

Esquema 2.1. *Clasificación genética del español.*

```
Megafilo: Nostrático
      Macrofilo: Eurasiático
            Filo: Indoeuropeo
                  Macro-familia: Itálica
                        Familia: Romance
                              Sub-familia: Iberorromance
```

Cuanto más comprensiva es la clasificación, más inseguridad hay sobre su corrección. A partir del nivel del macro-filo, las bases para apoyar que varios filos de lenguas están genéticamente emparentados son cada vez más escasas (aunque esto no significa que no existan tales bases), por lo que estas clasificaciones tan amplias son sumamente controvertidas y, por lo general, no son aceptadas por todos los miembros de la especialidad lingüística. Así, ningún especialista pone en duda hoy en día que el español es una lengua romance e indoeuropea. Sin embargo, la idea de que nuestro idioma está lejanamente emparentado con el húngaro (por su pertenencia al macro-filo eurasiático), o con el hebreo (por su pertenencia al mega-filo nostrático), apenas es considerada por algún que otro investigador aislado. A pesar de ello, no faltan incluso propuestas que parten de la idea de que diversos mega-filos están emparentados, es decir, proceden de una lengua ancestral común, por lo que podrían agruparse en lo que se puede denominar *giga-filo*. A título de curiosidad enumeramos en la página siguiente (véase el esquema 2) algunos giga-filos propuestos en los últimos decenios (cfr. Shevoroshkin y Manaster Ramer 1991).

Según Greenberg, la clasificación genética tiene tres características fundamentales: *necesidad, exhaustividad* y *univocidad*. En primer lugar, es necesaria porque no puede haber varias posibles clasificaciones genéticas según los diferentes criterios que se puedan seguir. Por ejemplo, el español es una lengua romance; no podemos mostrar que esta lengua pertenecería a otra familia si partimos de otros criterios genéticos. La idea de que el español es una lengua semítica es simplemente falsa, aunque establezcamos como criterio que dos lenguas están emparentadas si comparten varios

ESQUEMA 2.2. *Algunos giga-filos propuestos recientemente.*

1. Giga-filo sino-caucásico	Proponente: Sergéi Starostin; año de la propuesta: 1984. Filos y Macro-filos que incluye: caucásico septentrional, yeneseico y sino-tibetano.
2. Giga-filo dené-caucásico	Proponente: S. Nikolayev; año de la propuesta: 1989. Filos y Macro-filos que incluye: caucásico septentrional y nadené.
3. Giga-filo amerindio	Proponente: J. Greenberg; año de la propuesta: 1987. Filos y Macro-filos que incluye: todas las familias lingüísticas de América excepto la familia na-dené y la esquimal-aleutiana.

cientos de elementos del vocabulario (sabemos que el español contiene cientos de palabras árabes). De dos clasificaciones genéticas que consideremos posibles sólo una puede ser la correcta.

La segunda característica es la de la exhaustividad. Toda lengua puede ser en principio clasificada en un grupo genético; cuando una lengua determinada no puede ser genéticamente clasificada se debe a nuestro desconocimiento de su historia, no a que esa lengua carezca de historia.

La última de las características es la univocidad. Consiste en que cada lengua pertenece a un grupo genético y sólo a uno. Las lenguas criollas, que proceden de la mezcla de lenguas de diferente filiación genética, podrían ser una excepción a esta característica. De todos modos, estas lenguas criollas poseen un claro predominio de una de los idiomas mezclados, por lo que siempre se podrían agrupar en el grupo genético a que pertenezca tal lengua dominante en la mezcla. La univocidad está determinada por el hecho de que el cambio lingüístico es de modo no marcado divergente y no convergente (véase el Capítulo IX, sección 1, universal 3).

3. CLASIFICACIÓN GEOGRÁFICA Y TERRITORIAL

Las lenguas se pueden clasificar de acuerdo con el ámbito geográfico en el que se hablan. Este ámbito puede ir desde un continente hasta una región pequeña. De este modo, hablamos de las lenguas del cáucaso, de las lenguas de la India, de las lenguas de China. Cuando consideramos un grupo de lenguas que se hablan en una unidad geográfica más pequeña que un continente pero mayor que un país, se suele hablar de clasificación de áreas o territorial.

Por continentes se puede hablar de lenguas de América, Eurasia, África y Oceanía. Por subcontinentes podemos hablar, por ejemplo, de lenguas de Europa, lenguas de Extremo Oriente, lenguas del África subsahariana.

Las lenguas que durante mucho tiempo han compartido un territorio suelen tener muchas veces rasgos idénticos aunque no estén genéticamente emparentadas de modo directo. Comparemos por ejemplo las lenguas de Europa Occidental con las lenguas de Asia Oriental; estos dos grupos comparten muchos rasgos comunes. Por ejemplo, las lenguas de Asia Oriental comparten el rasgo de utilizar diferencias tonales para distinguir diferentes unidades léxicas o palabras, cosa desconocida en las lenguas de Europa Occidental. Éstas, sin embargo, conocen la flexión nominal y verbal, que es desconocida en aquéllas. Dos lenguas que han compartido durante siglos el mismo territorio o territorios adyacentes pueden presentar rasgos gramaticales o palabras comunes aunque no estén relacionadas genéticamente. Es el caso que se da respecto del castellano y el vasco. En general, los préstamos lingüísticos son muy numerosos y comunes en las lenguas que ocupan una misma área. Véase sobre esto Weinreich 1968. Entre el español y el vasco ha habido préstamos en ambos sentidos. Por ejemplo, *chabola* es una palabra vasca que ha entrado en español y *kotxea* 'coche' es una palabra castellana (de origen húngaro) que ha penetrado en el vocabulario del vasco.

Otras áreas lingüísticas muy estudiadas son el área de los balcanes o el área de Asia meridional (Masica 1976). Una característica sobresaliente de las lenguas de Asia Oriental es, como hemos dicho, la existencia de un sistema de tonos con función distintiva en el léxico. Encontramos un sistema tonal léxicamente distintivo en lenguas como el tai, vietnamita, cantonés y chino, habladas en esa enorme área lingüística. También en el Extremo Oriente, en el área que comprende Japón y Corea encontramos dos lenguas que no parecen estar genéticamente emparentadas, pero que comparten un número muy grande de rasgos. Se trata del coreano y del japonés. Ambos idiomas basan su estructura silábica en la sílaba abierta y presentan vocales ultrabreves en posiciones de encuentro de consonantes o en posiciones de sílaba cerrada por una consonante; ambas tienen una morfología verbal muy similar, con distintos morfemas que indican el nivel de respeto del hablante respecto del oyente; ambas tienen una partícula que marca cuál es el tema o tópico de la oración; ambas presentan obligatoriamente el verbo al final de la oración; ambas tienen un elevadísimo caudal léxico procedente del chino. Podríamos seguir enumerando rasgos comunes al coreano y al japonés, pero basten éstos para comprobar lo similares que pueden ser dos lenguas que han convivido durante muchos siglos en la misma área o territorio geográfico.

En el Cáucaso encontramos muchas lenguas de difícil clasificación genética, que comparten algunos rasgos en común: la presencia de consonantes eyectivas o glotalizadas (véase el Capítulo V, sección 3.2.6) y la organización ergativa de la oración (véase el Capítulo VIII, sección 1.3) son dos de esos rasgos comunes.

Según Greenberg, este tipo de clasificación es, dentro de ciertos límites, arbitraria, ya que en muchas ocasiones es prácticamente imposible determinar cuál lengua ha influido en las demás de su grupo; lo más probable es que esa influencia no haya sido unidireccional, sino multidireccional y que según el rasgo o rasgos que se elija, cualquiera de las lenguas del grupo puede convertirse en la que influye lingüísticamente sobre las demás. Por supuesto, en las situaciones en las que en una misma área, una de las lenguas es dominante cultural, económica y/o políticamente, la tendencia principal será la unidireccional, pero muchos aspectos de las lenguas subordinadas (el llamado substrato lingüístico) pueden pasar a la lengua principal.

Tampoco la clasificación geográfica o territorial es exhaustiva ni unívoca. No es exhaustiva porque lenguas que se hablan en territorios aislados pueden no haber experimentado ningún tipo de influencia de otras lenguas. Por otro lado, puede ocurrir que una lengua haya recibido influencias de dos idiomas diferentes, sin que éstos últimos se hayan influido directamente. En este caso, la lengua en cuestión podría clasificarse en cada uno de los grupos de las dos con las que ha entrado en contacto.

A lo largo del siglo XIX y principios del siglo XX ha habido intentos de poner en relación el tipo las lenguas habladas en determinado ámbito geográfico con la cultura o civilización que se ha desarrollado en dicho ámbito. Según W. Schmidt (1929) determinados rasgos gramaticales que caracterizan ciertos grupos de lenguas se derivan de determinadas características de las culturas correspondientes. Por ejemplo, según este autor (Schmidt 1929: 530), la existencia de pronombres personales inclusivos y exclusivos (hay lenguas que tienen dos *nosotros,* uno que incluye a la o las personas a las que hablamos y otro que las excluye) se puede poner en relación con la exogamia local que predomina en muchas de las culturas que hablan lenguas con esta distinción. Por otra parte, la no existencia de una distinción gramatical o léxica entre nombres animados y no animados va asociada al hecho de que en las culturas que hablan lenguas de este tipo todavía no salta a la vista de modo suficientemente claro la distinción entre animales y hombres, por un lado, y las demás cosas. Para Schmidt (1929: 534) la diferenciación gramatical entre masculino y femenino se deriva del papel que adoptó la mujer como cultivadora y primera propietaria de territorios, que supone una primera emancipación del hombre. En las culturas que Schmidt denomina *totémicas,* en donde la mujer está relegada a un segundo plano, predomina, sin embargo, la distinción persona/cosa, y en las lenguas que se hablan en estas culturas no hay oposición gramatical alguna entre masculino y femenino. Los pueblos que conocen la distinción gramatical animado/no animado y que viven en el norte y son cazadores y pescadores y no agricultores, tienden a no desarrollar o perder la diferencia gramatical entre género femenino y masculino, que Schmidt asocia fundamentalmente a las culturas en las que predomina la agricultura.

Sea esto cierto o no, lo seguro es que un desarrollo cultural no conlleva necesariamente un cambio en los rasgos de las lenguas asociadas a esa cultura como no sea en algunos aspectos de carácter periférico (como la introducción o eliminación de elementos léxicos determinados). Las lenguas cambian de acuerdo con sus propias leyes y éstas son diferentes a las leyes (si las hay) de evolución de las culturas, lo que no quiere decir que los cambios culturales y sociales no influyan en el uso, propagación, potenciación o incluso desaparición de las lenguas.

4. CLASIFICACIÓN TIPOLÓGICA

La clasificación tipológica consiste en agrupar las lenguas según un conjunto de características gramaticales determinadas. Siguiendo a Décsy (1983), podemos hacer un inventario de los rasgos de comparación lingüística, tal como el que se muestra en el el Esquema 2.3.

Es evidente que los unemas o rasgos universales no sirven para establecer una tipología lingüística, pues con ellos sólo podemos construir una única clase: la de todas las lenguas del mundo. Por su parte, los indemas están también descartados, pues, siguiéndolos, cada lengua pertenecería a un único grupo: el de las lenguas que presentan ese rasgo exclusivo.

La tipología de las lenguas no se puede basar exclusivamente en genemas, pues entonces la tipología sería indistinguible de la clasificación genética; los areemas nos

ESQUEMA 2.3. *Elementos para la comparación de lenguas.*

1. Indemas:	Rasgos que aparecen sólo en una lengua
2. Cardemas:	a) *Unemas:* Rasgos universales, comunes a todas las lenguas. b) *Genemas:* Rasgos comunes a los miembros de una misma familia de lenguas. c) *Tipemas:* Rasgos comunes a diversas lenguas que pertenecen al mismo tipo lingüístico. d) *Areemas:* Rasgos comunes a una serie de lenguas que comparten la misma área o territorio geográfico. e) *Tijemas:* Rasgos en que dos o más lenguas coinciden de modo casual.

llevan a una clasificación geográfica o territorial. Por tanto, nos quedan sólo los tipemas y los tijemas. Si basamos la clasificación en tijemas, tendremos clasificaciones arbitrarias respecto de las cuales ninguna generalización teórica puede hacerse. Los tipemas son un conjunto de rasgos tipológicamente significativos. Esto supone que mediante ellos podemos llevar a cabo una clasificación lingüística razonada diferente de las clasificaciones genética y geográfica, y que las clases de lenguas que establezcamos obedecen a unas generalizaciones que configuran lo que se puede denominar *espacio de variación tipológica de las lenguas*. Este espacio de variación tipológica restringe fuertemente la diversidad permitida por los unemas o conjunto de rasgos lingüísticos universales.

Las tipologías pueden ser *unidimensionales* si se basan en un único criterio de clasificación y *multidimensionales* si conjugan dos o más criterios (véase J. Greenberg 1978). Como ejemplos de tipología unidimensional podemos proponer los siguientes. Es factible clasificar las lenguas del mundo a través del criterio de la presencia de vocales nasales fonológicamente pertinentes. El español, el finés y el árabe pertenecen al grupo de las lenguas que no tienen estas vocales y el francés, el polaco, el engbaka, el mandingo (lenguas africanas) pertenecen al grupo de las lenguas que tienen vocales nasales. Podemos establecer también, para poner otro ejemplo, una clasificación basada en el criterio de si una lengua presenta o no flexión personal en el verbo. El chino, el japonés, el malgache o el vietnamita no tienen flexión personal en el verbo, mientras que el español, húngaro, ruso, georgiano o vasco sí conocen la flexión personal en el verbo.

Así podríamos seguir clasificando las lenguas de acuerdo con muy diversos criterios fonológicos, morfológicos, sintácticos y semánticos. La clasificación tipológica, en general y, tal como observa Greenberg, es arbitraria, pues podemos obtener resultados muy diferentes según los criterios que elijamos para dicha clasificación. No es exhaustiva, pues puede haber citerios no aplicables a determinadas lenguas (por ejemplo, el criterio de la concordancia entre el verbo y su sujeto, objeto directo e indirecto no se puede aplicar a aquellas lenguas que carecen de flexión verbal de persona). Por último, tal como hemos podido comprobar ya, no es unívoca, pues una lengua podrá pertenecer a esta o aquella clase según los criterios que sigamos para la clasificación.

Las tipologías *multidimensionales* se basan en dos o más criterios para establecer la clasificación. Cuando estos criterios están lingüísticamente relacionados es cuando podemos caracterizar un tipo lingüístico determinado. Por ejemplo, las lenguas que presentan el orden *objeto directo + verbo* utilizan de modo no marcado posposiciones (es decir, construcciones en las que primero aparece el nombre y luego la posposición, como, por ejemplo, el vasco *bakearen alde* 'en favor de la paz', en donde *alde* es la posposición que significa 'en favor de' o 'por'). Estas lenguas suelen tener además el complemento del nombre antes del nombre, o las conjunciones subordinantes después de las oraciones a las que afectan.

Vamos a ver, siguiendo a Lehmann (1978), los parámetros de variación que se observan si comparamos una lengua OV con una lengua VO. Lehmann lo ejemplifica con el cingalés y el irlandés, nosotros vamos a realizar una ejemplificación con el español y el vasco.

ESQUEMA 2.4. *Comparación multidimensional del español y el vasco.*

---

1. Orden VERBO + OBJETO frente a OBJETO + VERBO
    a) Español: Juan vio AL PERRO
    b) Vasco: Jonek TXAKURRA ikusi zuen
2. Orden ANTECEDENTE + ORACIÓN RELATIVA frente a ORACIÓN RELATIVA + ANTECEDENTE
    a) Español: EL PERRO que vio Juan
    b) Vasco: Jonek ikusi zue-n TXAKURRA
3. Orden NOMBRE + COMPLEMENTO frente a COMPLEMENTO + NOMBRE:
    a) Español: El perro DE JUAN
    b) Vasco: JON-EN txakurra
4. Orden DETERMINANTE + NOMBRE frente a NOMBRE + DETERMINANTE
    a) Español: UN perro; EL perro
    b) Vasco: txakur BAT; txakurr-A
5. Orden MARCA DE CASO + NOMBRE frente a NOMBRE + MARCA DE CASO
    a) Español: Se lo di A Antonio
    b) Vasco: Andoni-RI eman nion
6. PREPOSICIONES frente a POSPOSICIONES
    a) Español: DETRÁS DEL perro
    b) Vasco: Txakurraren ATZEAN
7. Orden MARCADOR DEL SEGUNDO TÉRMINO DE LA COMPARACIÓN + SEGUNDO TÉRMINO DE LA COMPARACIÓN frente a SEGUNDO TÉRMINO DE LA COMPARACIÓN + MARCADOR DEL SEGUNDO TÉRMINO DE LA COMPARACIÓN
    a) Español: Juan es más alto QUE Antonio
    b) Vasco: Jon Andoni BAINO altuagoa da
8. Orden AUXILIAR + VERBO frente a VERBO + AUXILIAR
    a) Español: Juan HA ido
    b) Vasco: Jon joan DA
9. Orden ORACIÓN PRINCIPAL + ORACIÓN SUBORDINADA frente a ORACIÓN SUBORDINADA + ORACIÓN PRINCIPAL
    a) Español: Juan quiere IR
    b) Vasco: Jonek JOAN nahi du
10. CONJUNCIÓN + SUBORDINADA frente a SUBORDINADA + CONJUNCIÓN
    a) Español: Dice que JUAN VIO UN PERRO
    b) Vasco: JONEK TXAKUR BAT IKUSI ZUE-la esaten du

Como vemos, el parámetro de variación OV/VO conlleva la aparición de otros muchos rasgos gramaticales asociados a tal variación. Podemos decir que las lenguas OV pertenecen a un tipo lingüístico diferente del tipo a que pertenecen las lenguas VO. La clasificación que obtenemos no es genética, pues hay muchas lenguas VO y OV que no están directamente emparentadas.

Por otro lado, las lenguas pertenecen a un tipo lingüístico en el sentido de que se atienen de modo más o menos estricto a ese tipo. Sin embargo, las lenguas concretas no presentan exclusivamente las características de un tipo, también tienen otros muchos rasgos que provienen de otros factores: principalmente históricos y geográficos. Una lengua puede pertenecer al tipo OV, pero puede estar influida por una lengua vecina que pertenezca al tipo VO. Ello hará que una y otra se tomen prestados rasgos que hagan que ninguna de las dos ejemplifique de modo puro los tipos en cuestión. A pesar de la existencia de contactos prolongados y del predominio de una lengua sobre la otra, no siempre se producen los suficientes cambios como para que determinado tipo sea irreconocible en una de ellas. Por ejemplo, el vasco ha estado y sigue estando en una situación de inferioridad frente al castellano, pero ello no ha cambiado esta lengua tanto como para que no podamos reconocer en seguida que el vasco, a diferencia del español, es una lengua OV.

5. CLASIFICACIÓN SOCIOLINGÜÍSTICA

W. A. Stewart (apud Horne 1966: 3-4) propuso en los años sesenta un tipo de clasificación lingüística adicional que denominó *sociolingüística.* Los criterios de esta taxonomía son los siguientes.

En primer lugar, el criterio de la *historicidad* se basa en la consideración de si la lengua se ha desarrollado históricamente mediante su uso continuado o si ha sido inventada en un determinado momento (se trata, por ejemplo, de una lengua artificial). En segundo lugar, tenemos el criterio de la *estandarización,* que depende de si se ha desarrollado una variedad de la lengua aceptada por los miembros de otras variantes de esa lengua como variedad por defecto de uso en situaciones generales. En tercer lugar, está el criterio de la *vitalidad,* determinado por la existencia o no de hablantes que utilicen la lengua habitualmente en tanto que hablantes nativos. En cuarto lugar, está el criterio de la *homogeneidad,* que tiene que ver con el hecho de que los rasgos que configuran la lengua sean heredados históricamente o, por el contrario, se deriven de situaciones de contacto con otras lenguas (las lenguas mixtas son lenguas con poca homogeneidad, pues surgen del contacto de dos o más lenguas con tradiciones históricas diferentes). Para ilustrar esta clasificación aducimos la tabla 2.1.

Otra clasificación de carácter sociolingüístico fue propuesta por M. Swadesh (1972: 44-47). Este autor distingue entre lenguas *mundiales,* las grandes lenguas de las sociedades dominantes del mundo (inglés, español, francés, alemán, árabe, ruso, chino, japonés), lenguas *clásicas,* las lenguas de las ciudades-estado y de los primeros imperios (latín, griego, egipcio, hebreo, persa, sánscrito, nahua, maya y quechua) y lenguas *locales,* pertenecientes a sociedades dispersas de los tiempos primigenios. En la actualidad podemos encontrar lenguas clásicas y locales en áreas periféricas aisladas, en donde se deja sentir de modo más o menos marcado la influencia de las lenguas mundiales.

TABLA 2.1.

Histori-cidad	Estanda-rización	Vitalidad	Homoge-neidad		
+	+	+	+	Estándar	Español
+	+	−	+	Clásica	Latín
+	−	+	+	Autóctona	Sardo
+	−	+	−	Criolla	Palenquero
+	−	−	−	Sabir	Cocoliche
−	+	−	±	Artificial	Esperanto
−	−	−	±	Marginal	Lunfardo

Nota: El palenquero es una variedad criolla del español hablado por los miembros más ancianos de El Palenque de San Basilio, localidad situada al sur de la ciudad de Cartagena, en la costa caribeña de Colombia. El cocoliche es una variedad italianizada del español utilizada entre los inmigrantes italianos de Buenos Aires (Lipski 1994: 199-201). El lunfardo es una jerga originariamente de las zonas más marginadas de Buenos Aires (Lipski 1994: 197-198).

Sin duda, estos tres tipos de lenguas responden a tres estadios en la evolución de la civilización, desde el estadio local primitivo al estadio global de la actualidad y muchas de sus características sociales y culturales se explican por estas circunstancias. Las lenguas mundiales disponen de medios de transmisión y generalización de los que no disponen las lenguas locales (medios de comunicación escrita, hablada, televisada, canales informáticos...); ello hace que dichas lenguas se vayan afianzando mientras que las locales van siendo arrinconadas y van perdiendo hablantes paulatina pero inexorablemente. Por otro lado, hay lenguas que, sin ser mundiales, tampoco se pueden considerar estrictamente locales; es decir, hay idiomas que ocupan posiciones intermedias. La mayoría de las lenguas de la India o de China no son lenguas mundiales, pero, dado su enorme número de hablantes y su uso como lenguas de comunicación general en amplísimas zonas, tampoco pueden ser consideradas propiamente locales. Sin embargo, su *status* no mundial pudiera menguar su importancia si no se toman las medidas adecuadas para evitarlo.

Las lenguas habladas por pueblos indígenas de zonas pertenecientes a la periferia, por ejemplo, las casi mil lenguas de Nueva Guinea Papúa, como lenguas locales corren peligro de desaparecer ante el empuje cada vez más violento de las lenguas mundiales.

Como vemos, los problemas suscitados por la clasificación sociolingüística exceden ampliamente las competencias de la lingüística propiamente dicha para adentrarse en los ámbitos de disciplinas como la sociología, el derecho, la antropología o la historia.

ORIENTACIÓN BIBLIOGRÁFICA

Campbell, G. L. (1991): *Compendium of the World's Languages,* Londres, Routledge, 2 vols, 1574 páginas, con un apéndice de sistemas de escritura (1495-1559) y bibliografía (1561-1574).
Se trata de una breve descripción de la fonología, morfología y sintaxis de más de trescientas lenguas del mundo de la mayoría de las familias genéticas. Es un buen instrumento para adquirir una visión de conjunto de la riqueza lingüística del planeta. En definitiva, es un excelente libro de referencia para el estudiante y estudioso de lingüística general y más específicamente de tipología y universales lingüísticos.

Grimes, B. (ed.) (1992): *Ethnologue. Languages of the World,* Dallas, Summer Institute of Linguistics, (decimosegunda edición), 938 páginas, con bibliografía (898-918), abreviaciones, índice de países, índice de mapas, índice de lenguas especiales y cuestionarios. Se complementa con un índice de lenguas publicado como *Ethnologue Index,* Dallas, Summer Institute of Linguistics, 1992, 312 páginas y 37.370 entradas.
Se trata de un detalladísimo catálogo de lenguas ordenado por países. Se proporcionan datos como las variedades dialectales, filiación genética, área geográfica y número de hablantes. Es una fuente inagotable de datos sobre la situación actual de las lenguas del mundo.

Moreno Cabrera, J. C. (1990): *Lenguas del Mundo,* Madrid, Visor, 1990, 188 páginas, con índice de lenguas, índice de correspondencias, índice de familias, índice de países, referencias bibliográficas y seis mapas.
Se trata de un breve catálogo de lenguas basado fundamentalmente en el repertorio de Ruhlen citado a continuación. Además se propone el glotónimo castellano de muchas lenguas que hasta la publicación del libro carecían de un glotónimo español específico. Es adecuado como libro de consulta auxiliar del estudiante de lingüística.

Ruhlen, M. (1987): *A Guide to the World's Languages. Volume 1: Classification,* Stanford University Press, 1987, 433 páginas, con índice de nombres propios, de grupos lingüísticos y de lenguas.
Es uno de los catálogos de lenguas más completos y actualizados que existen. Cada familia lingüística es presentada mediante una introducción a su historiografía y a su bibliografía fundamental. Es un libro adecuado sobre todo para el investigador.

Villar, F. (1996): *Los Indoeuropeos y los Orígenes de Europa. Lenguaje e Historia,* Madrid, Gredos, 614 páginas, 2ª edición corregida y muy aumentada, con bibliografía.
Se trata de un manual que nos ofrece una panorámica completa y actualizada de la familia lingüística indoeuropea. Dado que la mayoría de las lenguas de nuestro entorno histórico pasado y presente son indoeuropeas, el conocimiento de esta familia es imprescindible para el estudiante. Este libro ofrece al no iniciado un excelente punto de partida para adquirir un buen conocimiento de dicha familia lingüística.

REFERENCIAS BIBLIOGRÁFICAS

Bomhard, A. y Kerns, J. C. (1994): *The Nostratic Macrofamily. A Study in Distant Linguistic Relationship,* Berlín, Mouton de Gruyter.
Comrie, B. (1987): *The World's Major Languages,* Londres, Routledge.
Greenberg, J. (1966): "Language, diffusion, and migration" en J. Greenberg *Essays in Linguistics,* The University of Chicago Press, 1957.

Greenberg, J. (1978): "Typology and Cross-Linguistic Generalizations", en J. Greenberg (ed.) *Universals of Human Language. Volume 1. Method and Theory,* Stanford, Stanford University Press, 1978, páginas 33-60.

Horne, K. (1966): "Language Classification" en K. Horne *Language Typology. 19th and 20th Century Views,* Georgetown University School of languages and linguistics, páginas 1-10.

Lehmann, W. (1978): "The great underlying ground-plans" en W, Lehmann (ed.) *Syntactic Typology. Studies in the phenomenology of language,* Sussex, the Harvester Press.

Lipski, J. M. (1994): *El español de América,* Madrid, Cátedra, 1996.

Masica, C. P. (1976): *Defining a Linguistic Area: South Asia,* Chicago, University of Chicago Press.

Schenker, A. M. (1993): "Proto-Slavonic" en B. Comrie y G. G. Corbett (eds.) 1993, *The Slavonic Languages;* Routledge, Londres, 1993, páginas 60-124.

Schmidt, W. (1929): *Die Sprachfamilien und Sprachenkreisen der Erde,* Heidelberg, Carl Winter's Universitätsbuchhandlung.

Shevoroshkin, V. y Manaster-Ramer, A. (1991): "Some recent work on the remote relations of Languages" en S. M. Lamb y D. E. Mitchell (eds.), *Sprung from some common source. Investigations into the prehistory of languages,* Stanford, Stanford University Press, 1991, páginas 178-204.

Swadesh, M. (1972): *The Origin and Diversification of Language,* Londres, Routledge & Kegan Paul.

Weinreich, U. (1968): *Lenguas en Contacto. Descubrimientos y Problemas,* Ediciones de la Biblioteca, Universidad Central de Venezuela, 1974.

3

LOS UNIVERSALES LINGÜÍSTICOS Y SUS DIVERSOS TIPOS

1. INTRODUCCIÓN A LOS UNIVERSALES LINGÜÍSTICOS

Por universales lingüísticos podemos entender aquellos rasgos o propiedades que son comunes a todas las lenguas humanas presentes, pasadas y futuras y que, por tanto, configuran lo que se puede concebir como el conjunto de características o propiedades que definen al lenguaje humano en general.

Vamos a distinguir dos tipos de universales lingüísticos. Los denominamos *universales semióticos* y *universales gramaticales*. Los primeros se refieren a las propiedades que constituyen el concepto mismo del lenguaje humano, como sistema de comunicación, junto con los condicionantes físicos y fisiológicos de éste. Los segundos hacen referencia a las propiedades comunes a las diversas realizaciones concretas de ese lenguaje humano, es decir, a las propiedades o parámetros comunes a las diversas lenguas. Es evidente que los segundos universales están subordinados a los primeros. De hecho, los universales semióticos determinan un espacio de variación dentro del cual van a configurarse los universales gramaticales.

Dentro de cada tipo de universal vamos a realizar una distinción entre aquellos universales que tienen que ver con la forma del lenguaje o de la gramática, que serán los universales semióticos formales y los universales gramaticales formales, y aquéllos otros que tienen que ver con la sustancia del lenguaje o de la gramática, con lo que tendremos los universales semióticos sustantivos y los universales gramaticales sustantivos.

Por *forma* del lenguaje, entendemos las propiedades abstractas que definen el lenguaje en general y, por *sustancia* del lenguaje, entendemos las propiedades de los medios físicos, fisiológicos y psíquicos a través de los cuales se realiza el lenguaje humano. Por *forma* de la gramática, entendemos las propiedades abstractas o teóricas de las lenguas naturales (que se estudian a través de las propiedades abstractas de las gramáticas que construimos para dar cuenta de ellas) y, por *sustancia* de la gramática, entendemos las categorías y propiedades que tienen relevancia en las diversas lenguas del orbe. N. Chomsky (1965: 27-30) fue uno de los primeros lingüistas en establecer claramente la diferencia entre los universales formales y sustantivos.

A modo de ilustración preliminar, vamos a proponer un esquema en el que se pone un ejemplo de cada uno de los tipos de universales que hemos presentado.

ESQUEMA 3.1. *Tipos de universales lingüísticos.*

1. Universales Semióticos:
   a) Formales: propiedades abstractas del lenguaje humano.
      Ejemplo: toda lengua humana es un sistema referencial.
   b) Sustantivos: propiedades de las coordenadas materiales del lenguaje humano:
      Ejemplo: toda lengua humana se sirve básicamente del sonido como medio de transmisión de símbolos.
2. Universales Gramaticales:
   a) Formales: propiedades abstractas de las gramáticas de las lenguas naturales.
      Ejemplo: las reglas gramaticales son dependientes de la estructura.
   b) Sustantivos: propiedades gramaticales de las lenguas.
      Ejemplo: las lenguas que presentan flexión personal en el nombre también la manifiestan en el verbo.

Explicaremos a continuación algunos de los conceptos que aparecen en el esquema 3.1.

Por *sistema referencial* designamos un mecanismo mediante el cual se utilizan determinados elementos materiales, conceptuados como símbolos o unidades de carácter simbólico, para señalar otros elementos diferentes de ellos. Por ejemplo, las palabras son entidades que se pueden realizar físicamente y que utilizamos para señalar o referirnos a otras entidades diferentes. Así, el nombre propio *Juan* puede utilizarse para hacer referencia a una persona determinada, es decir, a algo distinto de la palabra misma.

Cuando decimos que las reglas gramaticales son dependientes de la estructura, queremos decir que tales reglas gramaticales utilizan en su formulación las relaciones que contraen las unidades lingüísticas y no esas unidades en sí mismas o su posición relativa con las demás unidades con las que co-aparecen en un texto. Por ejemplo, si establecemos una regla gramatical de concordancia del verbo con su sujeto, entonces tenemos que utilizar esa relación gramatical que denominamos *sujeto* y no, por ejemplo, el orden de las demás palabras de la oración entre sí y con respecto al verbo. Por ello, no es, en principio, posible una regla de concordancia que diga algo así como "la palabra que esté más a la izquierda de la oración inducirá concordancia de persona en el verbo" o "la primera palabra de la oración inducirá concordancia de persona en el verbo". Son las relaciones gramaticales (como *sujeto, objeto, complemento indirecto),* creadoras de una estructura sintáctica, las que constituyen la base de las reglas gramaticales y no las puras relaciones de colocación relativa de los elementos en la frase, que no crean una estructura sintáctica.

En cuanto al universal gramatical sustantivo que damos en el esquema anterior, se trata de una restricción al funcionamiento de las categorías gramaticales en las lenguas. En efecto, las lenguas que flexionan el nombre para persona (lenguas fino-ugrias, lenguas túrcicas) también flexionan el verbo para esa categoría gramatical. Ello significa que el verbo es menos marcado que el sustantivo para la flexión personal.

2. UNIVERSALES SEMIÓTICOS

2.1. El signo lingüístico y la efabilidad

Las lenguas son sistemas de signos, objeto de estudio de la disciplina conocida como semiótica. Los signos son unidades simbólicas, es decir, entidades cuya función es señalar, significar o referir a otra entidad diferente. Entendemos aquí por *signo,* pues, cualquier entidad, normalmente física, que se ponga por otra, la entidad simbolizada. Esta simbolización puede derivarse de una conexión natural entre el símbolo y lo simbolizado o ser puramente arbitraria. Es importante decir aquí que no consideramos algo signo de otra cosa por el mero hecho de que exista esa conexión natural. Por ejemplo, en nuestra definición de signo, no podemos decir *esas nubes negras son signo de lluvia,* por más que exista una conexión natural entre los dos fenómenos (el encapotamiento del cielo con nubes negras y el hecho de la lluvia). Para que haya signo, una comunidad tiene que adoptar de modo expreso o implícitamente una convención que una un símbolo, con lo simbolizado. De modo que en esa comunidad, al utilizar dicho símbolo se quiera hacer referencia a lo simbolizado. Es evidente que no tiene sentido decir que se quiere decir algo con las nubes negras (esto es lo que H. P. Grice –cfr. Grice 1957– denomina *significado no natural),* porque no hay intencionalidad ninguna detrás de las nubes negras.

Sí hay intencionalidad en un símbolo como el signo de tráfico STOP; cuando aparece ese símbolo se ha convenido en que los coches deben detenerse. Con lo cual tiene sentido aducir que lo que se quiere decir con esa señal es que se ha de detener el tráfico en el punto donde está. Conviene observar que la señal misma no tiene conexión natural alguna con lo que se simboliza: es una relación convencional. Además de interpretar este símbolo de la manera dicha, se puede interpretar de otra forma, aprovechando su relación natural con otro hecho. Por ejemplo, si vemos una señal de STOP en determinado lugar, eso es indicio de que alguien la ha clavado allí, pero eso no es lo que simboliza la señal, porque no se tiene la intención de simbolizar tal cosa.

El conjunto de signos de la señalización vial está compuesto por un número limitado de elementos que simbolizan un número también limitado de situaciones o de condiciones. Para su aprendizaje es necesario retener en la memoria todos los signos y una demostración de esa necesidad viene dada por la prueba teórica del examen para obtener el carné de conducir.

El lenguaje humano es también un conjunto de signos, como los del código de la circulación. Pero hay una diferencia esencial y es la de que el conjunto de cosas simbolizadas es ilimitado. No existen límites a la capacidad simbólica del lenguaje. De hecho, suele decirse que todo lo que pueda expresarse de una u otra manera, se puede expresar mediante el lenguaje humano. Muchos de los sistemas de signos que usamos se derivan del lenguaje y los que no se derivan de él pueden traducirse a él con facilidad. No importa lo complicada que sea una fórmula matemática, siempre se puede traducir a una expresión lingüística, probablemente más difícil de entender que la expresión matemática. Sin embargo, es fácil crear mensajes lingüísticos intraducibles a fórmulas matemáticas. Parece difícil traducir *El Quijote* al cálculo infinitesimal. Esta propiedad del lenguaje se denomina a veces *efabilidad* (cfr. Katz 1972: 19, quien habla de *principle of effability;* podríamos denominarla también *omnisimbolismo)* y es compartida, por tanto, por todas las lenguas; no hay ninguna restricción a lo que se puede decir en cualquiera de las lenguas humanas. Se dice a veces que las lenguas de los pueblos atrasados carecen de los conceptos y palabras de los pueblos más desarrollados y que, por tanto, sus posibilidades de expresión son más restringidas que las de las lenguas de esos pueblos más desarrollados. Craso error; es cierto que palabras que existen en una lengua no existen en otra (y siempre viceversa), simplemente porque hablantes de distintas culturas tienen distintas necesidades denotativas. Pero todas las lenguas tienen mecanismos para crear elementos léxicos nuevos según se vayan necesitando. Esto, junto con las reglas de combinación de esos elementos léxicos, presentes también en todas las lenguas, hace que en cualquier idioma pueda decirse cualquier cosa. No hay restricción alguna en ninguna lengua y, por tanto, la efabilidad u *omnisimbolismo* es una propiedad universal de las lenguas humanas.

Podría argüirse que hay determinados sistemas simbólicos que son intraducibles a una lengua humana. Por ejemplo, puede pensarse en la pintura o la música: no parece posible que puedan ser traducidas a una lengua natural Las Meninas de Velázquez o la Novena Sinfonía de Beethoven. Ahora bien, aunque los lenguajes pictórico y musical tienen aspectos simbólicos, también tienen componentes que no dependen de signos o símbolos convencionales. Tanto la pintura como la música están conformadas por elementos que producen una impresión natural en el espectador u oyente: la impresión ocasionada por un determinado color o un determinado sonido tiene una base natural no sígnica. Un sonido, por ejemplo, no es grave o agudo, o más o menos intenso por convención, sino por sus propiedades físicas objetivas. Por ello, no es posible traducir a una lengua natural todas las impresiones auditivas o visuales asociadas a una obra de arte; solamente se pueden expresar lingüísticamente aquellos aspectos puramente simbólicos de la misma, con lo cual se pierde su integridad, pues ninguna obra de arte puede renunciar a todos los aspectos que la componen y seguir existiendo como tal.

¿Cómo se consigue realizar esta propiedad del omnisimbolismo o efabilidad? Es evidente que con sólo un repertorio limitado de elementos significativos o signos no es posible expresar cualquier mensaje. Es necesario algún otro mecanismo. Ese mecanismo no es otro que un conjunto de *reglas de combinación* mediante el cual podemos obtener signos complejos a partir de signos más simples. Esos mecanismos de combinación nos posibilitan crear un conjunto ilimitado de signos potenciales a partir de un número finito de signos elementales.

Por tanto, toda lengua lengua humana se compone de dos partes esenciales: un *léxico* o conjunto de signos elementales, y una *sintaxis* o conjunto de reglas de combinación de los elementos del léxico para obtener signos complejos. Estos dos componentes son, pues, universales del lenguaje humano: no hay lengua humana real o posible que no tenga estos dos elementos. Obtenemos, por tanto, el siguiente universal:

Universal semiótico 1

Toda lengua humana se estructura en dos componentes básicos: un léxico y una sintaxis.

Este universal semiótico es de carácter formal, ya que estamos describiendo una propiedad abstracta de las lenguas humanas, independiente de la realización material de la misma. De hecho, otros lenguajes artificiales, como el de la lógica de enunciados o la aritmética de Peano tienen también esta estructuración.

A este universal semiótico debemos agregarle al menos dos universales que se deducen de lo ya expuesto:

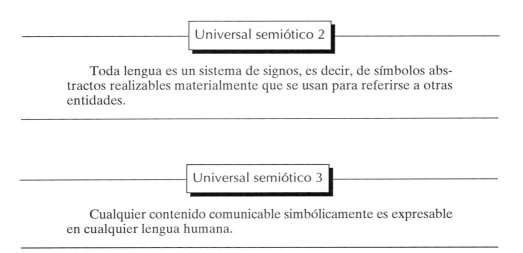

Universal semiótico 2

Toda lengua es un sistema de signos, es decir, de símbolos abstractos realizables materialmente que se usan para referirse a otras entidades.

Universal semiótico 3

Cualquier contenido comunicable simbólicamente es expresable en cualquier lengua humana.

Estos dos universales son igualmente formales, pues se refieren a propiedades abstractas de las lenguas humanas. El segundo universal se refiere al hecho de que las lenguas son sistemas simbólicos, es decir, están constituidos de signos que, como hemos señalado, se definen por su intencionalidad simbolizadora. Los signos mismos son entidades abstractas, pues no dependen de su realización material, aunque han de realizarse físicamente para poder ser utilizados.

El tercer universal se refiere a la propiedad que hemos denominado antes *efabilidad,* y caracteriza el alcance del sistema simbólico. Se podría enunciar diciendo que las lenguas humanas son los sistemas simbólicos de mayor alcance o extensión denotativa.

E. Cassirer fue –en su *Filosofía de las Formas Simbólicas,* cuyo primer tomo (1964) está dedicado al lenguaje– quien primero sistematizó el estudio de los diversos sistemas simbólicos.

2.2. Universales semióticos sustantivos y la dualidad

Pasamos ahora a estudiar los universales semióticos sustantivos. Estos universales se derivan directamente de los medios a través de los cuales el ser humano lleva a cabo o materializa esa capacidad de comunicarse mediante signos que denominamos *lenguaje.* Toda lengua humana presentará una serie de características que son debidas a ese soporte material de que se vale el ser humano para llevar a cabo la actvidad lingüística. Tal soporte material es el aparato fonador a través del cual se emiten los sonidos, el aparato auditivo a través del cual se perciben esos sonidos, y el cerebro, que no sólo controla los órganos fonadores e interpreta los estímulos auditivos, sino que es el lugar donde se almacena el conocimiento lingüístico. Las limitaciones y propiedades de estos sistemas materiales son decisivas para determinar las propiedades sustantivas del lenguaje humano, es decir, los universales semióticos sustantivos.

Las limitaciones del soporte material del lenguaje explican una primera característica universal del lenguaje: la que A. Martinet (1960: §1-8) denomina *doble articulación del lenguaje* y Ch. F. Hockett (1961: 12), *dualidad*.

Hemos dicho que toda lengua consta formalmente de un léxico más unas reglas de combinación. Es claro que ese léxico está constituido por elementos simbólicos primitivos, componiendo los cuales podemos generar un número ilimitado de contenidos. Para la vida diaria necesitamos unos pocos miles de esos elementos simbólicos primitivos que debemos ser capaces de retener en la memoria. Pero, además de ello, tenemos que transmitirlos mediante un canal físico para que pueda producirse comunicación. Consideramos el canal sonoro como el medio físico básico de las lenguas humanas y éste es un primer universal semiótico sustantivo:

| Universal semiótico 4 |

Toda lengua humana tiene el canal sonoro como medio básico de transmisión de los símbolos.

Esto no quiere decir que no podamos hacer uso de otros canales diferentes para establecer y mantener la comunicación: el canal visual, en el que se basa la escritura, y las lenguas de signos que utilizan los sordo-mudos son ejemplos evidentes. La escritura es, empero, un nivel artificial y no natural de comunicación lingüística, y las lenguas de signos, que se basan en un componente gestual que puede considerarse natural, son medios de comunicación a los que se pueden aplicar muchos de los universales expuestos en este libro, si exceptuamos los que tienen que ver con el sonido. Con todo, vamos a restringirnos aquí a las lenguas naturales habladas, pues si intentáramos abarcar también las lenguas de signos saldríamos del ámbito de la lingüística propiamente dicha para adentrarnos en el terreno de la teoría de la comunicación y la semiología.

Las limitaciones de nuestro sistema de articulación y de percepción de sonidos hace imposible que podamos hacer corresponder a cada uno de los miles de símbolos necesarios un sonido diferente lo suficientemente distinto de los que habrían de corresponder a los demás símbolos, para conseguir una comunicación eficiente y rápida.

La solución de este problema viene dada por el hecho de que partimos de un conjunto muy limitado de sonidos que podemos articular y discriminar auditivamente con cierta facilidad y, mediante la combinación de dichos sonidos, construimos las unidades simbólicas básicas. Por tanto, también en este nivel fónico tenemos un conjunto de unidades primitivas, los fonemas, y de reglas de combinación de éstos en unidades mayores, que son las sílabas. Precisamente con una o más sílabas se forman las unidades simbólicas básicas. De esta manera, las unidades simbólicas básicas se descomponen a su vez en otras unidades más pequeñas no simbólicas que se construyen de la misma forma, es decir, con un vocabulario básico y unas reglas de combinación. Tenemos, por tanto, el siguiente universal semiótico:

Universal semiótico 5

Las unidades simbólicas primitivas de toda lengua se analizan en términos de la combinación de secuencias más pequeñas no simbólicas (las sílabas) obtenidas mediante la combinación de unidades básicas no simbólicas (los fonemas).

A. Martinet denomina *primera articulación del lenguaje* a la que está constituida por esas unidades simbólicas primitivas con cuya combinación obtenemos entidades simbólicas complejas, y *segunda articulación* a la que está formada por secuencias no simbólicas construidas a su vez mediante la combinación de los elementos básicos de esa segunda articulación, los fonemas. Así, por ejemplo, el sustantivo *casa* es una unidad básica de la primera articulación del lenguaje, la articulación simbólica; sin embargo, en la segunda articulación del lenguaje, la no simbólica, es una secuencia compleja compuesta de dos sílabas *ca* y *sa,* a su vez constituidas por la combinación de dos fonemas /k/ y /a/, y /s/ y /a/ respectivamente.

Como vemos, la doble articulación del lenguaje se basa en una propiedad material, no formal, del lenguaje humano. Ahora bien, cada una de las dos articulaciones se estructura formalmente de la misma manera, es decir, mediante un conjunto limitado de elementos primitivos más unas reglas de combinación. Un conjunto dotado de unas operaciones de composición interna se denomina en matemáticas *álgebra*. La primera articulación del lenguaje puede simbolizarse mediante el conjunto ES de expresiones simbólicas simples o complejas, más el conjunto de reglas de combinación que sirven para obtener expresiones complejas a partir de expresiones simples, que vamos a denominar Σ. El álgebra de la primera articulación del lenguaje se simbolizará mediante el par <ES, Σ>. Dentro del conjunto ES de expresiones simbólicas seleccionamos un subconjunto suyo, que es el conjunto de las expresiones primitivas o simples de la primera articulación del lenguaje; es lo que hemos denominado el léxico y que ahora notaremos mediante la letra griega Λ, que es la base del álgebra, es decir, el conjunto de unidades simples, operando sobre las cuales vamos obteniendo secuencias complejas. Nos resulta, pues, como representación formal de la primera articulación, el trío <ES, Λ, Σ>. Además necesitamos un conjunto CAT de categorías (como *adjetivo, verbo, nombre, oración...*) para caracterizar cada una de las unidades básicas y complejas de ES; a este conjunto pertenecerán etiquetas como *sintagma* u *oración*. Obtenemos, pues, finalmente <ES, Λ, CAT, Σ>.

Veamos un ejemplo muy sencillo para hacer más concreta esta presentación formal. Existen en el léxico Λ^E del español unidades simples tales como *Juan, Pedro* e *y*. Asignamos una etiqueta extraída de CAT a cada uno de estos elementos de Λ^E: A *Juan* y *Pedro* les asignamos la etiqueta de CAT: Nombre Propio (NP) y a *y* le asignamos la etiqueta de CAT Conjunción (CONJ), tal como mostramos en el siguiente gráfico:

ESQUEMA 3.2.

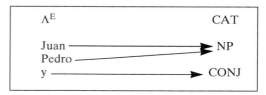

Podemos definir la categorización como una función que asigna una etiqueta de CAT a cada uno de los elementos de Λ^E. En el conjunto Σ de reglas tendrá que haber una que nos diga que si tenemos dos elementos de NP y otro de CONJ, podemos unirlos para obtener un nuevo elemento que también pertenece al conjunto ES^E de expresiones significativas del español. Esta regla tendría informalmente el siguiente aspecto:

ESQUEMA 3.3.

Si α y β son elementos de categoría NP y γ es un elemento de categoría CONJ entonces $\alpha\gamma\beta$ es un elemento de categoría SNP(SNP = sintagma de nombre propio).

Si consideramos NP y CONJ como los subconjuntos de Λ^E que contienen los nombres propios y las conjunciones respectivamente, podemos reformular la regla anterior conjuntísticamente del siguiente modo, con su aplicación práctica al ejemplo que nos ocupa y a otro adicional:

ESQUEMA 3.4.

Si $\alpha, \beta \in$ NP y $\gamma \in$ CONJ, entonces $\alpha\gamma\beta \in$ SNP
Aplicaciones:
Juan, Pedro $\in$ NP; y $\in$ CONJ; Juan y Pedro $\in$ SNP
María, Laura $\in$ NP; o $\in$ CONJ; María o Laura $\in$ SNP

Nótese que ni *Juan y Pedro* ni *María o Laura* pertenecen a Λ^E pues no son elementos léxicos, y que son miembros de ES, que incluye a Λ^E y a todos los sintagmas.

Por su parte, en la segunda articulación del lenguaje tenemos un conjunto de expresiones fónicas EF y unas reglas de combinación mediante las que obtenemos expresiones fónicas complejas a partir de otras más simples; al conjunto de esas reglas las señalamos como Ψ. Seleccionamos, como habíamos hecho antes, el conjunto de expresiones básicas de EF, es decir, el conjunto de fonemas, que notaremos como Φ. También necesitamos, como antes, un conjunto de etiquetas CAT en donde estarán nociones como *consonante, vocal, pie, sílaba, coda silábica, cabeza silábica, mora...* Con ello tenemos la siguiente representación de la segunda articulación <EF, Φ, CAT, Ψ>.

Veamos también una aplicación práctica de esta definición. Tomamos dos elementos de Φ, como /k/ y /r/, que son consonantes, y mediante una regla perteneciente a Ψ, los combinamos para obtener la cabeza silábica /kr/. La regla en cuestión puede expresarse de la siguiente manera, con dos aplicaciones ejemplificatorias adicionales:

ESQUEMA 3.5

Si $\kappa \in C^{OCL}$ y $\lambda \in C^{VIB}$, entonces $\kappa\lambda \in \sigma^{CA}$
Donde C^{OCL} = Consonante oclusiva; C^{VIB} = consonante vibrante; σ^{CA} =
cabeza silábica.
Aplicaciones:
/k/ $\in C^{OCL}$ y /r/ $\in C^{VIB}$, entonces /kr/ $\in \sigma^{CA}$
/b/ $\in C^{OCL}$ y /r/ $\in C^{VIB}$, entonces /br/ $\in \sigma^{CA}$
/t/ $\in C^{OCL}$ y /r/ $\in C^{VIB}$, entonces /tr/ $\in \sigma^{CA}$

Las cabezas silábicas obtenidas son tres posibles cabezas silábicas del español (cfr. CReo, BRazo y TRes).

Es evidente que entre las dos álgebras que representan cada una de las dos articulaciones del lenguaje humano existe una relación. Esa relación la vamos a notar mediante la letra $\mathfrak{R}$ y pone en conexión los elementos de la base del álgebra de la primera articulación, es decir, los elementos de Λ, el léxico de la lengua, con unidades de EF, es decir, expresiones fonéticas normalmente complejas. Así, por ejemplo, al lexema de Λ, *casa,* que es una unidad primitiva o básica de la primera articulación, la relación $\mathfrak{R}$ le asigna una secuencia fónica compleja como /kása/, un pie que consta de dos sílabas (/ka/ y /sa/), la primera de las cuales va acentuada (se trata, pues, de un pie trocaico).

Obtenemos, pues, el siguiente universal semiótico:

Universal semiótico 6

Toda lengua humana se estructura en dos álgebras <ES, Λ, CAT, Σ> y <EF, Φ, CAT, Ψ>, tales que existe una relación $\mathfrak{R}$ que asocia a cada elemento de Λ con un elemento de EF.

Una relación es una función cuando a todos y cada uno de los elementos del primer conjunto relacionado (en este caso Λ) se les asigna un único elemento del segundo conjunto relacionado (en este caso EF). Por ejemplo, a la palabra *casa* se le asigna /kása/ y ninguna otra secuencia más (/sáka/, /áska/). En algunos casos excepcionales puede ocurrir que a dos elementos de Λ se les asigne el mismo elemento de EF (por ejemplo al pie /pára/ le corresponden dos elementos de la primera articulación: una preposición y una forma del verbo *parar).*

La relación $\mathfrak{R}$ entre Λ y EF es, por consiguiente, una función, pues todos los elementos del primer conjunto se ven afectados por dicha relación y, además, a cada uno de sus elementos le corresponde exactamente un elemento de EF. Una función es inyectiva cuando a elementos distintos del primer conjunto de la relación (Λ en nuestro caso) les corresponden elementos distintos del segundo conjunto de la relación (EF en este caso) y es sobreyectiva cuando todos los elementos del segundo conjunto de la relación (EF) están relacionados con un elemento del primer conjunto de la relación (Λ).

La función ℜ no es inyectiva ni sobreyectiva. No es inyectiva porque puede ocurrir que a un mismo elemento de EF le correspondan dos elementos de Λ; pensemos, por ejemplo, en los casos de homonimia a que ya hemos aludido: *para* es, según los casos, una preposición o un verbo, pero son fónicamente indistinguibles. Tampoco es sobreyectiva, porque hay muchos elementos de EF a los que no les corresponde ninguno de Λ: por ejemplo, /*káfa*/ es un elemento de EF que no se ve asociado con unidad alguna de Λ.

A partir de aquí podemos enunciar dos universales semióticos nuevos:

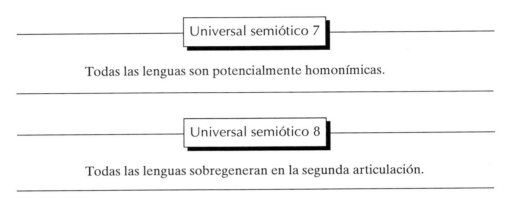

Universal semiótico 7

Todas las lenguas son potencialmente homonímicas.

Universal semiótico 8

Todas las lenguas sobregeneran en la segunda articulación.

El universal semiótico 7 se deriva del hecho de que la relación entre los elementos simbólicos de la primera articulación y las secuencias fónicas de la segunda es arbitraria, lo cual posibilita la homonimia, ya que no hay ninguna razón por la que la secuencia fónica /*kása*/ deba asociarse a un elemento léxico que simboliza un tipo de morada. Por ello, puede también asociarse a una actividad cuando es una forma del verbo *casar*.

El universal semiótico 8 significa que hay más secuencias fónicas en la segunda articulación que las que realmente se necesitan; ello hace que sea fácil enumerar muchas palabras inexistentes en una lengua, pero fónicamente bien formadas. Esta característica es fundamental, pues nos posibilita tener siempre a mano combinaciones fónicas que sirvan para introducir elementos simbólicos nuevos conforme se vayan necesitando, o para dar cabida a elementos nuevos que surgen de la transformación de otros ya existentes.

3. UNIVERSALES GRAMATICALES

3.1. Universales gramaticales sustantivos

Como ya hemos visto en la sección anterior, los universales gramaticales pueden ser también formales y sustantivos. Los universales gramaticales *sustantivos* son aquellos que enuncian propiedades que tienen todas las lenguas humanas, y los *formales* son los que tienen que ver con las propiedades abstractas de las gramáticas que describen esas lenguas humanas.

Los universales gramaticales son subsidiarios de los universales semióticos: añaden más restricciones a las establecidas en éstos. Por ejemplo, dentro del conjunto Λ de elementos simbólicos, debe haber unidades de varias categorías. Concretamente, hay unidades que denotan entidades y unidades que denotan procesos, acciones o propiedades; podemos añadir también los elementos que tienen por función la de unir dos o más oraciones. Se puede hablar, al menos, de tres clases de unidades simbólicas que notamos mediante N, P e Y respectivamente; la clase *N* es la clase de las unidades que denotan una entidad o la caracterizan, y suele coincidir con lo que se conoce en gramática tradicional como pronombre, nombre propio o nombre común; *P* es la clase de las unidades que denotan estados, procesos y acciones, se denominan habitualmente *verbos; Y* es la clase de los conectores, como las conjunciones, por ejemplo; podemos introducir también los cuantificadores (uno, dos, tres), señalados mediante *Q* y los modificadores (que en las lenguas europeas se manifiestan mediante adjetivos y adverbios, según el caso), señalados mediante *M*.

Podemos pues proponer el siguiente universal gramatical:

Universal gramatical 1

El léxico de toda lengua está organizado en clases sintácticas o morfológicas entre las que figuran al menos N, P, Y, Q y M.

Hay primero que aclarar qué son clases sintácticas y morfológicas. Las clases morfológicas se establecen de acuerdo con determinadas propiedades morfológicas que comparten los lexemas que pertenecen a dicha clase. Por ejemplo, en español, los nombres pueden variar morfológicamente según el género o el número, y los verbos, según la persona y el tiempo. En otras lenguas, estas clases pueden tener morfemas diferentes. Por ejemplo, en turco los nombres tienen flexión de persona, pero no de género.

Hay lenguas que no tienen morfología flexiva alguna que diferencie clases de palabras. En ellas, el hecho de que un lexema se considere N o P dependerá de su función y comportamiento sintáctico. Diferentes comportamientos sintácticos determinarán diferentes clases no explícitas desde el punto de vista morfológicc. Algo así ocurre, de modo más o menos general, en inglés donde sólo sabremos por el contexto sintáctico si una palabra es nombre o es verbo.

Dentro de los universales gramaticales sustantivos, también están incluidos aquéllos que tienen que ver con la segunda articulación del lenguaje. Aquí utilizamos *gramática* en el sentido más amplio posible, en el que se tiene en cuenta también el estrato fónico. Dentro de este nivel, es evidente que todos los sistemas de sonidos de las lenguas comparten una característica común de índole sustantiva. Todos ellos tienen dos tipos de elementos fónicos: aquéllos que se articulan sin interrumpir la corriente de aire que se aprovecha para la articulación, y aquéllos otros para producir los cuales se realiza una interrupción de dicha corriente de aire. Dentro del primer grupo están las vocales (V), sonidos en los que existe la menor constricción posible de esa corriente de aire; dentro del segundo grupo encontramos únicamente consonantes (C). En el primer grupo hay también consonantes, las consonante continuas, que se diferencian de las vocales en que existe la mayor constricción posible, sin llegar a la oclusión total, de la corriente de aire articulatoria. Si entendemos por *consonante* únicamente los sonidos en los que hay una interrupción total de la corriente de aire articulatorio, tendremos el siguiente universal:

Universal gramatical 2

Todas las lenguas distinguen entre V y C.

Este universal gramatical es evidentemente sustantivo, ya que no está determinado por propiedad semiótica alguna, sino por el medio material de realización de las unidades de la segunda articulación, es decir, el canal vocal.

Otro universal gramatical de carácter sustantivo se deriva de lo que se denomina *linealidad del significante*. Las secuencias simbólicas se organizan de acuerdo con un orden lineal en el que las relaciones de sucesión realizan las diversas relaciones entre las unidades lingüísticas. Tenemos, pues, el siguiente universal:

Universal gramatical 3

Las unidades simbólicas organizan su realización a través de su disposición lineal.

Este universal es claramente sustantivo, pues se deriva de una propiedad concreta de la realización material de las lenguas. Éstas se materializan a través de elementos simbólicos que se yuxtaponen en el discurso, pues aprovechamos una única dimensión del canal sonoro. Si bien la organización es claramente lineal, no es menos cierto que existen fenómenos vocales no lineales, tales como la entonación. Es decir, propiedades que se dan de modo simultáneo y no sucesivo a las secuencias de elementos lingüísticos. De hecho, la entonación de las frases o de las palabras constituye una segunda dimensión que incluso puede ser léxicamente distintiva, como ocurre en las lenguas con tonos (chino, tai, vietnamita). Esto no contradice el universal aducido, ya que incluso en las lenguas mencionadas las unidades léxicas se disponen de forma lineal y este es el modo de organización fundamental de cualquier lengua natural.

3.2. Universales gramaticales formales

Pasamos a examinar brevemente los universales gramaticales formales. Estos universales tienen que ver con las propiedades lógicas de los dispositivos teóricos que los gramáticos han ideado para describir las lenguas del mundo. Se trata, pues, de unos universales de carácter teórico y no estrictamente empírico. Si esos dispositivos teóricos, creados por los gramáticos, sirven para dar cuenta de modo adecuado de las lenguas, entonces es que las propiedades de tales dispositivos reflejan propiedades reales de las lenguas. De ahí que, si los estudiamos teóricamente, estaremos poniendo de manifiesto propiedades que son comunes a todas las lenguas humanas.

Estos universales han sido denominados por E. Coseriu (1972: §3.2) *universales de la lingüística.* Cualquier gramática de una lengua debe dividirse en dos componentes principales: una fonología y una morfosintaxis. Esta división viene dada por la propiedad de la dualidad o doble articulación vista en la sección 2.2. Esto provoca la existencia de dos disciplinas independientes entre las que la gramática ha de dividir o compartir sus intereses. Tenemos, pues, el primer universal gramatical formal:

| Universal gramatical 4 |

La gramática de toda lengua ha de constar al menos de una fonología y de una morfosintaxis.

Esto da pie a la existencia de una fonología y una sintaxis generales, que se encargarán de estudiar los aspectos comunes a la fonología y la morfosintaxis de cada lengua, y al siguiente universal:

| Universal gramatical 5 |

Toda lengua humana es objeto de estudio de la fonología y la sintaxis generales.

La fonología general estudia, entre otras cosas, las propiedades formales de los sistemas fonológicos, es decir, de los mecanismos teóricos que los especialistas utilizan para describir la segunda articulación de las lenguas naturales. Por su parte, la sintaxis o morfosintaxis general estudia, entre otras cosas, las propiedades formales de los mecanismos teóricos que los estudiosos del lenguaje postulan para describir la primera articulación de las lenguas naturales.

En los siguientes capítulos del libro estudiaremos los universales fonológicos (Capítulo V) y morfosintácticos (Capítulos VI y VIII). Ahora nos limitamos a dar un par de ejemplos ilustrativo de ellos.

El concepto de regla gramatical o fonológica ha sido desarrollado por la lingüística teórica para dar cuenta de las generalizaciones lingüísticamente significativas de la primera y de la segunda articulación del lenguaje. Se trata de un mecanismo puramente formal que consiste en el establecimiento de una relación entre dos elementos. El primero es el afectado por la regla, puede considerarse como la condición fundamental de la misma y se suele poner a la izquierda de la regla; y el segundo es el elemento resultante de la aplicación de la regla y se suele poner a la derecha precedido de una flecha. La forma básica de las reglas gramaticales es A $\Rightarrow$ B, además se suele especificar una condición adicional que ha de cumplir el elemento afectado por la regla, tal condición se suele expresar mediante la notación /___, que puede leerse *en el contexto*___. Veamos para ilustrarlo una regla de cada una de las articulaciones del lenguaje:

ESQUEMA 3.6. *Dos reglas gramaticales ilustrativas.*

> 1. Regla de epéntesis:
>   S $\Rightarrow$ ES / #___C
> 2. Regla de elisión de la conjunción *que*
>   que $\Rightarrow$ ϕ/V[+dir, +1ª] ___ [$_o$

La primera regla pertenece a la segunda articulación del lenguaje y nos dice que si una sílaba comienza por una /s/ seguida de una consonante (C; # indica el comienzo de la sílaba), entonces se le agrega a la /s/ una /e/. Esto ocurre, por ejemplo, en nuestra lengua, donde la palabra inglesa *standard* se adapta como *estándar*.

La segunda regla pertenece a la primera articulación del lenguaje e intenta reflejar el hecho de que en algunas ocasiones podemos eliminar la conjunción *que* que introduce las oraciones complementivas de los verbos directivos (rasgo + dir) como *rogar, pedir, sugerir* cuando están conjugados para la primera persona (rasgo + 1ª). Así, por ejemplo, en vez de *te pido que me envíes los resultados cuanto antes,* podemos tener *te pido me envíes los resultados cuanto antes.*

Las reglas de la gramática, sean de la primera o segunda articulación del lenguaje tienen una característica formal en común que constituye un universal gramatical formal. Se trata de lo que Chomsky (Chomsky 1975: 31-35 [vers. esp. 53-60]) ha denominado *ley de la dependencia estructural.* Consiste en la observación de que toda regla lingüística se define de acuerdo con la estructura que presente la secuencia a que se aplica y no simplemente con el orden relativo de los elementos de la secuencia. Según ello, no habrá ninguna regla gramatical que diga algo así como *suprima el tercer elemento de una secuencia cualquiera* o *añada una e al quinto sonido de una secuencia fónica.* Tenemos, por consiguiente, un nuevo universal gramatical formal:

Universal gramatical 6

Toda regla gramatical es sensible a la estructura de la secuencia
a la que se aplica.

Para comprobar este universal nos basta con examinar las dos reglas propuestas como ejemplo. En el primer caso, hay que recurrir a la noción de sílaba para aplicar la regla; es decir, hay que analizar la secuencia a la que se aplique mediante este concepto. En el segundo caso, eliminamos el *que* que introduce una subordinada completiva de un verbo directivo en primera persona; es decir, tenemos que realizar un análisis morfosintáctico antes de poder aplicar la regla.

4. UNIVERSALES, IMPLICACIONES Y TENDENCIAS

4.1. Introducción

Entendemos por *regularidad general* cualquier característica o modo de comportamiento de las unidades lingüísticas que se manifiesta en muchas lenguas humanas.

Desde un punto de vista teórico, podemos distinguir tres tipos de regularidades generales, que denominamos *universales* propiamente dichos, *implicaciones* y *tendencias*.

ESQUEMA 3.7. *Tipos de regularidades generales.*

---

1. *Universales Absolutos:*
   Características que se encuentran en todas las lenguas humanas reales y posibles.
2. *Implicaciones o Universales Implicativos:*
   Se dan entre dos (o más) características C_1 y C_2 de las lenguas humanas, de modo que si una lengua tiene C_1 se predice que tendrá también C_2. Esto se expresa mediante la siguiente fórmula: $C_1 \Rightarrow C_2$.
3. *Tendencias o Universales Estadísticos:*
   Enuncian el grado de frecuencia de una o varias características de las lenguas humanas.

Vamos a ilustrar brevemente en las secciones que siguen cada uno de estos tipos de regularidades generales.

4.2. Universales absolutos

Los universales absolutos están inextricablemente ligados a la propia definición del lenguaje humano. Hemos visto varios antes: toda lengua humana consta al menos de un léxico y unas reglas de combinación, toda lengua humana está articulada en dos niveles, toda lengua humana posee la propiedad de la efabilidad, toda lengua humana puede ampliar su repertorio léxico *ad libitum*. Veremos más adelante otros, como el de que todas las lenguas del mundo distinguen entre vocales y consonantes o el de que todas las lenguas del mundo tienen elementos deícticos. Es evidente que todas estas propiedades han de ser estudiadas por la lingüística universalista.

4.3. Universales implicativos

Las implicaciones, también llamadas *universales implicativos,* son, como hemos dicho, relaciones de implicación entre dos características lingüísticas determinadas. Vamos a ilustrar las implicaciones con un ejemplo sencillo.

Sean dos propiedades: C_1 = *tener artículos* (TA) y C_2 = *tener determinantes* (TD). Por *artículos* entendemos palabras como *el* en el español *el hombre* o *the* en el inglés *the man*. Por *determinantes* entendemos palabras como *este* en el español *este hombre* o *this* en el inglés *this man*. ¿Qué relación podemos establecer entre TA y TD? Existe una relación implicativa entre ellas: la TA implica la TD, pero no viceversa. Es decir, tenemos TA ⇒ TD. Si una lengua tiene artículos, también tendrá determinantes. Lo que es universal en este caso, es la relación entre las dos propiedades mencionadas no las propiedades en sí. El universal seguiría siendo válido si ninguna lengua tuviera artículos ni determinantes; lo único que establece la implicación respecto de una lengua, es que si tiene lo primero tendrá también lo segundo. Por tanto, una implicación como ésta supone una clasificación de las lenguas en cuatro tipos.

ESQUEMA 3.8. *Clasificación de las lenguas según la implicación TA ⇒ TD.*

> 1. Lenguas TA y TD; ejemplo: el español.
> 2. Lenguas no TA y TD; ejemplo: el latín.
> 3. Lenguas no TA y no TD; no hay.
> 4. Lenguas TA y no TD; ϕ.

Es importante distinguir entre el hecho de que no haya lenguas no TA y no TD (caso tercero) y el hecho de que no pueda haber, si la implicación es correcta, lenguas TA y no TD (caso cuarto). Si se parte de la base de que todas las lenguas tienen elementos (palabras, afijos o partículas) determinantes (ya sean numerales, demostrativos o ambas cosas); es decir, si partimos de ese universal absoluto, entonces se excluye el caso tercero, pero esto es claro que no afecta a la validez de la implicación, pues hay un universal absoluto que impide que se dé el caso no TD. De aquí podemos deducir el siguiente universal metateórico:

─────────────┤ Universal metateórico 1 ├─────────────

Los universales implicativos están subordinados a los universales absolutos, en el sentido de que éstos limitan las clases tipológicas inducidas por aquéllos.

El cuarto caso está ejemplificado mediante el símbolo del conjunto vacío ϕ, pues la presencia de TA y la ausencia de TD están excluidas por la propia implicación, no por algún universal absoluto. Es decir, si se encontrara una lengua con artículos y sin determinantes, entonces la implicación sería falsa (y lo sería sólo en este caso). Podemos establecer, pues, el siguiente universal metateórico:

| Universal metateórico 2 |

Toda implicación tiene que restringir el espacio de variación observado dentro de un determinado ámbito lingüístico.

En este caso, el espacio de variación está representado por las dos categorías de artículo y determinante y está caracterizado por el hecho de que el artículo es una especialización del demostrativo que se ha verificado en algunas lenguas. Por ello, podemos decir que la categoría de artículo se encuentra incluida en la de demostrativo, como un subtipo suyo, en el nivel metateórico de análisis universal.

La lingüística universalista estudia también las relaciones implicativas entre propiedades lingüísticas, sean éstas universales o no, y las conclusiones al respecto extraídas sirven para construir tipologías lingüísticas, es decir, sirven para llevar a cabo una tipología lingüística, tal como acabamos de ilustrar. Llegamos, pues, al siguiente universal metateórico:

| Universal metateórico 3 |

Hay propiedades universales de las lenguas y relaciones universales entre propiedades lingüísticas universales o no.

4.4. Las jerarquías universales

Íntimamente relacionadas con los universales implicativos están las jerarquías universales, en las cuales tenemos una serie de implicaciones en cadena en las que el consecuente de una implicación es el antecedente de otra implicación.

Una de las primeras jerarquías universales propuestas en la lingüística moderna fue enunciada por Hjelmslev en su estudio sobre los casos (Hjelmslev 1935: 180). El lingüista danés, al estudiar los casos locativos o posicionales de diversas lenguas, llega a la conclusión de que hay tres dimensiones de organización: la del *movimiento* (hay casos que indican movimiento, los casos *lativos,* y otros reposo, los casos *esivos);* la de la *coherencia* indica si hay o no contacto entre las entidades relacionadas por el caso; y la de la *subjetividad,* que se utiliza para los casos que señalan *arriba-abajo* (objetivos) frente a los que señalan *delante/detrás* (subjetivos); este término se debe al hecho de que el arriba y el abajo de un objeto no dependen de la posición del observador, pero el *delante* y el *detrás* de un objeto sí dependen de la posición del observador. Ilustremos esto con los siguientes esquemas:

ESQUEMA 3.9.

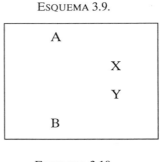

ESQUEMA 3.10.

En el esquema 9, para el individuo A, X está encima de Y (e Y debajo de X), a pesar de que X está debajo de A. Por su parte, para B sigue ocurriendo lo mismo: X está encima de Y a pesar de que B está debajo de X. Sin embargo, en el esquema 10, para A, X está delante de Y y para B es Y el que está delante de X. Ello se debe a que X se halla entre A e Y, e Y se halla entre X y B.

Pues bien, Hjelmslev establece la siguiente jerarquía universal de los casos:

ESQUEMA 3.11. *Jerarquía universal de las dimensiones generadoras de los casos locativos según Hjelmslev.*

SUBJETIVIDAD > COHERENCIA > MOVIMIENTO

Esta jerarquía nos dice que si hay lenguas que tienen casos generados por la dimensión de la subjetividad, también tendrán casos generados por la coherencia y por la dimensión del movimiento.

Compatible con la jerarquía es el hecho de que haya lenguas que tengan casos generados por la dimensión de la coherencia y no por la dimensión de la subjetividad. Entonces, esas lenguas han de tener casos generados por la dimensión del movimiento.

Por último, también es compatible con la jerarquía el hecho de que haya lenguas que sólo tengan casos locativos generados por la dimensión del movimiento.

La jerarquía excluye lenguas en las que, por ejemplo, hay sólo casos locativos generados por la dimensión de la subjetividad, o por las dimensiones de la subjetividad y el movimiento, y no por la de la coherencia.

La diferencia entre el húngaro, que tiene las dimensiones de la coherencia y del movimiento, y el vasco, que tiene sólo la del movimiento, salta a la vista en cuanto consideramos que el húngaro distingue entre un elativo (movimiento desde dentro de algo) y un ablativo (movimiento desde las cercanías de algo; por ejemplo *hajó-tól* 'des-

ESQUEMA 3.12. *Tipos de lenguas permitidas por la jerarquía de Hjelmslev.*

---

1. Lenguas con casos locativos generados por las dimensiones de la subjetividad, coherencia y movimiento. Ejemplo: el tabasarano (lengua daguestánica), tiene entre otros los siguientes casos:
   - *a)* POSTLATIVO: indica movimiento hacia detrás de algo (*fu're-qna* 'hacia detrás del coche') [+SUBJETIVO].
   - *b)* ADLATIVO: indica movimiento hacia las cercanías de algo (*fu'ri-kna* 'hacia el coche') [–COHESIVO].
   - *c)* INESIVO: indica lugar *en donde* (*fu'ri-f-* 'en el coche') [–MOVIMIENTO]
2. Lenguas con casos locativos generados por las dimensiones de la coherencia y del movimiento. Ejemplo: el húngaro, lengua finougria hablada principalmente en Hungría. Este idioma tiene, entre otros, los siguientes casos:
   - *a)* ELATIVO: indica un movimiento desde dentro de algo (*hajó-ból* 'desde dentro del barco') [+COHESIVO].
   - *b)* ADLATIVO: indica un movimiento hacia las cercanías de algo (*hajó-hoz* 'hacia el barco') [–COHESIVO].
3. Lenguas con casos locativos generados por la dimensión del movimiento. Ejemplo: el vasco:
   - *a)* INESIVO: expresa lugar en donde (*haran-ean* 'en el valle') [–MOVIMIENTO].
   - *b)* ABLATIVO: expresa movimiento desde algo (*haran-etik* 'desde el valle') [+MOVIMIENTO].

---

de las cercanías del barco') y el vasco sólo tiene un ablativo que cubre los significados de los dos casos del húngaro.

Otra jerarquía muy utilizada en lingüística hoy en día es la de la animación propuesta modernamente por M. Silverstein (1976). Los sustantivos se disponen en una jerarquía según su grado de animación; de modo que si un determinado proceso gramatical es sensible a este factor semántico, entonces, si se aplica en una posición determinada, habrá también de aplicarse a las posiciones dominadas por ella en la jerarquía. Veamos primero el aspecto de esta jerarquía:

ESQUEMA 3.13. *Jerarquía universal de la animación.*

Nc [–animado] < Np [–animado] < Nc [+animado] < Np [+animado] < Nc [+humano] < Np [+humano] < Pp < NP (2ª) < NP(1ª).

Nc = Nombre común; Np = Nombre Propio; Pp = pronombre personal; NP = nombre personal.

Consideremos la preposición *a* como marca de objeto directo. Su aparición depende, entre otros factores (como la definitud), del grado de animación del sintagma que desempeña la función (véase C. Pensado 1995). Tomemos el verbo *ver* y examinemos las siguientes oraciones:

EJEMPLO 1

1. Me ve a mí.
2. Te ve a ti.
3. Le ve a él.
4. Ve a Pedro.
5. Ve a su novia.
6. Ve a Sultán (Np [–humano]).
7. Ve el perro.
8. Ve El Prado.
9. Ve el cuadro.

A partir de Nc [+animado] puede ya prescindirse de la *a* como signo de objeto directo. En cualquiera de los otros casos, no podemos deshacernos de la preposición, **ve Sultán,* donde Sultan es un perro, es definitivamente agramatical. Por otro lado, *quién* se emplea para casos de contestaciones con un sustantivo animado

Esta jerarquía es operativa en muchas lenguas del mundo y en diversos ámbitos de la gramática. Vamos a ver otro ejemplo. En vasco, dentro de los casos locales, que indican lugar, existe una terminación para los sustantivos animados y otra para los inanimados. Veamos cómo es el caso inesivo, que indica *lugar en donde,* en una serie de palabras de este idioma:

EJEMPLO 2

Algunos sustantivos vascos en caso inesivo:

Nombre común inanimado: terminación *-n.* Ejemplo: *mendia-n,* 'en el monte'.
Nombre propio inanimado: terminación *-n.* Ejemplo: *Bizkaia-n,* 'en Vizcaya'.
Pronombre demostrativo inanimado: terminación *-n.* Ejemplo: *honeta-n,* 'en esto'.
Nombre común humano: terminación *-rengan.* Ejemplo: *gizona-rengan,* 'en el hombre'.
Nombre propio humano: terminación *-rengan.* Ejemplo: *Koldo-rengan,* 'en Koldo'.
Pronombre demostrativo animado: terminación *-engan.* Ejemplo: *hon-engan,* 'en éste' (referido sólo a seres animados).
Nombre personal de segunda persona: terminación *-regan.* Ejemplo: *zu-regan,* 'en ti'.
Nombre personal de primera persona: terminación *-regan.* Ejemplo: *ni-regan,* 'en mí'.

Como vemos, la expresión del inesivo en vasco está claramente controlada por la jerarquía de la animación de Silverstein. Podemos identificar el sufijo *-gan* como indicador del inesivo animado frente a *-n,* sufijo del locativo inanimado. Incluso, si consideramos la *-n* de *-gan* como sufijo de inesivo, podríamos conceptuar *-ga-* como señalador de la presencia de animación.

4.5. Universales estadísticos

Pasamos a las tendencias o universales estadísticos. Consisten en generalizaciones empíricas que se derivan del hecho de que hay patrones organizativos claramente preferidos por las lenguas del mundo. Se deducen del hecho de que una mayoría de lenguas presentan una opción respecto de un parámetro, frente a unas pocas que optan por otra opción respecto de dicho parámetro.

Veamos un ejemplo. Las lenguas del mundo prefieren de modo claro que el sujeto se ponga delante del objeto (y del verbo) y no detrás. De los patrones siguientes:

ESQUEMA 3.14. *Disposiciones posibles de los constituyentes oracionales.*

> Sujeto-Verbo-Objeto (SVO): Juan lee el periódico.
> Sujeto-Objeto-Verbo (SOV): Juan el periódico lee.
> Verbo-Sujeto-Objeto (VSO): Lee Juan el periódico.
> Verbo-Objeto-Sujeto (VOS): Lee el periódico Juan.
> Objeto-Sujeto-Verbo (OSV): El periódico Juan lee.
> Objeto-Verbo-Sujeto (OVS): El periódico lee Juan.

En las lenguas del mundo se elige como *orden básico de las partes de la oración* (OBAPO) una de estas disposiciones, siendo posible la existencia como órdenes marcados (utilizados, por ejemplo, por necesidades de énfasis o marcación de alguna distinción gramatical) de algunas o todas las demás posibilidades, como ocurre en español, cuyo orden básico parece ser el primero. Llamaremos a este fenómeno *parámetro del OBAPO,* en siglas POBAPO. Por *orden básico* ha de entenderse el orden en que se disponen las partes de una oración enunciativa, afirmativa, no enfática y comunicativa y socialmente neutra.

Desde un punto de vista lógico, todas las posibilidades del POBAPO son plausibles; sin embargo, desde el punto de vista empírico las tres primeras (VSO, SOV y VSO) constituyen una abrumadora mayoría. Prácticamente el noventa por ciento de las lenguas del mundo presenta uno de estos tres ordenamientos básicos. Las lenguas que tienen como OBAPO alguno de los tres órdenes restantes, se pueden contar con los dedos de las manos.

La diferencia fundamental entre los tres primeros órdenes y estos otros está en que, en el primer caso, el S precede al O y, en el segundo, el O precede al S. Por tanto, podemos dividir la realización del parámetro en OBAPO-SO y OBAPO-OS; abreviadamente SO y OS.

Veamos primero qué lenguas del mundo de las que conocemos presentan como básico el orden VOS. Keenan (1978) nos da como lenguas VOS, las siguientes:

ESQUEMA 3.15. *Lenguas VOS según Keenan 1978.*

1. *Malgache* (orden marcado posible: SVO). Filiación y localización: lengua malayo-polinesia hablada en Madagascar por 12 millones de personas.
2. *Toba bataco* (orden marcado posible: SVO). Filiación y localización: lengua malayo-polinesia hablada en Sumatra septentrional por 2 millones de personas.
3. *Fiyiano* (orden marcado posible: VSO). Filiación y localización: lengua malayo-polinesia hablada en las islas Fiji por medio millón de personas, aproximadamente.
4. *Celdala* (orden marcado posible: SVO). Filiación y localización: lengua maya del filo penutí hablada en la parte meridional de México por unas cincuenta mil personas.

R. Tomlin (1986) ha estudiado el orden básico de palabras sobre la base de un corpus de 1063 lenguas. Veamos cuántas tienen los órdenes OS que hemos visto:

ESQUEMA 3.16. *Número de lenguas con los órdenes OS según Tomlin 1986.*

Orden básico de palabras	Número de lenguas
OS	42
VOS	33
OVS	7
OSV	2

Veamos ahora los tantos por ciento que corresponden a estas cifras según el corpus de Tomlin (1986).

ESQUEMA 3.17. *Tanto por ciento de lenguas SO y OS en el corpus de Tomlin (1986).*

Orden básico	Número de lenguas		Tantos por ciento	
SO	1021		96.1	
OS	42		3.9	
VOS		33		3.1
OVS		7		0.6
OSV		2		0.1
TOTAL	1063		100	

En el siguiente esquema vemos la distribución estadística de las lenguas según su OBAPO.

ESQUEMA 3.18.

Orden básico	Número de lenguas	Tantos por ciento
SO	1021	96.1
OS	42	3.9
TOTAL	1063	100

Podemos expresar los resultados en forma gráfica en el siguiente dibujo:

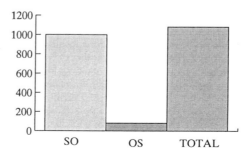

Se observa en las lenguas, pues, una clara tendencia general a presentar un orden básico de palabras en el que el sintagma nominal que desempeña la función de sujeto (S) precede al sintagma nominal que desempeña la función de objeto (O).

ORIENTACIÓN BIBLIOGRÁFICA

Comrie B. (1989): *Language Universals and Linguistic Typology,* Londres, Basil Blackwell, 252 páginas con un mapa, bibliografía, índice de lenguas, índice de nombres propios e índice de temas [Versión española, *Universales del Lenguaje y Tipología Lingüística,* Madrid, Gredos, 1990].
Interesa ahora leer los capítulos primero, segundo y tercero de este libro, que nos dan una panorámica de los fundamentos teóricos y empíricos de la investigación universalista contemporánea.
Croft, W. (1990): *Typology and Universals,* Cambridge University Press, 311 páginas, con bibliografía, un mapa con las lenguas citadas con indicación de su filiación genética, índice de autores, índice de lenguas e índice de temas.
Los tres primeros capítulos de este libro constituyen una buena introducción a los fundamentos empíricos y teóricos de la investigación sobre los universales lingüísticos. El capítulo cuarto se dedica a la teoría de la marcación, y el capítulo quinto, a las jerarquías gramaticales. Es un complemento ideal del libro de Comrie.
Greenberg, J. (1966): *Language Universals with special reference to feature hierarchies,* Mouton, La Haya, 89 páginas.
Este librito constituye una de las más tempranas formulaciones del estudio de los universales lingüísticos desde la perspectiva de la teoría de la marcación, después de las propuestas pioneras de Jakobson. Puede considerarse un auténtico clásico que por su sencillez y accesibilidad permite ser utilizado por el principiante.
Greenberg, J. (ed.) (1978): *Universals of Human Language. Volume 1. Method & Theory,* Stanford, Stanford University Press, 286 páginas, con índice de lenguas e índice de autores.
Este volumen recoge varios artículos teóricos sobre los universales lingüísticos. El primero es de Ch. A. Ferguson y trata de aspectos historiográficos de la investigación universalista. El segundo y el tercero son del propio Greenberg y tratan de la relación entre tipología y generalizaciones universales, y de la relación entre universales lingüísticos y diacronía lingüística, respectivamente. Se incluye otro artículo de H.-H. Lieb dedicado a investigar la relación entre universales lingüísticos y explicación en lingüística. Las demás contribuciones tratan de cuestiones colaterales a lo tratado en este capítulo.

REFERENCIAS BIBLIOGRÁFICAS

Cassirer, E. (1964): *Filosofía de las Formas Simbólicas. I. El Lenguaje,* México, Fondo de Cultura Económica, 1971.
Chomsky, N. (1965): *Aspects of the Theory of Syntax,* Cambridge, The MIT Press [vers. esp. *Aspectos de la Teoría de la Sintaxis,* Madrid, Aguilar, 1970].
Chomsky, N. (1975): *Reflections on Language,* Nueva York, Pantheon Books [trad. esp. con el título *Reflexiones sobre el lenguaje,* Barcelona, Ariel, 1979].
Coseriu, E. (1972): "Los universales del lenguaje (y los otros)" en E. Coseriu *Gramática, Semántica y Universales. Estudios de Lingüística Funcional,* Madrid, Gredos, 1978, páginas 148-205.

Grice, H. P. (1957): "Meaning" en Dany D. Steinberg y Leon A. Jakobovits (eds.) *Semantics. An Interdisciplinary Reader in Philosophy, Linguistics and Psychology,* Cambridge, Cambridge University Press, páginas 53-60.

Hjelmslev, L. (1935): *La Categoría de los Casos. Estudio de Gramática General,* Madrid, Gredos 1978.

Hockett, Ch. (1961): "The problem of Universals in Language" en J. H. Greenberg (ed.) *Universals of Language,* Cambridge, The MIT Press 1963, páginas 1-29.

Katz, J. J. (1972): *Semantic Theory,* Nueva York, Harper&Row [vers. esp. *Teoría Semántica,* Madrid, Aguilar].

Keenan, E. L. (1978): "The Syntax of Subject-Final Languages" en W. P. Lehmann (ed.) *Syntactic Typology. Studies in the Phenomenology of Language,* Sussex, the Harvester Press, 1978 páginas 267-328.

Martinet, A. (1960): *Elementos de Lingüística General,* Madrid, Gredos, 1974.

Pensado, C. (ed.) (1995): *El complemento directo preposicional,* Madrid, Visor Libros.

Silverstein, M. (1976): "Hierarchy of Features and Ergativity" en P. Muysken y H. van Riemsdijk (eds.) *Features and Projections,* Dordrecht, Foris, 1986, páginas 163-232.

4

LA CARACTERIZACIÓN TIPOLÓGICA DE LAS LENGUAS Y FAMILIAS LINGÜÍSTICAS

1. TIPOLOGÍAS GENERALIZADORAS E INDIVIDUALIZADORAS

Vamos a distinguir, siguiendo a J. Greenberg (1978: 40), entre las tipologías individualizadoras y las tipologías generalizadoras. Las tipologías individualizadoras muestran las características propias de una lengua o familia de lenguas, de modo que podamos obtener un perfil completo e idiosincrásico de esa lengua o familia lingüística. Si caracterizamos una familia de lenguas, hemos de seleccionar aquellos rasgos que comparten todas las lenguas que pertenecen a ella y que configuran lo que podría denominarse el perfil familiar de cada una de ellas. Sobre la base de una tipología individualizadora podemos clasificar las lenguas de diversas familias según el grado de parecido en sus respectivas caracterizaciones individuales.

Las tipologías generalizadoras no persiguen establecer la caracterización de una lengua, familia o grupo de lenguas, sino que utilizan uno o varios rasgos gramaticales para establecer una clasificación de las lenguas acorde con esos rasgos. En este caso, se pretende una parametrización del fenómeno o fenómenos gramaticales implicados, y las diversas clases obtenidas estarán determinadas por el modo en el que esos parámetros se concretan en determinados grupos de lenguas. A lo largo de los capítulos siguientes de este libro iremos viendo tipologías generalizadoras de los diferentes niveles lingüísticos.

En este capítulo vamos a ocuparnos de las tipologías individualizadoras y para ello vamos a examinar dos familias lingüísticas que presentan un conjunto de rasgos gramaticales muy característicos. Veremos que sorprendentemente existen muchas coincidencias en la caracterización tipológica de ambas, lo que pone de manifiesto el concepto de *convergencia tipológica* si se descarta el del parentesco genético cercano. Las familias elegidas son la celta, perteneciente al filo indoeuropeo, y la semita, perteneciente al filo afroasiático. Por tanto, está descartada una relación genética directa entre ambas familias lingüísticas.

2. CARACTERIZACIÓN TIPOLÓGICA DE LA FAMILIA LINGÜÍSTICA CELTA

2.1. Introducción a las lenguas celtas

La familia lingüística celta consta de seis lenguas clasificadas en dos grupos o subfamilias. Las enumeramos en el esquema siguiente:

ESQUEMA 4.1. *La familia lingüística celta.*

> 1. Lenguas Goidélicas:
>   *a)* Irlandés (República de Irlanda).
>   *b)* Gaélico escocés (Escocia, Reino Unido).
>   *c)* Manés (Isla de Man).
> 2. Lenguas Britónicas:
>   *a)* Galés (Gales, Reino Unido).
>   *b)* Bretón (Bretaña, Francia).
>   *c)* Córnico (Cornualles).

El irlandés o gaélico irlandés cuenta en Irlanda con unos ochocientos mil hablantes, ciento veinte mil de los cuales usan la lengua en la vida diaria. El gaélico escocés es un idioma estrechamente relacionado con el irlandés; se habla en algunos territorios de Escocia; cuenta únicamente con unos ochenta mil hablantes. El manés es la lengua de la isla de Man; hoy en día es una lengua extinta. El galés es hablado por unas seiscientas mil personas en Gales. El bretón se usa en Bretaña (Francia) y tiene unos seiscientos mil hablantes. Por último, el córnico se habla en Cornualles (Reino Unido) como lengua segunda, pues se extinguió como lengua primera en 1777. Tiene únicamente unos cien hablantes, aunque varios miles de personas la estudian o la han estudiado.

Las lenguas celtas pertenecen a la familia de lenguas indoeuropeas, en la que están también, por ejemplo, el latín y el griego. Por inscripciones y por la toponimia se sabe que las lenguas celtas estuvieron mucho más extendidas antaño. Sabemos que cuando César se ocupa de sus conquistas se hablaba el galo, lengua celta, en parte de lo que hoy es Francia. También por inscripciones conocemos que el celtíbero era igualmente una lengua celta.

2.2. Características peculiares de las lenguas celtas

En los estratos fonológico, morfológico y sintáctico encontramos peculiaridades que resaltan la indiosincrasia de estas lenguas sobre las demás. En lo fonológico es propio de las lenguas celtas el fenómeno conocido generalmente como *mutación consonántica,* consistente en una serie de cambios fonéticos que experimenta la consonante inicial de una palabra dependiendo de su función en la oración. En lo morfológico, llama la atención el hecho de que las preposiciones tengan terminaciones personales, se trata de lo que a veces se denomina *preposiciones flexionadas.* Por último, en sintaxis, sobresale el hecho de que el orden de palabras básico en estas lenguas obliga a poner primero el verbo, luego el sujeto y por último el objeto (orden VSO).

A continuación revisaremos brevemente estos fenómenos y otros relacionados para resaltar su interés tipológico:

• *La mutación consonántica en las lenguas celtas*

En irlandés y de modo algo distinto en gaélico escocés encontramos dos mutaciones. La primera se denomina *lenición (séimhiú)* y consiste en la fricativización de la primera consonante de una palabra. Veamos algunos ejemplos tomados de Ó Siadhail 1980: 15.

EJEMPLO 1

Casos de lenición en irlandés

1. *Meireacá* 'América' ⇒ *Mheireacá*. Ejemplo: *muintir Mheireacá* 'la gente de América'.
2. *Ciarraí* 'Kerry' ⇒ *Chiarraí*. Ejemplo: *muintir Chiarraí* 'la gente de Kerry'.

Observamos que cuando un sustantivo es complemento del nombre sufre el proceso de lenición. En los ejemplos concretos que hemos presentado, la /m/ en el primero se convierte en /w/, notada *mh,* y la /k/ del ejemplo segundo se convierte en /x/, sonido similar a nuestra jota.

La lenición es provocada también por determinadas partículas gramaticales, por el artículo, los pronombres posesivos, las preposiciones, algunas formas del verbo copulativo y otros muchos contextos gramaticales (véase Ó Siadhail 1989: 112-125).

La otra mutación que se da en irlandés se denomina *eclipsis (urú)* y consiste en una sonorización de la consonante inicial de una palabra (si esa consonante es sonora, entonces se nasaliza). Veamos un par de ejemplos ilustrativos tomados de Ó Siadhail (1980: 23):

EJEMPLO 2

Casos de eclipsis en irlandés

1. *Cloch* 'piedra' ⇒ *gcloch*. Ejemplo: *ar an gcloch* 'en la piedra'.
2. *Pota* 'olla, pote' ⇒ *bpota*. Ejemplo: *faoin bpota* 'debajo de la olla'.

Vemos cómo dos preposiciones obligan a aplicar la eclipsis en la palabra que rigen. En el primer ejemplo la /k/ inicial se convierte en /g/ (en la ortografía se coloca junto a la letra que corresponde al sonido original no mutado, pero sólo se pronuncia la *g*). En el segundo ejemplo, la /p/ inicial pasa a /b/. La expresión *bpota* se pronuncia [bóta].

Esta mutación está también provocada por diversos elementos gramaticales (véase Ó Siadhail 1989: 125-131).

Como ya hemos dicho, el gaélico escocés también conoce el fenómeno de la mutación consonántica.

En la rama britónica, en bretón y en galés, también encontramos mutaciones consonánticas provocadas por entornos gramaticales. En galés existen tres mutaciones. La mutación llamada *blanda* consiste en la sonorización de la consonante inicial. Veamos un par de ejemplos extraídos de Thorne 1993: 22:

EJEMPLO 3

Mutación suave en galés

1. *Cyllell* 'cuchillo' ⇒ *gyllell.* Ejemplo: *y gyllell* 'el cuchillo'.
2. *Pobl* 'gente' ⇒ *bobl.* Ejemplo: *y bobl* 'la gente'.

Esta mutación es provocada por multitud de contextos gramaticales que van desde los numerales a conjunciones y preposiciones.

La mutación nasal consiste en la nasalización de la primera consonante de la palabra. Veamos un par de ejemplos extraídos igualmente de Thorne 1993: 57:

EJEMPLO 4

La mutación nasal en galés

1. *Car* 'coche' ⇒ *nghar.* Ejemplo: *fy nghar* 'mi coche'.
2. *Traed* 'pies' ⇒ *nhraed.* Ejemplo: *fy nhraed* 'mis pies'.

El número de contextos o elementos que provocan la mutación nasal es mucho menor que el de los que provocan la mutación suave. Una preposición que origina la mutación nasal es *yn* 'en'. Por ejemplo se dice en Galés *yn Nhestament Newydd* 'en el Nuevo Testamento'.

Pasamos ahora a la tercera mutación galesa; se trata de la mutación espirante, que convierte las oclusivas en fricativas. Damos ahora dos ejemplos ilustrativos (Thorne 1993: 59):

E JEMPLO 5

Mutación espirante en galés

1. *Cath* 'gato' $\Rightarrow$ *gath*. Ejemplo: *Chwe chath* 'seis gatos'.
2. *Pen* 'cabeza' $\Rightarrow$ *phen*. Ejemplo: *tri phen* 'tres cabezas'.

Existen también muchos contextos y elementos gramaticales que requieren la mutación espirante en galés (véase Thorne 1993: 59-70).

- • *Particularidades morfológicas de las lenguas celtas*

Hay algunas peculiaridades dignas de mención dentro de la morfología de las lenguas celtas. Una primera peculiaridad la observamos en la formación del plural de los nombres. Hay muchas formas diferentes de formar el plural de los sustantivos y, prácticamente, es preciso conocer la forma que le corresponde a cada uno, pues existen pocas reglas generales.

En irlandés (Ó Siadhail 1989: 159-) hay dos maneras de formar el plural de un sustantivo: palatalizando una de sus consonantes y añadiendo un sufijo, amén de una combinación de las dos cosas.

E JEMPLO 6

Maneras de formación del plural en irlandés

1. *Palatalización*:
   Ejemplo *bad* 'barca' $\Rightarrow$ báid 'barcas'.
2. *Adición de sufijo*:
   Ejemplos:
   ainm 'nombre' $\Rightarrow$ *ainmneachaí* 'nombres'.
   tonn 'onda' $\Rightarrow$ *tonntracha* 'ondas'.
   uair 'hora' $\Rightarrow$ *uaireantaí* 'horas'.
   bruth 'calor' $\Rightarrow$ *bruthaíl* 'calores'.
   gearrchaile 'jovencita' $\Rightarrow$ *gearrchailiú* 'jovencitas'.

Baste con estos ejemplos para hacerse una idea de la variedad de formas en las que se puede realizar el morfema de plural en el sustantivo irlandés.

Esta multiplicidad e irregularidad se da también en las lenguas britónicas. En galés (Thorne 1993: 100-115) el plural se forma mediante un cambio vocálico o a través de una serie de sufijos o utilizando ambos métodos a la vez. Veamos unos ejemplos:

E JEMPLO 7

Algunas formas de plural del galés

1. Cambio vocálico: Ejemplo: *llygad* 'ojo' ⇒ llygaid 'ojos'.
2. Adición de afijo:
   Ejemplos:
   cae 'campo' ⇒ *caeau* 'campos'.
   swyddog 'oficial' ⇒ *swyddogion* 'oficiales'.
   afon 'río' ⇒ *afonydd* 'ríos'.
   môr 'mar' ⇒ *moroedd* 'mares'.
   person 'persona' ⇒ *personiaid* 'personas'.
3. Cambio vocálico y adición de afijo
   Ejemplos:
   mab 'hijo' ⇒ *meibion* 'hijos'.
   Sais 'inglés' ⇒ *Saeson* 'ingleses'.

Existen más modos de formación del plural, así como un nutrido conjunto de plurales irregulares, pero basten estos ejemplos para que el lector se haga una idea.

Podemos considerar que es característico de las lenguas celtas el presentar irregularidades en la formación del plural, abundancia de afijos de plural, así como uso de cambios consonánticos y vocálicos en las palabras par indicar pluralidad.

Otra de las características sobresalientes de las lenguas celtas es la existencia de preposiciones conjugadas para persona. Veamos, por ejemplo, la flexión para persona de la preposición irlandesa *de* 'desde'.

E JEMPLO 8

Flexión personal de la preposición irlandesa de

Singular	1ª	*díom*	'desde mí'
	2ª	*díot*	'desde ti'
	3ª Masc	*de*	'desde él'
	3ª Fem	*di*	'desde ella'
Plural	1ª	*dínn*	'desde nosotros'
	2ª	*díbh*	'desde vosotros'
	3ª	*díobh*	'desde ellos'

Tenemos ejemplos análogos en las demás lenguas celtas (manés, gaélico escocés, galés, bretón y córnico).

Otra característica fundamental de las lenguas celtas es la existencia de *nombres verbales* que hacen las veces en muchos de sus usos del infinitivo de otras familias lingüísticas. Existen muchas formas de construir el nombre verbal. Veamos algunas (ejemplos extraídos de Ó Siadhail 1993: 195-198):

JEMPLO 9

Algunos nombres verbales del irlandés

1. *Éisteach* 'escucha' ⇒ *éisteacht* 'el escuchar'.
2. *Pós* 'se casa' ⇒ *pósadh* 'el casarse'.
3. *Leígh* 'lee' ⇒ *léigheamh* 'el leer'.

Hay muchas construcciones sintácticas en las que intervienen los nombres o adjetivos verbales, lo cual le da a la frase celta un marcado carácter nominal. El nombre y el adjetivo verbal se da también en las restantes lenguas celtas.

En las lenguas celtas existe una forma verbal impersonal que se utiliza en construcciones en las que no se menciona el sujeto. Por ejemplo, formas verbales como *bristear* y *brisfear* se traducen respectivamente como 'se rompe' y 'se romperá'. Otras formas impersonales acaban en *-thas* tales como: *cualathas* 'se oye', *durthas* 'se dice', *cuadhthas* 'se (impersonal) marchó' (Ó Siadhail 1989: 194).

• *Particularidades sintácticas de las lenguas celtas*

Pasemos, por último, a examinar algunas peculiaridades sintácticas de las lenguas celtas.

En primer lugar, una de las características sobresaliente, es el hecho de que el orden no marcado de las palabras en la oración es en estas lenguas el señalado por VERBO + SUJETO + OBJETO (VSO). Es decir, primero se pone el verbo, después el sujeto y a continuación el objeto. Es el orden que observamos en español en una oración como *se comió Juan la tarta*. Para ilustrar este punto podemos citar dos oraciones: una del irlandés (tomada de Ó Siadhail 1993: 205) y otra del galés (tomada de King 1993: 21).

JEMPLO 10

Una oración básica del irlandés y del galés

1. Irlandés:

Labhrann	*Mícheál*	*gaeilge*	*le*	*Cáit*
habla	Miguel	irlandés	con	Cáit

'Miguel habla irlandés con Cáit'

2. Galés:

Agorodd	*y*	*dyn*	*y*	*drws*
Abrió	el	hombre	la	puerta

'El hombre abrió la puerta'

Además puede faltar la concordancia entre el sujeto y el verbo en determinados casos. Por ejemplo, en irlandés moderno, el verbo tiende a ponerse en tercera persona del singular si el sujeto está en plural. Veamos unos ejemplos extraídos de G. Mac Eoin 1993: 141:

EJEMPLO 11

Falta de concordancia entre sujeto y verbo

1. *Tagann an fear*
   viene el hombre
   'Viene el hombre'
2. *Tagann na fir*
   viene los hombres
   'Vienen los hombres'
3. *Tagann siad*
   viene ellos
   'Vienen ellos'

Vamos a ver ahora un uso del nombre verbal en irlandés y galés. Los ejemplos se extraen de las dos referencias anteriormente hechas.

EJEMPLO 12

Uso del nombre verbal en irlandés y en galés

1. Irlandés:

Chonaic	*mé*	*ag*	*dahmsa*	*é*
vi	yo	en	danzar	él

'Lo he visto bailar'

2. Galés:

Mae'r	*ffotograffydd*	*yn*	*tynnu*	*llun*
Está-el	fotógrafo	en	tomando	foto

'El fotógrafo está tomando una foto'

Los nombres verbales son *damhsa* en el caso del irlandés y *tynnu* en el caso del gaiés.

Otro rasgo característico de las lenguas celtas es que carecen del verbo *tener* y, para expresar la posesión, se recurre a una construcción copulativa en la que el posesor se expresa mediante un sintagma adverbial locativo de modo análogo a la locución latina *est mihi liber* 'tengo un libro'. Veamos un ejemplo de esta construcción posesiva en irlandés y galés:

E JEMPLO 13

Oraciones posesivas en irlandés y en galés

1. Irlandés:
Tá	*carr*	*ag*	*Seán*
Está	coche	en	Juan

   'Juan tiene coche'
2. Galés:
Mae	*car*	*gyda*	*Siôn*
Esta	coche	con	Juan

   'Juan tiene coche'

Característico de estos idiomas es que muchos sucesos que en otras lenguas se enunciarían mediante construcciones en las que el protagonista es sujeto, en las lenguas celtas se enuncian utilizando el esquema anterior de las construcciones posesivas, en las que el protagonista se concibe como un lugar. Veamos unos ejemplos del irlandés (extraídos de Ó Siadhail 1980: 79, 86, 113):

E JEMPLO 14

1. | *Tá* | *Spáinnis* | *ag-am* |
   |------|-----------|---------|
   | está | español | en-mí |

   'Sé español'
2. | *Tá* | *súil* | *ag-am* |
   |------|--------|---------|
   | está | ojo | en-mí |

   'Espero, quiero'
3. | *Tá* | *ocras* | *ar Cháit* |
   |------|---------|-----------|
   | está | hambre | en Cáit' |

   'C. tiene hambre'
4. | *Tá* | *siúl* | *fú-m* |
   |------|--------|--------|
   | está | movimiento | debajo-mí |

   'Estoy yendo deprisa'

Como resumen, podemos ofrecer el siguiente esquema de las peculiaridades ti-pológicas de las lenguas celtas:

ESQUEMA 4.2. *Particularidades tipológicas de las lenguas celtas.*

1. *Morfonología:*
   Mutación consonántica, alternancia vocálica.
2. *Morfología:*
   a) Polimorfismo e irregularidad en la formación del plural.
   b) Preposiciones flexionadas para persona y género.
   c) Existencia del nombre y adjetivo verbal.
3. *Sintaxis:*
   a) Orden Verbo + Sujeto + Objeto.
   b) Falta de concordancia entre sujeto y verbo.
   c) Existencia de una conjugación y un modelo oracional impersonal.
   d) Ausencia del verbo *tener* y construcción posesiva del tipo *est mihi liber.*

3. CARACTERIZACIÓN TIPOLÓGICA DE LA FAMILIA SEMÍTICA

3.1. Introducción a la familia semítica

La familia semítica de lenguas está compuesta de lenguas muertas y vivas que con-figuran una de las más antiguas familias lingüísticas, cuya historia conocemos bien. Esta familia puede dividirse geográficamente en un grupo oriental al que pertenece el acadio, datable entre el 2500 y el 2000 a. C. (es decir, se trata de una lengua hablada hace cuatro mil años), con sus dialectos babilonio y asirio; un grupo nordoccidental al que pertenecen lenguas como el ugarítico, el cananeo, que incluye el hebreo, fenicio y moabita; y el arameo, que se divide en arameo antiguo, occidental y oriental; por úl-timo, un grupo meridional subdividido a su vez en un subgrupo septentrional del que procede el árabe clásico y moderno, otro subgrupo meridional y, finalmente, el subgrupo abisinio, que incluye el etiópico, el tigriña, el tigré y el amárico. Para faci-litar la referencia incluimos un esquema de esta clasificación.

ESQUEMA 4.3. *Clasificación de las lenguas semíticas.*

1. Subfamilia Oriental:
   a) Acadio (2500-2000 a. C.)
   b) Babilonio (2000-1500 a. C.)
   c) Asirio:
      i) Asirio antiguo (2000-1500 a. C.)
      ii) Asirio medio (1500-1000 a. C.)
      iii) Nuevo Asirio (1000-600 a. C.)
2. Subfamilia Nordoccidental:
   a) Cananeo:
      i) Cananeo Septentrional: Ugarítico (siglos XIV y XV a. C.)
      ii) Cananeo Medio: Fenicio (documentado desde el siglo X a. C.)
      iii) Cananeo Meridional: Hebreo

(.../...)

ESQUEMA 4.3. *(Continuación).*

---

b) Arameo:
 i) Arameo antiguo (siglo X-VIII a. C.)
 ii) Arameo Clásico (siglos VII-IV a. C.)
 iii) Arameo Occidental: Nabateo (siglo I a. C.- Siglo III d. C.)
 iv) Arameo Oriental: Siríaco (siglos III-XIII d. C.)
3. Subfamilia Meridional:
 a) Árabe:
  i) Árabe meridional antiguo o epigráfico (siglos VIII a. C.- VI d. C.)
  ii) Árabe Clásico (desde el siglo IV a. C)
  iii) Árabe Moderno
 b) Etiópico:
  i) Etiópico antiguo (o Gueez)
  ii) Etiópico Moderno:
   a) Tigriña
   b) Tigré
   c) Amárico
   d) Hararí
   e) Guragué

3.2. Peculiaridades de las lenguas semíticas

• *Peculiaridades morfonológicas de las lenguas semíticas*

Las lenguas semíticas en general hacen uso de cambios fonéticos para realizar propiedades morfológicas. Tanto en hebreo como en árabe se construye, por ejemplo, una forma verbal intensiva reduplicando la segunda consonante de la radical. Veamos unos ejemplos del árabe extraídos de Wright 1896: 31 y del hebreo, extraídos de Meyer 1989: 239-244.

EJEMPLO 15

Uso morfológico de procesos fónicos en idiomas semíticos

1. Árabe:
 a) كسر *kásara* 'romper' ⇒ كسّر *kássara* 'hacer añicos'.
 b) قطع *qataʕa* 'cortar' ⇒ قطّع *qattaʕa* 'cortar en pedazos'.
 c) فرق *faraqa* separar' ⇒ فرّق *farraqa* 'dispersar'.
2. Hebreo:
 a) קטל *qatal* 'matar' ⇒ קטל *qittel* 'exterminar'.
 b) בקש *biqqesh* 'buscar, indagar'.
 c) פתח *pataj* 'abrir' ⇒ פתח *pittaj* 'desanudar, desatar'.

También los cambios de la vocal final sirven para indicar la función sintáctica del sustantivo en las lenguas semitas.

- *Peculiaridades morfológicas de las lenguas semíticas*

Una característica sobresaliente de las lenguas semitas es la variedad de maneras del formar el plural de los sustantivos. Esta característica es evidente en hebreo y, sobre todo, en árabe. En esta última lengua, además de poderse utilizar un afijo pluralizador existen diversas formas plurales denominadas *plurales fractos,* que consisten en diferentes modificaciones internas del sustantivo que se pluraliza. Veamos unos ejemplos extraídos de Wright 1896: 192:

JEMPLO 16

Modos de formar el plural del sustantivo árabe

1. Mediante un sufijo: Ejemplo: سارق *sāriq* 'ladrón' ⇒ سارقون *sāriqūn* 'ladrones'.
2. Mediante una modificación interna de la palabra: Ejemplos: كتاب *kitāb* 'libro' ⇒ كتب *kutub* 'libros'; بطل *batāl* 'héroe' ⇒ أبطال *abtāl* 'héroes'; كلب *kalb* 'perro' ⇒ كلاب *kilāb* 'perros'; مسجد *masžid* 'mezquita' ⇒ مساجد *masāžid* 'mezquitas'.

Wright menciona más de veinte formas diferentes de plurales fractos, con lo que se puede comprobar que la formación del plural en árabe está sujeta a gran número de peculiaridades y es asistemática y bastante irregular.

Otra peculiaridad de las lenguas semíticas es la existencia de preposiciones con flexión de persona. Esto se da tanto en árabe como en hebreo. Veamos un ejemplo del hebreo (Meyer 1989: 299):

JEMPLO 17

Preposición flexionada para persona en hebreo

Preposición hebrea לְ *lë* 'a, hacia, para':

1ª Sg.	לִי *lī* 'para mí'	1ª Pl.	לָנוּ *lanu* 'para nosotros'
2ª Sg Masc.	לְךָ *lǝkh* 'para ti'	2ª Pl. Masc.	לָכֶם *lakhem* 'para vosotros'
2ª Sg. Fem.	לָךְ *lakh* 'para ti'	2ª Pl. Fem	לָכֶנָה *lakhena* 'para vosotras'
3ª Sg. Masc	לוֹ *lo* 'para él'	3ªPl. Masc.	לָהֶם *lahem* 'para ellos'
3ª Sg. Fem	לָהּ *lah* 'para ella'	3ªPl. Masc	לָהֶן *lahen* 'para ellas'

Otra característica sobresaliente de las lenguas semíticas es la existencia de una enorme riqueza de nombres y adjetivos deverbales. En árabe, por ejemplo, existe una gran variedad morfológica para la nominalización de verbos. Wright (1896) dedica treinta y seis páginas de su gramática a la descripción de la formación de nombres y adjetivos verbales. Veamos, a modo de ilustración algunos nombres deverbales del árabe (tomados de Wright 1896: 112-113):

 **JEMPLO 18**

Algunos nombres deverbales del árabe

1. خرج *Jaraža* 'salir' ⇒ خروج *jurūžun* 'el salir'.
2. فرح *Fariha* 'estar alegre' ⇒ فرح *farahun* 'alegría'.
3. مرض *Mariḍa* 'estar enfermo' ⇒ مرض *maraḍun* 'enfermedad'.
4. قتل *Qatala* 'matar' ⇒ قتل *qatlun* 'el matar'.
5. فهم *Fahima* 'entender' ⇒ فهم *fahmun* 'entendimiento'.

Los nombres y adjetivos deverbales se dan también en hebreo.

• *Peculiaridades sintácticas de las lenguas semíticas*

El orden de palabras no marcado que se observa en las lenguas semíticas es aquel en el que se pone en primer lugar el verbo, a continuación el sujeto y después el objeto directo; es decir, el orden que hemos denominado VSO.

Para ilustrar este punto vamos a presentar a continuación una oración del árabe extraída de Lecomte 1976: 111, y otra del hebreo (del primer versículo del Génesis):

 **JEMPLO 19**

Oración afirmativa en árabe y hebreo

1. Árabe:
    زار ألوزير ألجامعة ألصباح
    Zāra l-wazīru l-žāmiʕata ṣ-ṣabāha
    visitó el ministro la universidad la mañana
    'Esta mañana ha visitado el ministro la universidad'

2. Hebreo:
    בָּרָא אֱלֹהִים אֵת הַשָּׁמַיִם וְאֵת הָאָרֶץ
    baraʔ ʔelohīm ʔet ha-shomayim veʔet ha-ʔarets
    creó   Dios   los cielos   y   la tierra
    'Dios creó los cielos y la tierra'

Como puede apreciarse en estas dos oraciones, tanto el árabe como el hebreo colocan el verbo en el primer lugar de la oración seguido del sujeto (الوزير *l-wazīru* en árabe, y אֱלֹהִים *ʔelohīm* en hebreo) y del objeto, que en hebreo está precedido de una partícula (אֵת *ʔet*) que señala la función de objeto directo.

En determinadas condiciones puede faltar la concordancia entre el sujeto y el verbo. Por ejemplo, cuando el sujeto posverbal es plural, el verbo puede ir en singular. Veamos un par de ejemplos extraídos de Wright 1898: 290-291:

E JEMPLO 20

Falta de concordancia entre el sujeto postverbal y el verbo en árabe

1. قل ٱلمؤمنون
   Qāla l-muʔminūn
   dijo los-creyentes
   'Los creyentes dijeron'

2. قالت ٱليهود
   Qālati l-yahūdu
   dijo los judíos
   'Los judíos dijeron'

En el primer caso, tenemos un sujeto masculino plural y el verbo en tercera persona del singular del masculino; en el segundo caso, tenemos un sujeto igualmente masculino plural y el verbo aparece en tercera persona del singular del femenino.

Existen diversas circunstancias en las que no hay concordancia entre el sujeto y el verbo; en todas ellas, el sujeto es postverbal (véase Wright 1898: 288-299).

Característica de las lenguas semíticas es la existencia de giros impersonales en los que el verbo aparece en una forma especial, identificada con la voz pasiva de las lenguas occidentales por los gramáticos, y en las que no hay lugar para el sujeto. Wright (1898: 268) cita algunos ejemplos ilustrativos del árabe, que presentamos a continuación:

E JEMPLO 21

Algunas expresiones impersonales del árabe

1. كتب بٱلقلم
   Kutiba bi-l-qalami
   se escribe con-el-cálamo
   'Se escribe con cálamo'

2. سير إلى آلعراق
   Sīra ʔilā al-ʕirāq
   Se viaja hacia el Iraq
   'Se viaja a Iraq'

3. أنزل عليهم
   ʔunzila ʕalaihum
   se reveló hacia-ellos
   'Hubo una revelación para ellos'

Como puede apreciarse, estas oraciones carecen de sujeto. En ellas el verbo aparece en una forma especial que excluye la presencia de tal sujeto. Ejemplos similares podrían darse también para el hebreo.

Estas lenguas no poseen un verbo *tener* para indicar posesión. Se utiliza una construcción nominal en la que el sujeto es el objeto poseído y el posesor va precedido de una preposición. Veamos unos pocos ejemplos del árabe extraídos de Lecomte 1976: 111.

E JEMPLO 22

Expresión de la posesión en árabe

1. لي كتاب
   L-ī kitāb-un
   en-mí libro-un
   'Tengo un libro'

2. لك كتاب
   La-ka kitāb-un
   en-ti libro-un
   'Tienes un libro'

3. له كتاب
   La-hu kitāb-un
   en-él libro-un
   'Él tiene un libro'

Puede comprobarse además que cuando el posesor se expresa mediante un pronombre, se utiliza la forma flexionada de la preposición correspondiente.

4. HACIA UN PARÁMETRO TIPOLÓGICO

4.1. Semejanzas entre las lenguas celtas y las lenguas semíticas

A lo largo de las secciones anteriores hemos ido viendo algunas de la características peculiares de las lenguas celtas y de las lenguas semíticas. Podemos comprobar fácilmente que existe un paralelismo sorprendente entre ambas familias lingüísticas.

Resumamos primero los rasgos comunes que hemos encontrado en nuestro breve repaso.

ESQUEMA 4.4. *Rasgos comunes en la familia celta y semítica.*

1. Utilización de cambios fonéticos para señalar diferencias morfológicas y sintácticas.
2. Pluralización multiforme e irregular del sustantivo.
3. Existencia de nombre y adjetivo verbales.
4. Existencia de preposiciones flexionadas para persona.
5. Orden de palabras básico: Verbo + Sujeto + Objeto.
6. Falta de concordancia entre sujeto y verbo.
7. Existencia de una conjugación y un modelo oracional impersonal.
8. Ausencia del verbo *tener* y utilización de una oración nominal con preposición flexionada para persona para expresar la posesión.

La pregunta que inmediatamente viene a la cabeza es la siguiente: ¿A qué se debe esta serie de semejanzas tan marcadas entre las dos familias lingüísticas? Es demostrable que no existe una relación genética inmediata entre las dos, tal como dijimos al principio. Las lenguas celtas son lenguas indoeuropeas y las lenguas semíticas pertenecen a otra familia genética diferente: la de las lenguas afroasiáticas. No cabe, por tanto, pensar que estos rasgos hayan sido heredados de alguna lengua que haya sido predecesora inmediata de ambas familias.

Tampoco parece muy probable pensar que estos rasgos son areemas, es decir, que hayan surgido del contacto prolongado entre las dos familias lingüísticas. Los contactos entre algunas lenguas indoeuropeas y las semíticas son indudables, sobre todo en el ámbito del léxico, pero las lenguas celtas no parecen haberlo experimentado más que otras ramas del indoeuropeo.

Hay que observar que las semejanzas descritas son lo suficientemente particulares y peculiares como para justificar las preguntas que nos estamos haciendo. En modo alguno está este conjunto de propiedades extendido por todo el orbe. Son pocas las familias lingüísticas que presentan esas características. Por ello, la casualidad debe quedar descartada. Se trata de una peculiaridad guiada por algún principio conformador de las lenguas.

Descartada la relación genética y geográfica inmediata, no hay más remedio que suponer que existe un patrón tipológico de validez general que conlleva o aglutina el conjunto de propiedades observadas. Dicho de otro modo, las lenguas VSO que conocen la flexión tienden a poseer ese conjunto de características. ¿Existe alguna explicación? ¿Se trata de algo arbitrario o caprichoso?

Podemos afirmar que aquí hay implicado un principio rector que da cuenta de por qué se aglutinan todas estas propiedades de modo independiente en dos familias de lenguas.

Ese principio es un *parámetro tipológico*. Como en este parámetro tipológico están implicadas la primera y la segunda articulación del lenguaje y es muy poco probable que ésta rija o determine la configuración de aquella (es decir, es poco probable que la estructura fonológica de una lengua determine patrones morfológicos y sintácticos; de hecho, la estructura fonológica de las lenguas celtas es bastante diferente de la de las lenguas semíticas), podemos postular que se trata de un parámetro de la primera articulación del lenguaje y, por tanto, de un parámetro en el que el contenido, el significado desempeña un papel fundamental.

4.2. El parámetro semántico del tipo de suceso

Existen tres tipos de sucesos que poseen una pertinencia en la forma en la que el hombre comprende la naturaleza y en la que se estructuran las lenguas humanas. Se trata de lo que denominamos *estados, procesos* y *acciones* (véase el capítulo VII, sección 2).

Los *estados* son situaciones más o menos *estáticas* en las que encontramos una entidad con una determinada propiedad. Se trata de sucesos estáticos, porque se ven inalterados por el tiempo; *estables,* porque en ellos permanece constante una propiedad, y *permanentes,* en el sentido de que continuarán si no se hace algo para cambiarlos. Son además *no controlados*.

Los *procesos* son sucesos en las que una situación o una entidad va transformándose con el paso del tiempo hasta experimentar un cambio determinado. Se trata, pues, de sucesos *dinámicos, inestables,* ya que producen un cambio de una propiedad y *provisionales,* porque si no se hace nada para evitarlo dejarán de producirse una vez llevada a cabo la transformación que los define. Además son también *no controlados,* como los estados.

Las *acciones* son sucesos en los que se produce un cambio en una situación o entidad controlado por otra situación o entidad. Se trata, por consiguiente, de sucesos *dinámicos,* pues van cambiando la situación o entidad afectada, *inestables,* pues producen un cambio en una situación o entidad y *permanentes,* dado que ese cambio se seguirá produciendo si el controlador de la acción (agente o causante) no deja de producirlo. Por supuesto, son sucesos *controlados*.

Obtenemos, por consiguiente, la siguiente ontología de los sucesos:

ESQUEMA 4.5. *Ontología de los sucesos.*

Tipo/de suceso	Dinamismo	Estabilidad	Continuidad	Control
Estados	—	+	+	—
Procesos	+	—	—	—
Acciones	+	—	+	+

Estos tres tipos de sucesos pueden tomarse como modelo para estructurar la sintaxis de las lenguas naturales. Nos interesa considerar ahora las diferencias en la categorización de la realidad que suponen los procesos y las acciones y cómo puede esto reflejarse lingüísticamente.

Los procesos son concebidos como desarrollos de la naturaleza independientes de la voluntad de los individuos; tienen lugar independientemente de éstos y sólo pueden en algunos casos cesar o dejar de existir mediante su intervención, pero escapan al control de los individuos en cuanto a las transformaciones que inducen. Muchos aspectos de la realidad se pueden considerar procesos: desde los fenómenos meteorológicos hasta funciones fisiológicas de algunos animales tales como estornudar o dormir. Por su parte, las acciones son controladas por los individuos que las manejan a su antojo y pueden configurarlas de diferentes maneras.

¿Cómo expresar lingüísticamente estas diferencias entre los procesos y las acciones? El orden en el que se disponen los elementos en el discurso está muchas veces determinado por consideraciones semánticas dependientes del punto de vista que se adopte. Cuando un agente provoca y controla un suceso se convierte en el punto de partida de la descripción de ese suceso, pues es el elemento que más resalta a los ojos del que concibe o percibe dicho suceso. Por ello, no es extraño que el agente suela aparecer antes que aquella parte del discurso que denota lo producido y controlado por él (es decir, antes del verbo y sus complementos; véase Aitchison 1996: 120-122). En los procesos ocurre al revés; la entidad implicada en un proceso no resulta tan resaltada y es lo que denota el proceso mismo, es decir, el verbo, lo que se pone en primer lugar (véase Aitchison 1996: 120-122). Vamos a comprobar mediante unos sencillos ejemplos del español cómo obtenemos normalmente el orden Sujeto + Verbo con acciones y el orden contrario con procesos.

ESQUEMA 4.6. *Orden de palabras en oraciones que denotan acciones y procesos.*

> 1. Oraciones que denotan acciones (orden SUJ + V):
>   *a)* Juan mueve la mesa.
>   *b)* María hace la cama.
>   *c)* Pedro revisa los papeles.
> 2. Oraciones que denotan procesos (orden V + SUJ):
>   *a)* Llueven las críticas.
>   *b)* Se abren las rosas.
>   *c)* Viene la noche.
>   *d)* Acaba la fiesta.
>   *e)* Empieza la diversión.

No se quiere indicar con estos ejemplos que no se pueda decir en español *Hace la cama María* o *La fiesta acaba,* sino que existe una clara tendencia a conservar el orden S + V en el primer caso y V + S en el segundo, bien entendido que no es éste el único criterio que se sigue para establecer el orden de los elementos en el discurso en una lengua como el español.

No es, pues, descabellado decir que el orden S + V se asocia a las acciones y el orden V + S se asocia a los procesos.

Lo importante es que las lenguas, para organizar su morfosintaxis eligen el modelo de estado, de proceso o de acción como modelo básico a partir del cual estructurar algunos aspectos de su morfología y sintaxis. Ello no quiere decir que una lengua que estructure su sintaxis de acuerdo con el modelo de proceso no pueda expresar acciones. La modelización es puramente formal y es, por tanto, independiente del contenido expresado, pero ello no quiere decir que algunos aspectos de dicha modelización no puedan estar motivados por una categoría semántico-cognitiva. Decimos que el orden Sujeto + Verbo puede estar icónicamente motivado por la categoría semántica de acción, frente al orden Verbo + Sujeto, que puede estar icónicamente motivado por la categoría semántica de proceso. En español, hemos visto que los procesos suelen presentar de modo habitual el segundo orden, y las acciones, el primero. Si consideramos que en español, el orden normal o no marcado es Sujeto + Verbo, entonces podemos decir que la sintaxis del español toma, como modelo del orden de las partes de la oración, la categoría semántico-cognitiva de la acción; por otro lado, si en una lengua el orden Verbo + Sujeto es el no marcado o el único posible, entonces diremos que esa lengua modela este aspecto de la sintaxis de acuerdo con la categoría semántico-cognitiva de proceso.

Las lenguas pueden elegir, por tanto, un orden básico de los elementos del discurso. El inglés y el chino han seleccionado como orden básico el orden S + V; es decir, han basado su estrategia de expresión en las acciones, según nuestra hipótesis. Dado que la mayoría de las lenguas del mundo tienen un orden básico S + V, podemos decir que existe una tendencia a considerar la expresión de las acciones como el punto de partida de organización de la expresión lingüística. Ahora bien, hay un número, más pequeño pero significativo, de lenguas que optan por utilizar el modelo de los procesos como punto de partida. Estas lenguas basarán la disposición de sus elementos en el orden V + S; es lo que parece haber ocurrido con las familias semítica y celta.

Tenemos, por tanto, el siguiente esquema:

ESQUEMA 4.7. *Parámetro semántico del orden básico*
de la oración (PASOBO).

> 1.   Orden basado en la ACCIÓN: SV
> 2.   Orden basado en el PROCESO: VS

Pero lo interesante de este parámetro tipológico no es que exista un único rasgo, en este caso el orden de palabras, que tenga una justificación semántica, sino que de esa justificación semántica puedan derivarse otros rasgos morfológicos y sintácticos que las caracterizan tipológicamente.

Esta hipótesis (cfr. Moreno Cabrera 1990), por tanto, será fructífera en la medida en la que de ella se desprenda la conjunción de rasgos característicos observada en ambas familias lingüísticas. Dicho de otro modo: ¿Puede explicarse ese conjunto de rasgos a partir del parámetro semántico-cognitivo del orden básico de la oración?

Existe una conexión inmediata de algunos de los rasgos examinados con tal parámetro. Se trata de éstos:

ESQUEMA 4.8. *Correlación de rasgos del parámetro semántico del orden*
básico de la oración (PASOBO).

> 1.   Falta de concordancia entre sujeto y verbo.
> 2.   Existencia de una conjugación y una estructura oracional impersonal.
> 3.   Ausencia del verbo *tener* y utilización de una oración nominal con preposición flexionada para persona para expresar la posesión.

El primer factor es fácil de relacionar con el PASOBO. Cuando el sujeto induce concordancia en el verbo, se realiza morfológicamente la propiedad de control del agente sobre la acción. En efecto, ese control del agente sobre la acción denotada por el verbo se manifiesta morfológicamente en el hecho de que el sintagma que denota ese agente induce un cambio morfológico en el verbo de modo que impone o controla los rasgos morfológicos de persona de éste.

El segundo factor se aclara desde el PASOBO. Los procesos son acontecimientos no controlados. En una lengua en la que se parte del proceso como estructuración organizadora de la sintaxis y de la morfología es natural que exista una forma verbal y una estructura sintáctica para expresar sucesos no controlados por entidades, es decir, procesos, que se conciben como formas y estructuras impersonales.

El tercer factor se explica bien desde la perspectiva del PASOBO, pues las lenguas que estructuran su sintaxis y morfología desde la perspectiva del proceso, tienden a concebir la posesión según el mismo esquema, en el que el posesor se ve como un elemento en el que se localiza lo poseído y no como alguien que controla la posesión y que, por tanto, y como ocurre en las lenguas que conocen el verbo *tener* y lo usan para este menester, el posesor controla la concordancia verbal con el verbo que denota la posesión. En español, una expresión como *tengo dolor de cabeza* manifiesta la opción de la acción del PASOBO, y *me duele la cabeza,* la opción del proceso del PASOBO. Vemos, pues, por tanto, que ambas fijaciones del parámetro pueden confluir, en una única lengua, en uno o varios aspectos de la morfosintaxis de la misma.

Vamos a intentar relacionar con el PASOBO otras de las propiedades comunes a las lenguas celtas y semíticas que hemos examinado en las secciones anteriores.

La abundancia de los nombres y adjetivos verbales en estas lenguas viene a constituir una subordinación morfológica del sustantivo al verbo. Las lenguas en las que se parte del proceso para organizar algunos aspectos de la morfología y la sintaxis, subordinan los elementos que denotan los experimentadores del proceso (sustantivos) a los que denotan el proceso mismo (los verbos), por ello muchos sustantivos se obtienen derivativamente de verbos mediante procesos morfológicos (por ejemplo, en árabe es muy frecuente derivar de verbos o raíces verbales nombres de objetos: de este modo una palabra como *miftaḥ* 'llave' se deriva del verbo *fataḥa* 'abrir', y en muchas construcciones el verbo pasa a adoptar una forma nominal para realizar determinadas funciones gramaticales, y así ocupa las funciones que en otras lenguas basadas en la opción de acción del POBO se reservan predominantemente a los nombres.

La presencia de preposiciones flexionadas para persona también podría derivarse del PASOBO. Este es un caso en el que la persona está subordinada morfológicamente a la preposición fundiéndose con ella en una sola palabra; con ello, el elemento que denota una entidad protagonista se ve subsumido morfológicamente en el elemento que denota una relación (la preposición). Se puede ver esto como un reflejo más del hecho de que el signo que denota un participante en el suceso está subordinado y controlado por el suceso mismo: en este caso como determinación de una relación que lo caracteriza.

Quizás pueda verse un signo de esta menor sistematización morfológica del nombre respecto del verbo en el hecho de que la manera de formar el plural es perfectamente sistemática y regular en el verbo, mientras que en el sustantivo es mucho más variable e irregular. Una muestra clara de esto es la existencia de formas verbales regulares habituales, repetitivas, o frecuentativas, que expresan la pluralidad verbal tanto en las lenguas celtas como en las lenguas semitas.

En el capítulo dedicado a la semántica (Capítulo VII sección 2) propondremos que la distinción entre *estados, procesos* y *acciones* es universal y, por consiguiente, esencial para estudiar la semántica de la oración en las lenguas naturales. Ello hace plausible que estas categorías semánticas puedan tomarse como punto de partida en la estructuración parcial de la morfosintaxis de las lenguas naturales.

REFERENCIAS BIBLIOGRÁFICAS

Aitchison, J. (1996): *The Seeds of Speech. Language origin and evolution,* Cambridge, Cambridge University Press.

Ball, M. J. (ed.) (1993): *The Celtic Languages,* Routledge, Londres y Nueva York.

Greenberg, J. H. (1978): "Typology and Cross-Linguistic Generalization" en J. H. Greenberg (ed.) 1978 *Universals of Human Language. Vol 1. Method and Theory,* Stanford, Stanford University Press, 1978, páginas 33-60.

Lecomte, G. (1976): *Grammaire de l'arabe,* París, Puf.

Mac Eoin, G. (1993): "Irish" en Ball (ed.) 1993, páginas 101-144.

Meyer, R. (1989): *Gramática de la Lengua Hebrea,* Barcelona, Riopiedras.

Moreno Cabrera, J. C. (1990): "Processes and actions: internal agentless impersonals in some European languages" en J. Bechert, Cl. Buridant & G. Bernini (eds.) *Toward a Typology of European Languages,* Berlín, Mouton-De Gruyter, 1990, páginas 254-272.

Moscati (ed.), S. (1980): *An Introduction to the Comparative Grammar of the Semitic Languages. Phonology and Morphology,* Wiesbaden, Otto Harasowitz.

Siadhail, M. Ó (1980): *Learning Irish. An Introductory Self-Tutor,* Dublin Institute for advanced studies.

Siadhail, M. Ó (1989): *Modern Irish. Grammatical Structure and Dialectal Variation,* Cambridge, Cambridge University Press.

Thorne, D. A. (1993): *A Comprehensive Welsh Grammar,* Oxford, Blackwell.

Wright, W. (1896): *A Grammar of the Arabic Language, Vol I*, Cambridge, Cambridge, University Press.

Wright, W. (1898): *A Grammar of the Arabic Language, Vol II,* Cambridge, Cambridge, University Press.

5

UNIVERSALES FONOLÓGICOS Y TIPOLOGÍA FONOLÓGICA

1. BASES FISIOLÓGICAS DE LOS UNIVERSALES FONOLÓGICOS

Vamos a exponer de modo breve los fundamentos fisiológicos de la producción del sonido, que hay que entender necesariamente para poder tener una idea de cómo son las lenguas desde el punto de vista de la segunda articulación, qué aspectos son generales en este ámbito y qué otros aspectos sirven para establecer clasificaciones tipológicas de carácter fonológico.

1.1. La producción de los sonidos

Los sonidos lingüísticos son producidos en su mayoría aprovechando la corriente de aire procedente de los pulmones. Esa corriente de aire pasa por la laringe, en donde se hallan situadas las cuerdas vocales. Estas cuerdas vocales pueden estar cerradas, impidiendo el paso de dicha corriente; abiertas, dejando que dicha corriente fluya libremente a través de la abertura creada denominada *glotis* y entreabiertas, creando un estrechamiento. En este último caso, esa corriente de aire (entre otros factores) hace que vibren. La vibración ocasionada produce lo que se denomina *tono laríngeo* (Martínez Celdrán 1989: 83). Este tono laríngeo se va a ver modificado por las cavidades supraglóticas (la faringe, la cavidad bucal y la cavidad nasal). Se puede modificar la forma del espacio libre que queda en la cavidad bucal utilizando la lengua: esto hace que se originen alteraciones tímbricas del sonido inicial producido por el estrechamiento de la glotis.

Los sonidos vocálicos se producen mediante modificaciones que sufre el tono laríngeo según las diversas disposiciones que adopta la lengua. Si la lengua se mantiene en su posición neutral, se obtiene, cuando vibran las cuerdas vocales, la vocal [a]; si elevamos hacia delante la lengua, obtenemos un sonido correspondiente a la [i] y si subimos la parte posterior de la lengua hacia atrás y extendemos los labios, obtenemos el sonido que corresponde a la vocal [u]. En todos estos casos, las cuerdas vibran y el tono laríngeo ve modificado su timbre a través de las diversas formas que adopta la cavidad bucal según la posición de la lengua y los labios. En ningún caso la lengua obstaculiza el paso de la corriente de aire, que fluye libremente por la boca.

También se pueden producir sonidos lingüísticos sin necesidad de que vibren las cuerdas vocales. Podemos estrechar tanto la cavidad bucal que ocasionemos que, a su paso por el estrechamiento, el aire proveniente de la glotis produzca un sonido. Por ejemplo, el sonido que corresponde al fonema /s/ se origina de este modo: elevando la punta de la lengua hacia los alveolos de los incisivos superiores (es un sonido *apicoalveolar),* con lo que se produce una fricción audible (por lo que estos sonidos se denominan *fricativos).* El sonido que estamos describiendo se dice que es *sordo* ya que, como hemos señalado, no vibran las cuerdas vocales. Si realizamos exactamente la misma articulación, pero añadiendo a la fricción la vibración de las cuerdas vocales, obtendremos una *fricativa apicoalveolar sonora* que se suele representar mediante la letra *z* en idiomas diferentes del español.

Otra forma de producir un sonido lingüístico sin que vibren las cuerdas vocales consiste en obstruir totalmente alguna sección de la cavidad bucal impidiendo que pase la corriente de aire, para, acto seguido, deshacer esa obstrucción, con lo que se produce una explosión fónica debida a la salida repentina o súbita de la corriente de aire. Los sonidos así producidos se denominan *oclusivos.* Por ejemplo, el sonido que corresponde al fonema /p/ se realiza abriendo repentinamente los labios cerrados que impedían la salida por la boca de la corriente de aire. Esto produce una explosión audible que configura un sonido lingüístico característico. En este caso, como la oclusión se produce con los labios, estamos ante un sonido *bilabial.* Además, tal como hemos señalado, no vibran las cuerdas vocales. Podrían vibrar, con lo cual a la explosión descrita se suma el efecto que produce esa vibración de las cuerdas vocales. Estamos ante las oclusivas sonoras; por ejemplo, la *b* de la palabra *baño* es una oclusiva bilabial sonora: es un sonido bilabial oclusivo, como la *p,* pero con el añadido de que vibran en su producción las cuerdas vocales.

Además de con los labios, se pueden realizar oclusiones en localizaciones diferentes de la cavidad bucal cuando diferentes secciones de la lengua entran en contacto con diversos lugares del paladar duro y blando.

1.2. Elementos fundamentales de los sistemas fonológicos

Para comenzar esta sección conviene distinguir entre *sonido* y *fonema.* De todas las articulaciones vocálicas o consonánticas que se pueden teóricamente realizar, cada lengua elige un subconjunto de ellas, lo que equivale a decir que cada lengua segmenta o estructura a su manera ese espacio de variación articulatorio. Esa segmentación estará determinada por un número de unidades, que se consideran pertinentes y que serán los fonemas vocálicos o consonánticos. Cada una de esas unidades tendrá a su vez una manera de realizarse articulatoriamente que denominamos *espacio de variación articulatorio* (EVA); una característica esencial es que el espacio de variación articulatorio de los fonemas no puede solaparse, pues de lo contrario encontraríamos dificultades en distinguir un fonema de otro.

Como las lenguas segmentan de modo distinto esos espacios articulatorios, el espacio de variación articulatorio de cada fonema será distinto en cada lengua. Por ejemplo, el fonema /e/ del español estándar se puede realizar cerrado o abierto (como [ɛ]), pues no existe el fonema /ɛ/ en nuestra lengua. En otras lenguas sí existe ese fonema, además del fonema /e/ y, por tanto, el espacio de variación articulatoria de /e/ es mucho más restringido que en nuestra lengua. En algunas hablas andaluzas la oposición /e/-/ɛ/ es fonológica y por tanto el fonema /e/ no puede realizarse como el sonido [ɛ], pues no se podría distinguir *tienes* (que se pronuncia [tiénɛ]) de *tiene* (que se pronuncia [tiéne]).

Como colofón de lo explicado, podemos deducir el siguiente universal fonológico semiótico, que es un universal formal, ya que está determinado por el hecho de que en un álgebra combinatoria es necesario diferenciar o delimitar las unidades básicas que se combinan:

Universal 1

El espacio de variación fonológico es una partición del espacio de variación articulatorio.

Esta ley se interpreta de la siguiente manera. A partir de las diversas variaciones articulatorias o acústicas que pueden realizarse, cada lengua establece unos subespacios de variación a los que denominamos fonemas. Esa segmentación tiene formalmente dos propiedades: es *exhaustiva* (agota todas las posibilidades para cada lengua) y es *exclusiva* (ninguno de los subespacios tiene puntos en común con otros). Ambas propiedades son puramente formales y, en cada lengua, se realizarán de modo más o menos imperfecto o impuro, lo cual no impide que reconozcamos en cada una de ellas un sistema fonológico perfectamente delimitado e inambiguo. Podemos representar esto mediante el siguiente esquema.

ESQUEMA 5.1. *Representación abstracta de un espacio de variación fonológico como partición de un espacio de variación fonético.*

$$\Phi = \{<\sigma_1,...,\sigma_{x1}>_1, <\sigma_1,...,\sigma_{x2}>_2,..., <\sigma_1,...,\sigma_{xn}>_n\} = \{\Sigma_1,...,\Sigma_n\}$$

En la parte izquierda de la ecuación tenemos n x-tuplas compuestas por las x_n posiciones articulatorias que constituyen cada uno de los espacios de variación articulatorios de los n fonemas que aparecen listados en la parte derecha de la ecuación. Supongamos que Σ_1 es el fonema /p/, entonces $<\sigma_1,...,\sigma_{x1}>_1$ es el conjunto de todas las posiciones articulatorias que realizan este fonema. Por ejemplo, la /p/ de *piano* está levemente palatalizada y la de *puerta* está levemente velarizada: ambas articulaciones pertenecen al EVA del fonema /p/.

1.3. Los fonemas primitivos

Tanto desde el punto de vista ontogenético (investigación sobre cómo surgió el lenguaje), como desde el punto de vista filogenético (investigación sobre cómo se diversifica el lenguaje a través de las lenguas), se ha llegado a la conclusión de que existen unos sonidos fundamentales en cualquier lengua humana, que son los sonidos más elementales o primitivos.

Desde la perspectiva ontogenética, G. Décsy (1977: 62 y 64) concluye que el sistema siguiente puede considerarse como el sistema fonológico básico o primitivo.

ESQUEMA 5.2. *Sistema fonológico ontogenéticamente básico.*

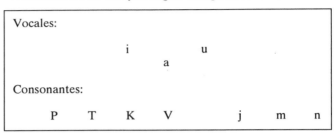

En este esquema las consonantes P, T, K abarcan tanto las sordas (p, t, k) como las correspondientes sonoras (b, d, g). La V denota lo que hay de común a toda fricativa labial y *j* es una fricativa palatal sonora. Una propuesta parecida aparece recogida en J. Aitchison 1996: 82-84.

Desde la perspectiva filogenética, es decir, después de examinar los sistemas fónicos de muchas lenguas diferentes de todo el orbe, A. Trombetti (1905: 34) llega a la conclusión de que el sistema fónico básico o más primitivo es el que detallamos a continuación.

ESQUEMA 5.3. *Sistema fonológico filogenéticamente básico.*

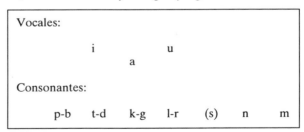

Como vemos, existe una coincidencia muy grande entre los dos esquemas. La coincidencia en las vocales es total (más recientemente, Crothers [1978: 115] también afirma que *a, i, u* son vocales universales, así como Aitchison 1996: 82). En las consonantes encontramos coincidencias en las oclusivas y en las nasales.

1.4. Algunas generalizaciones universales sobre los sistemas fonológicos

La distinción vocal/consonante es básica, primitiva y universal. Por tanto, podemos enunciar el siguiente universal fonológico:

Universal 2

En toda lengua se distingue entre vocales y consonantes.

Este universal obedece a las dos maneras fundamentales de producir sonido lingüístico que hemos descrito. Es decir, a la modificación del tono laríngeo a través de las diversas conformaciones que los movimientos de la lengua provocan en la cavidad bucal y a la producción de una constricción total o parcial de las cavidades supraglóticas (la boca fundamentalmente). Articulatoriamente hablando, el número de efectos sonoros diferentes que pueden hacerse con el primer procedimiento es menor que el de los que pueden producirse con el segundo procedimiento. Si a esto añadimos que la vibración de las cuerdas vocales puede utilizarse a la vez que el segundo de los procedimientos, tal como acabamos de explicar, entonces hay que deducir que el número de consonantes de una lengua ha de ser mayor que el número de sus vocales. Por ello, podemos establecer el siguiente universal que, aunque no está totalmente comprobado empíricamente, puede considerarse como plausible:

Universal 3

El número de vocales de una lengua no es nunca mayor que el número de sus consonantes.

En su estudio de los sistemas fonológicos de las 317 lenguas que constituyen el *UCLA Phonological Segment Inventory Database* (UPSID), I. Maddieson (1984) nos da ejemplos de lenguas en las que el número de vocales y consonantes está equilibrado, como ocurre en francés, que según este autor (Maddieson 1984: 267), tiene 16 vocales (incluyendo cuatro vocales nasales) y 21 consonantes. En la tabla de la página siguiente indicamos las lenguas con mayor número de vocales dentro del corpus examinado por Maddieson.

En ningún caso encontramos en las lenguas del UPSID una en la que el número de vocales sea mayor que el de consonantes. Algunos especialistas han considerado que ciertas lenguas del cáucaso como el cabardiano o el abaza tienen una única vocal. Incluso se ha llegado a proponer esto para el protoindoeuropeo. Sin embargo, no ha habido nunca propuestas que consideren lenguas con una sola consonante.

Si bien no se puede demostrar empíricamente que esta característica es universal, pues no se han examinado todas las lenguas del mundo presente y pasado, sí puede concluirse que es una característica general de las lenguas humanas.

Volvamos a los sistemas básicos de vocales y consonantes que hemos presentado antes. Decíamos que las vocales básicas eran *a, i, u*. Podemos considerar que estos tres sonidos constituyen los extremos de lo que se puede denominar *espacio de variación vocálico,* que podemos denotar <i, a, u>, es decir, el ámbito fuera del cual ya no pueden articularse sonidos puramente vocálicos. Las vocales en cuestión sirven de delimitación de ese espacio de variación vocálica en el sentido de que vocales más ce-

ESQUEMA 5.4. *Número de vocales y consonantes en algunas lenguas del mundo.*

Lengua	Vocales	Consonantes
Francés	16	21
Coreano	18	21
Bambara	14	21
Dan	17	19
Cungo	24	95
Ibo	16	43
Kemer	18	21
Aranda	3	27
Lakia	19	31
Auca	10	11

Nota: El bambara es una lengua africana de la familia mandé; se habla en Senegal, Malí, y Burkina Faso y pertenece al filo níger-cordofano. El dan pertenece a la misma familia y se habla en Liberia y Costa de Marfil. El cungo, también conocido como !Xu, pertenece a la familia joisana, localizada en el sur de África y se habla en Namibia. El ibo pertenece a la familia cua del filo níger-cordofano y se habla en Nigeria. El kemer se habla en Campuchea y pertenece al filo austro-asiático. El aranda es una lengua indígena australiana que pertenece a la familia pama-ñungana. El lakia es una lengua daica hablada en China. El auca es una lengua záparo hablada en el Ecuador septentrional y pertenece al filo de lenguas andinas.

rradas que la *i* o que la *u* originan sonidos muy próximos a las consonantes y, de hecho, se suelen consonantizar muy a menudo. Por otro lado, la *a,* al originarse con la lengua en su posición de reposo, la posición más baja posible, nos establece la cota inferior del sonido vocálico. La *u* se forma, como hemos ya dicho, elevando la parte posterior de la lengua hacia la parte posterior del paladar y para acentuar su oposición tímbrica a la *i,* se agranda el espacio libre resonador restante extendiendo los labios; de esta manera se consigue el máximo efecto de resonancia con la cavidad anterior de la boca para marcar el punto de oposición máxima a la *i,* para producir la cual se deja libre la parte posterior de la cavidad bucal. Esta podría ser la razón por la que la vocal posterior aparece habitualmente labializada y la anterior sólo en algunas lenguas lo está; por supuesto en determinadas lenguas, la *u* puede no estar labializada, pero interlingüísticamente es menos común.

En cuanto al sistema de consonantes que se considera primitivo o básico, también encontramos los extremos que definen el espacio de variación de las producciones articulatorias consonánticas más común: el que tiene lugar en la cavidad bucal. De hecho, la *p* y la *k,* que están en los sistemas propuestos por Trombetti y Décsy, constituyen dos puntos extremos dentro de la cavidad bucal para la interrupción de la corriente de aire proveniente de la glotis, que se usa para producir sonidos. La oclusión de los labios representa el punto más anterior de la boca donde se puede detener la corriente de aire, y la *k* representa uno de los puntos más retraídos (existen oclusivas algo más posteriores como las postdorso-uvulares, poco frecuentes en las lenguas). Por tanto, ambos sonidos *(p* y *k)* sirven para establecer los límites dentro de los cuales se articulan la mayoría de las demás consonantes, pues, como veremos, en todas las lenguas observadas, el número de consonantes bucales es superior al de las no bucales (como las faringales y laringales, por ejemplo). Por su parte, la *m* no es otra cosa que una versión nasalizada de la *p* (es decir una versión en la que además de la oclusión labial se permite el acceso de la corriente de aire a la cavidad nasal y además vibran las cuerdas vocales) y la *n* sería la versión nasal de la *t* (consonante producida dentro del espacio de variación <p, k>). Se considera que los sonidos nasales son de los primeros sonidos que el hombre utilizó, y esta primitividad explica su omnipresencia en las lenguas del mundo.

2. TIPOLOGÍA Y UNIVERSALES DE LOS SISTEMAS VOCÁLICOS

2.1. La jerarquía universal de las vocales

Vamos a examinar ahora los sistemas de vocales de las lenguas del mundo para comprobar sus aspectos tipológicos y universales.

Ya hemos dicho que las tres vocales básicas /a/, /i/ y /u/ delimitan el espacio de variación <i, a, u> dentro del cual se pueden configurar las demás vocales.

Crothers (1978: 114) propone la existencia de una jerarquía de construcción de sonidos vocálicos cuya base son las tres vocales consideradas básicas y, a partir del estudio de los sistemas vocálicos de más de doscientas lenguas, establece las diversas posiciones de esa jerarquía, que va de vocales primitivas o básicas a vocales derivadas. Primero, podemos eliminar la labialización de la /u/ y adelantarlas para obtener una vocal posterior cerrada no labializada, que notamos /ɨ/ y podemos bajar la lengua desde la posición de la /i/ para obtener una /e/ muy abierta, notada como /ɛ/. Según Crothers las lenguas que tienen cuatro o más vocales presentan una de estas dos nuevas vocales. Por tanto, éstas surgen de la relajación de las posiciones necesarias para articular /i/ y /u/.

Si relajamos la aproximación de la parte posterior de la lengua al paladar posterior necesaria para articular la /u/, obtenemos una vocal posterior semiabierta labializada, que notamos como /ɔ/. Esta es la siguiente vocal en la jerarquía propuesta por Crothers.

En los siguientes lugares de la jerarquía encontramos las vocales /e/, /o/ y /ə/. Las dos primeras vocales son intermedias entre /i/ y /ɛ/, y /u/ y /ɔ/ respectivamente: es decir, presentan una abertura mayor que la /i/ y la /u/, pero menor que la /ɛ/ y la /ɔ/; son, pues, vocales de abertura media. La tercera vocal, la /ə/ tiene el mismo grado de abertura que la /e/ y la /o/, pero su localización no es ni anterior ni posterior, sino central; es decir, la lengua no se aproxima hacia la parte anterior del paladar, ni hacia la posterior, sino que se eleva desde su posición neutra.

A continuación tenemos la posibilidad de la labialización de la /i/, con lo que obtenemos, la vocal /ü/ y la de la labialización de la /e/, con lo que obtenemos la vocal /ö/; ambas son las más marcadas de todas las que hemos visto. También podemos tener dos variantes de la /a/: una ligeramente anterior, que notamos /æ,/ y otra ligeramente posterior, que notamos /ʋ/.

Tenemos, pues, el siguiente sistema jerárquico de las vocales tal como lo adaptamos de Crothers (1978: 114):

ESQUEMA 5.5. *Jerarquía de marcación de las vocales.*

1. Triángulo vocálico básico:

i			u
	a		

2. Deslabialización y adelantamiento de la vocal posterior y apertura de la anterior:

i		ɨ	u
	ɛ		
	a		

3. Apertura de la vocal posterior:

i		ɨ	u
	ɛ	ɔ	
	a		

4. Cierre de /ɛ/ y /ɔ/ en /e/ y /o/ y cierre de /a/ en /ə/:

i		ɨ	u
e		ə	o
	ɛ	ɔ	
	a		

5. Labialización de la /e/ y de la /i/:

i	ü	ɨ		u
e	ö	ə		o
	ɛ		ɔ	
	a			

6. Anteriorización y posteriorización de la /a/:

i	ü	ɨ		u
e	ö	ə		o
	ɛ		ɔ	
	æ		ʊ	
	a			

Téngase en cuenta que ninguno de estos sistemas fonológicos se identifica con ninguna lengua en concreto; se trata de seis sistemas teóricos que intentan poner de manifiesto que unas vocales son más básicas o primitivas que otras, estableciéndose así una jerarquía que quizás en alguna medida reproduzca la evolución del sistema presuntamente inicial /a, i, u/ a sistemas más complejos en los que hay un número mayor de vocales.

Si nos fijamos en el último sistema del esquema anterior, podemos visualizar lo que decíamos antes de que el sistema trivocálico básico delimita el espacio de variación de los diversos tipos de vocales en las lenguas del mundo.

Según Crothers (1978: 100) existen dos delimitaciones del espacio de variación vocálico que podemos denominar *externa* e *interna*. La externa está constituida por las vocales extremas <i, a, u> y medias <e, o> y delimitan externamente ese espacio de variación, dentro del cual se producen las demás distinciones vocálicas; estas vocales se denominan *exteriores*. La delimitación interna del espacio de variación está señalada por distinciones vocálicas cuyo espacio interior de variación es cero. Está constitui-do por las vocales /ü/, / ə / y /ɨ/; estas vocales se denominan *interiores*. Tenemos, pues el siguiente esquema:

ESQUEMA 5.6. *Delimitaciones externas e internas del espacio de variación vocálico.*

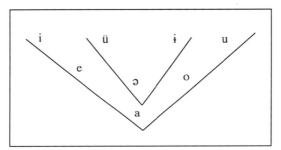

Existen dos parámetros adicionales que incrementan el número de elementos vo-cálicos. Son la nasalización y la longitud. El primer rasgo se refiere al hecho de que en la emisión del sonido vocálico se permite el paso del aire por la cavidad nasal: se trata de un rasgo accesorio, no esencial para la formación de sonidos vocálicos; por ello, no se da en muchas lenguas. De los idiomas del UPSID, sólo 71 presentan vocales nasales (Maddieson 1984: 130), lo que hace tan sólo un 22% del total de vocales. Por otro lado, el número de vocales nasales de una lengua es siempre igual o menor que el número de vocales orales, ya que la resonancia nasal puede enmascarar las dife-rencias de timbre en las que se basan las vocales. Veamos una tabla en la que se re-gistra el número de vocales nasales y orales de algunas lenguas, tal como aparecen en el libro citado de I. Maddieson:

ESQUEMA 5.7. *Número de vocales nasales y orales en algunas lenguas.*

Lengua	Vocales nasales	Vocales orales
Ibo	8	8
Navajo	8	8
Francés	4	12
Delevés	6	11
Bretón	2	15

Nota: El ibo pertenece a la familia cua del filo níger-cordofano y se habla en Nigeria. El navajo pertenece a la familia apache del filo na-dené; se habla en Arizona, Nuevo México, Utah y Colorado. El delevés (Delaware) pertenece a la familia algonquina y se habla en Oklahoma. El bretón es una lengua de la familia celta, perteneciente al filo indo-europeo, que se habla en Bretaña.

Pasamos a las lenguas en las que la cantidad vocálica es relevante; es decir, en las que hay vocales largas y breves. De las lenguas del UPSID sólo 62, es decir, poco menos del veinte por ciento, presentan una oposición entre vocales largas y breves. Normalmente, una lengua tiene el mismo número de vocales largas que de vocales cortas, pero puede haber desigualdades. Veamos una tabla de la proporción de vocales largas y cortas en algunas de las lenguas examinadas por Maddieson:

ESQUEMA 5.8. *Número de vocales largas y breves en algunas lenguas.*

Lengua	Vocales largas	Vocales breves
Birahuí	5	4
Cabardiano	5	2
Telugú	6	5
Navajo	8	8
Telefolo	5	3

Nota: El birahuí es una lengua drávida que se habla en Pakistán. El cabardiano es una lengua caucásica noroccidental. El telugú es una lengua drávida hablada en el sur de la India. El telefolo es una lengua de Nueva Guinea Papúa; pertenece a la familia ok de Nueva Guinea central.

Aunque también hay lenguas en las que hay menos vocales largas que cortas, parece que es más frecuente lo contrario. Esto puede deberse al hecho de que las vocales largas tienen una mayor claridad y duración articulatoria y, de ese modo, pueden realizarse más distinciones de timbre que en el caso de las vocales cortas que, cuando se oponen a vocales largas, son menos claras y definidas que éstas.

2.2. Universales de los sistemas fonológicos vocálicos

Un primer universal que podemos proponer hace referencia al hecho de que el espacio de variación vocálica <i, a, u> es general en el sentido de que todas las vocales de las lenguas del mundo se articulan dentro de dicho espacio de variación.

Universal 4

Las vocales de todas las lenguas del mundo están situadas dentro de <i, a, u>.

Este universal se deriva de la idea que hemos visto sustentada por varios autores de que ésas son las tres vocales primordiales de las lenguas humanas. Téngase en cuenta que este universal no quiere decir exactamente que todas las lenguas del mundo conozcan los fonemas /i/, /a/ y /u/, sino que diferentes lenguas pueden seleccionar como puntos de delimitación del espacio de variación vocálica esos tres fonemas u otros situados dentro del espacio de variación en cuestión. Por ejemplo, si bien el telefolo o el árabe clásico tienen estas tres vocales, [a], [i] y [u], el tagalo tiene [ə] en vez de [a], el malgache tiene [o] en vez de [u] y el amuesa (lengua arahuaca del Perú) tiene [e] y [o] en vez de [i] y [u]. Estas lenguas eligen, pues, como delimitación del espacio de variación vocálico puntos más abiertos o cerrados según el caso, del espacio <i, a, u>.

Por consiguiente, cada lengua establece las fronteras articulatorias de los sonidos vocálicos en un lugar del espacio de variación cuyos extremos señalan las vocales [a], [i], [u] y que notamos como <i, a, u>.

Aun así, en el corpus del UPSID, el fonema /i/ lo presentan el 91% de los idiomas, el sonido [a] lo tienen el 88%, y el fonema /u/, el 83% de las lenguas del corpus, frente a solo un 31% de lenguas que tienen el fonema /e/.

Una tendencia universal notada por Crothers es la siguiente:

Universal 5

El número de vocales anteriores es mayor o igual que el de las vocales posteriores.

Por alguna razón, quizás psicofisiológica, realizamos las diferenciaciones anteriores con más facilidad o de modo menos marcado que las posteriores.

Otro universal propuesto por este autor hace referencia a la menor capacidad de diferenciación de la serie central de vocales:

Universal 6

El número de vocales centrales no puede ser mayor que el número de vocales anteriores o posteriores.

Las distinciones tímbricas que se derivan de la elevación de la lengua desde su posición neutra hacia el centro del paladar parecen menos claras que las que se derivan de una elevación hacia adelante o hacia atrás.

Otro universal hace referencia a las vocales nasales:

Universal 7

Si una lengua tiene vocales nasales también tiene vocales orales.

Crothers (1978: 137) y Décsy (1988: 53) opinan que el número óptimo de vocales en una lengua es cinco y, que por tanto, las lenguas tienden a acercarse lo más posible a ese número. En efecto, Maddieson, al examinar el número de vocales de las lenguas del UPSID (Maddieson 1984: 126), encuentra que el 21% de ellas tienen exactamente cinco vocales, seguidas de un 13% con seis vocales y un 10% con siete vocales; conforme aumenta o disminuye el número de vocales disminuye la frecuencia. Por ejemplo, con tres vocales hay solo un 3% y con 15 vocales hay solo un 2% de lenguas.

3. TIPOLOGÍA Y UNIVERSALES DE LOS SISTEMAS CONSONÁNTICOS

3.1. Introducción: conceptos fonéticos básicos sobre las consonantes

Ya hemos dicho que las consonantes se producen al provocarse una obstrucción o estrechamiento de las cavidades supraglóticas que ocasionan un efecto audible característico. Las consonantes oclusivas o interruptas se originan al bloquearse momentáneamente alguna zona de esas cavidades, con lo cual se produce una detención y explosión brusca de la corriente de aire que atraviesa la glotis, lo que produce un efecto acústico distintivo. Es el caso del sonido [p], que se produce al cerrar los labios el paso a la corriente de aire y luego abrirse bruscamente ese cierre, originando una explosión característica. La oclusión o cierre puede producirse en la glotis misma: es decir, las cuerdas vocales se cierran completamente y luego se abren de modo brusco, con lo que se produce una oclusiva, poco audible, denominada *oclusiva glotal*. A esta oclusión puede acompañar otra oclusión de las cavidades supraglóticas, con lo que se obtiene una *oclusiva glotalizada*.

Las consonantes fricativas o continuas se caracterizan mediante el efecto acústico originado por un estrechamiento de alguna zona de las cavidades supraglóticas suficiente para provocar una fricción peculiar. Un ejemplo puede ser el sonido [f], que se produce poniendo en contacto el labio inferior con los incisivos superiores, lo que produce un intenso estrechamiento que no obstruye totalmente la corriente de aire, pero la constriñe grandemente, con lo que se origina una fricción característica. También puede darse una fricación glotal, consistente en un estrechamiento de las cuerdas vocales que no llegan a vibrar, pero que ocasionan que el aire, a su paso por la glotis, origine una leve fricción. Una consonante oclusiva se puede articular con fricación glotal con lo que se obtiene una oclusiva aspirada como la [pʰ] del inglés.

Existen también consonantes que se producen combinando los dos modos de articulación anteriormente señalados. Se denominan *africadas*. Consideremos, por ejemplo, el sonido correspondiente a la *ch* española. Primero se realiza una oclusión cuando entra en contacto el predorso de la lengua con la zona prepalatal, pero, en vez de deshacer bruscamente la oclusión, se hace de modo gradual, con lo que se produce un estrechamiento que provoca la fricción típica de una consonante fricativa. Otro ejemplo es el sonido alemán [pf] (por ejemplo en *Pferd* 'caballo'), en donde a partir de la oclusión bilabial típica del sonido [p], se produce un relajamiento gradual que pasa por la fricción labiodental típica del sonido [f], de donde surge esta grafía doble, característica de algunas palabras alemanas. Las consonantes oclusivas, fricativas o africadas pueden articularse además acompañadas de vibración de la cuerdas vocales, con lo que, como sabemos, obtenemos consonantes sonoras.

Existen dos modos de articulación consonántica especiales. Primero está el modo de articulación nasal. En una consonante oclusiva nasal, además de la oclusión en la cavidad supraglótica, existe una resonancia suplementaria ocasionada por el hecho de que parte de la corriente de aire accede a la cavidad nasal. De esta manera, la consonante no es totalmente oclusiva y carece de la explosión típica de una oclusiva no nasal. Por ejemplo, el sonido [m] es idéntico al sonido [p], con el añadido de que a la oclusión labial se suma el paso de parte de la corriente de aire por la cavidad nasal. De este modo se pierde o mitiga el efecto acústico de la explosión propio del sonido [p].

El otro modo de articulación consonántica especial es el de las consonantes llamadas laterales y vibrantes. En este caso, hay un contacto único o múltiple entre una parte de la lengua y una parte del paladar, pero ese contacto no impide que pase la corriente de aire, pues no se produce una oclusión total. Nuestros sonidos [l] y [r] son lateral y vibrante respectivamente y ocupan un lugar intermedio entre vocal y consonante. De hecho, en algunas lenguas (croata, checo, inglés) estos sonidos pueden funcionar como núcleo silábico, como veremos más adelante (páginas 123-124).

3.2. Tipología y universales de los sistemas consonánticos de las lenguas del mundo

• *Consonantes oclusivas*

Si nos fijamos en los sistemas fonológicos consonánticos ontogenética y filogenéticamente básicos que vimos en la sección primera de este capítulo, podremos comprobar que en los dos casos predominan las consonantes oclusivas. Se pueden considerar las oclusivas como las consonantes más primitivas. Por ello, puede comprobarse que todas las lenguas conocidas tienen estos sonidos. En el estudio de Maddieson (1984) basado, como sabemos, en un corpus de más de trescientas lenguas, encontramos oclusivas en todas las lenguas examinadas.

Sin duda, las oclusivas más comunes en las lenguas del mundo son las oclusivas sordas. En el corpus del UPSID casi el 92% de lenguas presentan oclusivas sordas; las oclusivas sonoras les siguen en frecuencia con casi un 67% por ciento; por su parte, las aspiradas constituyen únicamente un 29% del total.

Desde el punto de vista del punto de articulación, las oclusivas más frecuentes son las dentales/alveolares, las velares y las bilabiales con un 99,7%, 99,4% y 99,1% respectivamente. Los demás tipos como el palatal o uvular les siguen a mucha distancia (18,6% y 14,8%, respectivamente). Esto confirma empíricamente que las consonantes [p], [t] y [k] son las menos marcadas o primitivas. Decíamos que estas consonantes representaban los puntos extremos de articulación, dentro de los cuales se realiza el espacio de variación de las consonantes de las lenguas: esto se comprueba diciendo que sea cual sea el número de consonantes de una lengua siempre habrá más consonantes que se articulen dentro del espacio de variación delimitado por estas tres consonantes, que fuera de él. Obtenemos nuestro primer universal consonántico:

Universal 8

Toda lengua tiene más consonantes articuladas dentro del espacio de variación <p, k>, que fuera de él.

De aquí se deduce que el número de consonantes bucales será siempre mayor que el número de consonantes no bucales, es decir, que se articulan fuera del espacio de variación <p, k>. Por ejemplo, el árabe clásico, una lengua rica en consonantes no bucales tiene 23 consonantes bucales (articuladas dentro del espacio de variación <p, k>), frente a tan sólo cinco no bucales: una uvular ([q]), dos faringales ([ħ] y [ʕ]) y dos glotales ([h] y[ʔ]). Veamos resumidos en una tabla los datos de otras lenguas:

ESQUEMA 5.9. *Número de consonantes no bucales de diversas lenguas.*

Lengua	Consonantes no bucales	Consonantes bucales
Árabe	5	23
Hindí-urdú	5	35
Quechua	4	27
Coluchano	11	31
Somalí	6	24

Nota: El coluchano [Tlingit] es una lengua de la familia na-dené hablada por comunidades indígenas de Alaska. El somalí es una lengua perteneciente a la familia cusita del filo afro-asiático y se habla en Etiopía, Kenya, Somalia y Yemen.

Las articulaciones africadas son, como hemos dicho, más complejas que las oclusivas. Se puede establecer que toda lengua que tenga africadas tiene también oclusivas, pero no al contrario. Entre las lenguas que no tienen africadas están: el tiví, lengua australiana; el maorí, lengua malayo-polinesia; el cunimaipa, lengua papú de la familia goilala; el nasiói, lengua papú de la familia de Bougainville meridional; el hopí, lengua yuto-azteca hablada en Arizona; el tucano, hablado en Colombia, Ecuador y Brasil y perteneciente a la familia tucana.

• *Consonantes fricativas*

Los sonidos fricativos son también muy frecuentes en las lenguas del mundo. Maddieson (1984: 42), en el corpus del UPSID, encuentra 296 con una o más fricativas, es decir un 93,4%.

Las lenguas australianas carecen en general de fricativas, por lo que podemos considerar que los sonidos fricativos son secundarios respecto de los oclusivos como sonidos consonánticos básicos o primitivos. Según Maddieson (1984: 44), un sonido similar a [s] se da en aproximadamente un 83% de las lenguas y en el 88,5% de las lenguas que conocen las fricativas. Las otras dos fricativas que le siguen en frecuencia son la sibilante palato-alveolar [ʃ] y la fricativa labiodental [f]. Por otra parte, las fricativas sordas son más frecuentes que las sonoras y, por tanto, menos marcadas que ellas.

El fonema fricativo no bucal /h/ lo tienen un 63% de las lenguas estudiadas por Maddieson (1984: 57). Según G. Décsy (1977: 13-27), este es uno de los sonidos más primitivos, ya que se produce por un estrechamiento de la glotis, primera constricción por la que puede pasar la corriente de aire de los pulmones (la primera oclusión de dicha corriente que se puede producir es la de la glotis, que da origen al ataque glotal notado habitualmente como [ʔ]); además, no es necesario movimiento articulatorio adicional alguno para emitirla, por lo que se supone que es la consonante más primitiva que puede pronunciarse. Sin embargo (cfr. G. Décsy 1983: 7), la fricativa glotal o [h] es un sonido muy inestable, pues desaparece con frecuencia (la aspirada *h* del español que procede de una [f], por ejemplo, en *hablar* se ha perdido sin dejar el menor rastro, excepto en la ortografía). Por otra parte, este sonido sólo aparece en determinadas posiciones: normalmente no puede darse en posición de coda silábica.

Estas dos características de la [h], es decir, su carácter primitivo o básico y su inestabilidad hace interesante el estudio de las lenguas que no la tienen. El mayor número de lenguas sin [h], un 57% del total, se da en Oceanía, seguido por África con un 39%.

• *Consonantes nasales*

Las nasales son también frecuentes en las lenguas del mundo. De las 317 del UP-SID, hay nasales en el 97% por ciento de los casos. Entre las lenguas sin consonantes nasales están el rotocas, lengua de Nueva Guinea Papúa, el quileutés y el chimacú [Puget Sound], lenguas de la familia chimacuana (Washington) y el mura, lengua macro-chibcha del Brasil. Las dos articulaciones nasales más frecuentes son [n] y [m], estando la primera por encima de la de la segunda en el corpus en cuestión. Las nasales velar [ŋ] y palatal [ɲ] se dan en una lengua si esta lengua también conoce [n] y [m], con lo que se demuestra que estas dos nasales son secundarias o derivadas.

• *Consonantes líquidas*

Se conceptúan como líquidos los sonidos laterales (/l/ y sus variedades) y los sonidos de contacto simple o múltiple (la vibrante /r/ y sus variedades). La inmensa mayoría de las lenguas examinadas por Maddieson (el 95,9%) presentan alguna consonante líquida. Las consonantes laterales predominan ligeramente sobre las vibrantes en cuanto a su frecuencia de aparición en las diversas lenguas. La articulación de las laterales se realiza de modo predominante con la punta o predorso de la lengua y, en general, se produce al entrar en contacto alguna parte de la lengua con alguna parte del paladar. Por su parte, las vibrantes son articulatoriamente más inestables pues implican uno o varios contactos consecutivos muy breves. Ello hace que las posibilidades articulatorias de las vibrantes sean claramente menores. Por ello, el espacio de variación de las laterales (<l>) es mayor que el espacio de variación de las vibrantes (<r>). Tenemos, pues, el siguiente universal:

Universal 9

Posibilidades de diferenciación entre laterales y vibrantes

El espacio de variación de las laterales es mayor que el de las vibrantes.

En efecto, Maddieson encuentra en las lenguas estudiadas y que presentan mayor número de líquidas, seis fonemas laterales frente a cuatro vibrantes. Encontramos en las lenguas laterales dentales, alveolares, retroflejas y palatales, mientras que en las vibrantes hay menos posibilidades articulatorias.

Por otro lado, en diversos idiomas existe un solo fonema líquido que se puede realizar articulatoriamente según los contextos como vibrante o lateral (es el caso del coreano, japonés, cungo y algunas otras lenguas).

• *Las aproximantes o contoides*

Los sonidos contoides se articulan estrechando las cavidades supraglóticas sin que llegue a producirse la turbulencia característica de las consonantes fricativas. Articulatoriamente son sonidos a medio camino entre las vocales y las consonantes y se pueden denominar aproximantes. Hay dos variedades fundamentales notadas [j] y [w]: la palatal y la velar. La primera surge al cerrar la posición articulatoria de la [i] y la segunda, al cerrar la de la [u]. Como estas dos vocales constituyen los puntos extremos de <i, a, u>, el trasvasarlos nos lleva directamente a elementos no vocálicos (por eso, a veces, se denominan también *vocoides* o *semivocales),* pero tampoco totalmente consonantes (por eso, se denominan, a veces, *contoides* o *semiconsonantes).* De hecho, estos dos elementos pueden tener realizaciones más abiertas, que se pueden considerar vocoides y realizaciones más cerradas, que se pueden conceptuar como contoides. Así, en español, el sonido inicial de *huevo* [wéβo] es una aproximante contoide que puede convertirse en una consonante labiovelar y pronunciarse [gʷéβo]. Por su parte, en *auto,* la /u/ es una aproximante vocoide y no tiende a cerrarse aún más para convertirse en una consonante, como en el caso anterior.

Maddieson (1984: 91) constata que más del 86% de las lenguas del corpus del UP-SID presentan una aproximante palatal [j] y un 75% conocen la aproximante velar [w]. Ambas aproximantes desempeñan un papel importante en algunas lenguas del mundo en las que se distinguen consonantes palatalizadas de no palatalizadas y labializadas de no labializadas. Las primeras se pronuncian seguidas de una [j] y las segundas, seguidas de una [w]. Este carácter auxiliar se podría explicar por el hecho de que marcan una transición entre el cierre máximo de la consonante y la abertura máxima de la vocal. La transición entre una consonante y una vocal anterior la marca claramente la [j] y la transición entre una consonante y una vocal velar la marca la [w].

• *Consonantes glotalizadas y laringalizadas*

Las consonantes glotalizadas eyectivas se pronuncian elevando la laringe con la glotis cerrada. Ello ocasiona una presión cuando se produce una oclusión o estrechamiento en las cavidades supraglóticas que produce una expulsión violenta del aire retenido cuando se deshace tal oclusión.

Las glotalizadas inyectivas se producen bajando la laringe y manteniendo la glotis entreabierta (por ello, las inyectivas suelen ser sonoras), lo que unido a una oclusión supraglótica produce un efecto sonoro característico cuando se deshace esa oclusión.

Las eyectivas son, según Maddieson (1984: 101), mucho más frecuentes que las inyectivas. Las eyectivas más comunes son las oclusivas. Las articulaciones eyectivas e inyectivas son claramente derivadas o secundarias; por ello, si una lengua tiene oclusivas o fricativas glotalizadas, también tendrá oclusivas y fricativas no glotalizadas. Podemos establecer el siguiente universal:

--------------------| Universal 10 |--------------------

Proporción de consonantes glotalizadas

El número de consonantes glotalizadas de una lengua no supera el de consonantes no glotalizadas.

Para comprobar esto, veamos el número de consonantes glotalizadas y no glotalizadas de algunas lenguas de las estudiadas por Maddieson (1984):

ESQUEMA 5.10. *Proporción de glotalizadas y no glotalizadas en algunas lenguas del mundo.*

Lengua	Glotalizadas	No glotalizadas
Nezpercés	10	15
Lutuamí	10	23
Cungo	22	73
Georgiano	6	22

Nota: El nezpercés es una lengua penutí hablada en Washington, Idaho y Oregón. El lutuamí [Klamath] pertenece a la misma familia que la anterior y se habla en California.

• *Las consonantes coarticuladas*

Las consonantes coarticuladas se pronuncian realizando dos movimientos articulatorios simultáneos. En unas pocas lenguas del corpus del UPSID, exactamente 22, hay oclusivas dobles como por ejemplo la oclusiva labiovelar sorda [k͡p] y sonora [g͡b], para pronunciar las cuales se produce y deshace simultáneamente una oclusión labial y otra velar. Así, en yoruba la palabra *kpe* 'llamar' es diferente de la palabra *gbe* 'gritar', de *ke* 'llorar' y *ge* 'cortar' (Laver 1994: 314).

Los llamados *clicks* o chasquidos son sonidos que implican una coarticulación en la que hay una oclusión velar y una segunda oclusión en la parte anterior de la cavidad bucal acompañada de un descenso de la lengua (sin deshacer las oclusiones), con lo cual se aumenta el espacio vacío entre las dos oclusiones. Cuando se interrumpe la oclusión anterior el aire pasa bruscamente a ocupar el espacio vacío dejado entre las dos oclusiones y se escucha un chasquido característico (Laver 1994: 174). Sólo dos lenguas del UPSID presentan estos fonemas coarticulados (de hecho sólo se encuentran en unas pocas lenguas habladas en el sur de África principalmente). Estos chasquidos además se pueden nasalizar, sonorizar, faringalizar, glotalizar y velarizar.

Todas las lenguas que conocen las consonantes coarticuladas conocen también consonantes de articulación simple. Por ello, podemos proponer el siguiente universal:

Universal 11

Todas las lenguas que tienen consonantes coarticuladas tienen también consonantes simples.

• *Articulaciones bucales posteriores: velares y uvulares*

En esta última sección vamos a establecer con más detalle la distribución de los sonidos consonánticos velares y uvulares en las diversas familias lingüísticas del mundo, para proporcionar una visión global al menos de un rasgo consonántico específico: el de la oposición entre consonantes velares y uvulares.

Hemos hablado del espacio de variación definido por las dos consonantes oclusivas de posición extrema en la cavidad bucal, notado como <p, k>. Hemos dicho que toda lengua tiene más consonantes dentro de tal espacio de variación articulatoria que fuera de él. En aquella sección clasificábamos las uvulares entre las articulaciones no bucales. Esto es en principio inexacto si consideramos que la úvula pertenece a la cavidad bucal. Sin embargo, las razones de esta consideración estriban en que, articulatoriamente hablando, es más fácil y da unos resultados auditivamente más claros hacer una oclusiva velar (haciendo entrar en contacto la parte posterior de la lengua con la parte posterior del paladar) que hacer una oclusiva uvular (haciendo entrar en contacto la parte posterior de la lengua con la úvula), más fácil de convertir en una fricativa, dada la inestabilidad y poca manejabilidad de la úvula. De estas diferentes posibilidades oclusivas de una y otra localización surge la idea de que la oclusiva velar se toma como frontera para delimitar el espacio de variación de las consonantes bucales. Ello implica que la consonante uvular es más marcada que la velar y tal idea se ve confirmada estadísticamente por Maddieson (1984: 32) quien encuentra de entre las 317 lenguas del UPSID, 315 con oclusivas velares, lo que supone un 99,4% del total, frente a 47 con oclusivas uvulares, lo que constituye un 14,8% del total.

Un primer universal que podemos enunciar al respecto de esta cuestión es el siguiente:

Universal 12

Si una lengua tiene consonantes uvulares, también las tendrá velares.

De este modo, habrá dos tipos de lenguas. Aquellas que tienen consonantes velares y no uvulares (por ejemplo, el español) y aquellas que conocen las velares y las uvulares (por ejemplo, el árabe clásico). Excluye el universal lenguas que tengan consonantes uvulares y no presenten consonantes velares.

Vamos a examinar a continuación cómo está repartida la proporción entre uvulares y velares en diferentes familias lingüísticas del mundo. Los datos los extraemos de Maddieson 1984.

En el corpus de Maddieson encontramos siete lenguas indoeuropeas con consonantes uvulares. Damos a continuación el número de consonantes velares y uvulares que presentan.

ESQUEMA 5.11. *Número de consonantes posteriores en siete lenguas indoeuropeas.*

Lengua	Velares	Uvulares	Total
Alemán	4	1	5
Francés	3	1	4
Persa	2	2	4
Pasto	2	2	4
Curdo	5	1	6
Armenio Oriental	3	1	4
Hindí-Urdú	4	3	7

Nota: El alemán pertenece a la familia germánica; el francés, a la familia romance; el persa, el pasto (Afghanistán) y el curdo (Kurdistán) son de la familia irania; por último, el hindí-urdú pertenece a la familia indoaria. Todas estas familias pertenecen junto con el armenio al filo indoeuropeo.

Entre las velares se encuentra una nasal velar [ŋ] en alemán y en curdo.

Pasamos ahora a la familia lingüística túrcica. En ella, sólo hay una lengua, el kirguiso, con uvulares. Concretamente tiene dos oclusivas uvulares una no aspirada ([q]) y otra aspirada ([qʰ]) y dos velares, una fricativa sorda ([x]) y otra nasal ([ŋ]).

En las lenguas de África, encontramos en la familia atlántica occidental al menos una lengua con uvulares, se trata del volofo (Wolof), hablado en Senegal por unos tres millones de personas. Cuenta este idioma con dos consonantes velares y dos uvulares.

A continuación, encontramos una lengua nilo-sahariana de la familia sudánica oriental. Se trata del teuso (Ik) hablada en Uganda por unas cinco mil personas. Tiene cuatro consonantes velares y una uvular.

Las lenguas semíticas son ricas en consonantes uvulares. El árabe tiene, según las cuentas de Maddieson (1984: 310), cuatro consonantes velares (k/g largas y breves) y seis uvulares: dos oclusivas (larga [qː] y breve[q]), dos fricativas sordas (larga y breve) y otras dos sonoras (larga y breve). El hebreo conoce cuatro consonantes velares y una uvular. Por su parte, el neo-arameo tiene dos velares y tres uvulares: una oclusiva [q] y dos fricativas, la sorda [χ] y otra sonora [ʁ]. El socotrí, hablado en la isla de Soqotra (en el golfo de Adén), perteneciente al Yemen, tiene tres velares y dos uvulares. Por último, el tuareg presenta dos velares y tres uvulares.

Hay tres lenguas de la familia cusita con uvulares en el corpus de Maddieson. El somalí, hablado en Somalia y Etiopía, tiene cuatro velares y dos uvulares. El aunquí (Auwiya), hablado en Etiopía, tiene seis oclusivas velares (entre labializadas y no labilizadas) y dos oclusivas uvulares (una sorda y otra sonora). El iracú (Iraqw) (hablado en Tanzania por unas 400.000 personas) tiene ocho consonantes velares (dos oclusivas, una fricativa y una nasal en sus variantes labializada y no labializada) y dos uvulares (oclusiva labializada y no labializada).

Las familias semítica y cusita pertenecen junto con otras familias lingüísticas tales como la bereber, la omótica y la chádica, al filo afro-asiático. En la tabla siguiente vemos juntos los datos de estas dos familias:

ESQUEMA 5.12. *Número de consonantes posteriores en ocho lenguas afroasiáticas.*

Lengua	Velares	Uvulares	Total
Árabe	4	6	10
Neoarameo	2	3	5
Hebreo	4	1	5
Socotrí	3	2	5
Tuareg	2	3	5
Somalí	4	2	6
Aunquí	6	2	8
Iracú	8	2	10

En sui, lengua kam-dai hablada en una provincia de China por unos 10.000 hablantes, tenemos ocho velares frente a tres uvulares. Conoce esta lengua tres nasales velares: una sonora, otra sorda y otra laringalizada.

Pasamos a las lenguas austronesias. En atayal (lengua hablada en Taiwan) hay cuatro velares y una uvular. En toba (lengua austronesia hablada en Sumatra por unos dos millones de personas) encontramos tres consonantes velares y una uvular.

El chino mandarín tiene tres consonantes velares y una uvular. En la lengua papú cunimaipa encontramos tres consonantes velares y una uvular.

Dentro de las lenguas del cáucaso, el georgiano, lengua kartuélica, presenta tres consonantes velares y otras tres uvulares. En cabardiano, lengua caucásica noroccidental, hay nueve consonantes velares y ocho uvulares. En la familia daguestánica hay una lengua, el laco [Lak] que tiene 11 consonantes velares y nada menos que doce uvulares, lo que supone un record. En la página siguiente vemos el sistema de uvulares del laco.

En buruchasquí, lengua aislada del Pakistán, hay cuatro consonantes velares y cuatro uvulares. La familia drávida del sur de la India solo está representada por una lengua que tenga uvulares; se trata del kuruj, que cuenta con dos consonantes velares y una uvular.

Dentro de las lenguas paleo-siberianas también encontramos consonantes uvulares. Primero, en keto hay dos consonantes velares y una uvular; en yucaguiro tres velares y dos uvulares; en chucoto hay tres velares y una uvular y en nivejí hay cinco velares y cuatro uvulares.

En el continente americano hay un muchas lenguas que conocen las uvulares. Veámoslas. La familia esquimal-aleutiana está representada en la muestra de Maddieson por dos lenguas que tienen uvulares. La primera es el groenlandés o esquimal de Groenlandia, que tiene cuatro consonantes velares y tres uvulares. La segunda es el aleuta, con cinco consonantes velares y tres consonantes uvulares.

La familia na-dené está representada por tres lenguas que conocen las uvulares. La primera es el haida, que tiene diez consonantes velares y ocho uvulares. El colu-

ESQUEMA 5.13. *Consonantes uvulares del laco según Maddieson 1984: 418.*

	SON	ASP	CONT	EYECT	LABIAL	LARGO
[qː]	—	—	—	—	—	+
[qʰ]	—	+	—	—	—	—
[qʷː]	—	—	—	—	+	+
[qʷʰ]	—	+	—	—	+	—
[G]	+	—	—	—	—	—
[Gʷ]	+	—	—	—	+	—
[qʼ]	—	—	—	+	—	—
[qʷʼ]	—	—	—	+	+	—
[χ]	—	—	+	—	—	—
[χː]	—	—	+	—	—	+
[χʷ]	—	—	+	—	+	—
[χʷː]	—	—	+	—	+	+

Nota: SON es el rasgo de sonoridad; si está positivamente especificado para él es una consonante sonora y si está negativamente especificado, es una consonante sorda. ASP es el rasgo de la aspiración; un sonido positivamente especificado para este rasgo, será aspirado. CONT es el rasgo de continuidad; los sonidos continuos son fricativos y los no continuos son oclusivos. EYECT es el rasgo que separa las consonantes eyectivas de las no eyectivas. LABIAL es el rasgo que separa las consonantes labializadas de las no labializadas. LARGO es el rasgo que opone las consonantes largas a las consonantes breves.

chano [Tlingit] tiene diez consonantes velares y diez consonantes uvulares. El hupa, lengua atabascana, tiene tres consonantes velares y dos uvulares.

La familia penutí septentrional está representada en el corpus de Maddieson por diversas lenguas, cinco de las cuales presentan consonantes uvulares. Damos las cifras y las lenguas en el esquema siguiente:

ESQUEMA 5.14. *Consonantes uvulares en algunas lenguas penutíes.*

Lengua	Velares	Uvulares	Total
Nezpercés	3	2	5
Lutuamí	3	3	6
Huintú	3	3	6
Totonaco	1	1	2
Kechí	3	2	5

La familia vacachana está representada por el nutca con seis velares y seis uvulares. La familia chimacuana tiene como representante en el corpus al quileutés, que tiene siete consonantes velares y seis uvulares.

La familia sélica tiene lenguas ricas en consonantes uvulares. Maddieson incluye el esquihuamés, con cinco velares y seis uvulares, y el pugué, con siete velares y seis uvulares.

De la familia yuto-azteca, el luiseño tiene cinco velares y dos uvulares, y el hopí tiene cinco velares y una uvular.

La familia hocana tiene como representantes al pomo, que presenta tres velares y tres uvulares; al diegueño, que tiene cuatro velares y una uvular; y al achumahuí, que posee dos velares y dos uvulares.

El abipón, lengua guaicurú de la familia ge-pano, tiene dos velares y dos uvulares.

El quechua tiene cuatro velares y tres uvulares, y el jacarú, cinco velares y tres uvulares. Por último, el gununa (puelche, Argentina) conoce tres velares y una uvular.

Hemos encontrado en total 53 lenguas con uvulares en el corpus de Maddieson. Al contrario: toda lengua que tiene consonantes uvulares tiene también velares. En la muestra hay una mayoría de lenguas con consonantes velares y sin consonantes uvulares y una minoría con ambos tipos. No hay lenguas que tengan consonantes uvulares y no velares.

Pero también podemos observar un universal estadístico, consistente en que las lenguas suelen tener menos consonantes uvulares que velares. Veamos un cuadro que indica cuántas lenguas tienen mayor número de uvulares que de velares, más de velares que de uvulares y el mismo número de velares y uvulares.

ESQUEMA 5.15. *Lenguas según la proporción entre uvulares y velares.*

Lenguas	Uvular	Velar
3	+	—
36	—	+
14	=	=

La primera fila nos indica las lenguas con más uvulares que velares (3 de 53, lo que hace un 5,7% del total). Si unimos las lenguas con igual número de uvulares que de velares a las que presenten mayor número de velares que de uvulares, obtenemos 50 lenguas, es decir, un 94,3%. El universal estadístico que proponemos es, pues, el siguiente:

Universal 13

En las lenguas existe una clara preferencia a tener un número de consonantes uvulares igual o menor que el número de consonantes velares.

Hemos obtenido los siguientes resultados en la recogida de los datos:

	Uvulares	Velares	Totales
Lenguas	3	50	53
Porcentaje	5,7%	94,3%	100%

Podemos ver esto en forma de gráfico:

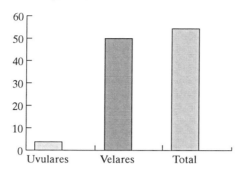

4. TIPOLOGÍA Y UNIVERSALES DE LA FONOTÁCTICA

La fonotáctica estudia las leyes de combinación de los sonidos simples o fonemas para la obtención de sonidos complejos. Esas leyes de combinación se establecen a partir de la sílaba, unidad que conocen todas las lenguas.

Universal 14

La fonotáctica de las lenguas se organiza a partir de la sílaba.

Toda sílaba consta de, al menos, un centro silábico, ocupado por una vocal o diptongo, y de una cabeza y coda silábicas, que están constituidas por una o varias consonantes.

La sílaba supone habitualmente una transición desde una posición cerrada, la cabeza, a otra posición máximamente abierta (se trata de la explosión), el núcleo silábico constituido por una vocal habitualmente, que se va cerrando para adoptar nuevamente una posición cerrada (se trata de la implosión) e iniciar así el ciclo de nuevo. Toda sílaba ha de tener un núcleo o posición máximamente abierta. Todas las vocales pueden constituir un núcleo silábico o una sílaba desnuda compuesta sólo de núcleo. He aquí, pues, otro universal:

Universal 15

En toda lengua una vocal sola puede constituir una sílaba.

Las consonantes y vocales se pueden disponer según su grado de abertura, de modo que la combinación de consonantes y vocales tiene que hacer posible la transición explosión/implosión. De aquí se deduce el siguiente universal silábico:

Universal 16

El núcleo silábico es más abierto que la cabeza y coda silábicas.

Se pueden disponer los sonidos de cualquier lengua en una jerarquía de abertura que puede tener el siguiente aspecto:

Universal 17

Jerarquía universal de abertura

VOCALES > SONANTES > FRICATIVAS > OCLUSIVAS

Las sonantes agrupan las líquidas y las nasales.

Por tanto, la estructura más simple que puede tener una sílaba viene dada por la fórmula V (vocal). A continuación, tenemos la sílaba con cabeza constituida por una sola consonante, notada CV (consonante vocal), que es el tipo de sílaba más simple existente y que tienen todas las lenguas.

Universal 18

Todas las lenguas tienen el tipo silábico CV.

La sucesión de sílabas CV-CV-CV proporciona la transición entre posiciones explosivas prenucleares notadas C- y posiciones implosivas posnucleares, notadas -C. De esto modo, la secuencia CVC nos presenta la secuencia de cierre inicial (C-) seguido de abertura máxima (-V-) (explosión), seguida a su vez de un cierre progresivo (implosión) hasta llegar al cierre total de la consonante implosiva (-C).

La secuencia CV es más natural que la secuencia VC. La prueba puede verse en el hecho de que las consonantes que pueden aparecer en posición de coda silábica (consonantes implosivas) son siempre menos que las que pueden aparecer en cabeza silábica (consonantes explosivas). Por ejemplo, en español ni la *ñ,* ni la *m,* ni la *g,* ni la *rr* pueden aparecer en esa posición y sí en la de cabeza silábica.

Del universal 18 se deduce que si una lengua tiene la sílaba VC también tendrá la sílaba CV.

Las cabezas pueden ser compuestas de más de una consonante, es decir, puede haber sílabas como CCV o C^2V (esp. *tres*) o incluso C^3V (inglés *sprint*). En ruso tenemos posibilidad de C^4V; por ejemplo, взгляд *vzgliad* 'mirada, ojeada'. Excepcionalmente podemos encontrar C^5V o incluso C^6V. El georgiano (Hewitt 1995: 20) nos proporciona los siguientes ejemplos: ბდღვრიალი *bdgvriali* 'resplandecer' y ფრცქვნა *p^{h}rtsk^{h}vna* `pelar'

Es claro que si una lengua tiene C^5V tendrá también C^4V, C^3V, C^2V y CV (y por supuesto V). Veamos unos ejemplos del georgiano extraídos de Hewitt 1995:

ESQUEMA 5.16. *Cabezas silábicas del georgiano.*

1. C^6V:
    ფრჩხვნა
    prchjvna 'destrozar'
2. C^5V:
    წვრთნა
    ts'vrtna 'entrenamiento'
3. C^4V:
    ჩხნდო
    chjndo 'haz, bulto, fardo'
4. C^3V:
    ბრბო
    brbo 'multitud'
5. C^2V:
    ყდა
    q'da 'forro (de libro)'
6. CV:
    ხე
    je 'árbol'
7. V:
    ა
    a 'aquí'

Tenemos entonces el siguiente universal:

Universal 19

Si una lengua tiene C^nV también tendrá $C^{n-1}V$, para $n \geq 2$.

En donde C^nV nota una cabeza silábica de n consonantes y $C^{n-1}V$ es una cabeza silábica con n–1 consonantes. Si $C^n = 5$, $C^{n-1} = 4$.

Además de por una vocal y por un diptongo, el núcleo silábico puede estar formado por una sonante. Esto ocurre en diversas lenguas (véase A. Bell 1978). Por ejemplo, en checo la /l/ y la /r/ pueden ser núcleo silábico en ejemplos como los que siguen.

Algunas palabras checas con sílabas de núcleo sonántico:

1. *prst* 'dedo'
2. *krk* 'cuello'

3. *srdce* 'corazón'
4. *vlhko* 'humedad'
5. *plný* 'lleno'
6. *vlna* 'ola, onda'

A modo de curiosidad, podemos citar el siguiente trabalenguas del servio, que también conoce la /r/ como núcleo silábico: *Crni jarac crnom trnu crn vrh grize* 'Un macho cabrío negro muerde la punta negra de un arbusto espinoso'.

Aunque no se refleje en la ortografía, el inglés conoce también núcleos sonánticos en sílabas postónicas. Veamos algunos ejemplos.

Algunas palabras inglesas con sílabas postónicas de núcleo sonántico:

1. [b ɔ tl] 'botella', escrito *bottle*
2. [kɑ:sl] 'castillo', escrito *castle*
3. [sʌdn] 'súbito', escrito *sudden*
4. [hidn] 'escondido', escrito *hidden*

Hemos visto que todas las lenguas conocen el tipo silábico abierto, es decir, CV. Hay lenguas que no sólo conocen el tipo CVC sino en las que predomina este tipo de sílabas cerradas sobre las sílabas abiertas.

El español y el chino son lenguas en las que predomina el tipo CV. Esto puede comprobarse por el hecho de que hay restricciones sobre las consonantes que pueden aparecer en coda silábica. Ya lo hemos visto en el caso del español. En chino pekinés, las sílabas cerradas pueden acabar únicamente en [n], [ŋ] y [r]: hay más restricciones aún que en español.

Como hemos dicho, el inglés y las lenguas germánicas en general son lenguas en las que predomina el tipo silábico cerrado: CVC. Como la cabeza, la coda puede estar compuesta de varias consonantes. Es decir, podemos tener el tipo CVC^2. Hay más restricciones respecto de las consonantes que pueden aparecer en la coda silábica que las que existen en el caso de la cabeza. Además, la coda compuesta es menos frecuente y más marcada que la cabeza compuesta, dado que la implosión es menos natural articulatoriamente que la explosión. Podemos proponer el siguiente universal.

Universal 20

Si una lengua tiene CVC^n también tendrá C^nVC.

El inglés es una lengua CVC^2 y por tanto conoce las sílabas C^2V. Por su parte, el chino pekinés no tiene la sílaba CVC^2 y tampoco conoce la sílaba C^2V. El español coloquial no conoce CVC^2 y sí presenta C^2V. El universal predice que no hay ninguna lengua que tenga CVC^2 y no tenga C^2V.

La explosión consiste en una transición de las posiciones más cerradas a las más abiertas y la implosión supone una transición en sentido contrario. Por ello, es esperable que las cabezas compuestas presenten una serie de consonantes de grado progresivamente más abierto y que las codas compuestas tengan una sucesión de consonantes progresivamente más cerradas. Esto explica que exista una tendencia a encontrar la secuencias C_1C_2 en la cabeza y la secuencia contraria en la coda, donde C_1 es más cerrada que C_2. En inglés observamos esto con cierta frecuencia, sobre todo en el inglés norteamericano e irlandés. Consideremos las siguientes palabras con codas compuestas:

ESQUEMA 5.17. *Algunas palabras inglesas*
con codas silábicas compuestas.

1. *cans* 'latas' -NS
2. *scalp* 'cuero cabelludo'-LP
3. *warp* 'urdimbre' -RP
4. *cart* 'carro'-RT
5. *ward* 'tutela'-RD

Observamos que las codas silábicas NS, LP, RP, RT y RD son secuencias de consonantes más abiertas a menos abiertas, tal como es natural en la implosión. Pues bien, estos grupos los encontramos en las cabezas silábicas en el orden inverso, tal como predice una sucesión explosiva. J. Greenberg (1978) ha propuesto más generalizaciones sobre las cabezas y codas compuestas.

ESQUEMA 5.18. *Algunas palabras inglesas*
con cabezas silábicas compuestas.

1. *snake* 'serpiente' SN-
2. *play* 'jugar' PL-
3. *pray* 'rogar' PR-
4. *tray* 'bandeja' TR-
5. *dray* 'carro pesado' DR-

Las sílabas se agrupan en las diferentes lenguas en unidades fónicas mayores, los pies (véase Nespor y Vogel 1986, sección 3.2). Un pie se caracteriza por la presencia de una serie de sílabas agrupadas en torno a una que tiene mayor peso fonológico. La sílaba acentuada se considera como núcleo del pie. Cuando los pies constan de dos sílabas tenemos dos posibilidades: el pie trocaico: óσ y el pie yámbico σó, donde σ significa *sílaba*. Tenemos, pues, este universal:

Universal 21

En las lenguas del mundo las sílabas se agrupan en unidades mayores, los pies.

En los niveles superiores de organización fonológica, la entonación desempeña un papel importante (D. Bolinger 1978), pues sirve para marcar constituyentes sintagmáticos además de funciones semánticas importantes tales como el modo de enunciación: en diversas lenguas la entonación misma nos dice si una oración es interrogativa o aseverativa, por ejemplo. Se puede proponer que todas las lenguas hacen uso de la entonación de una manera u otra. Tenemos, pues, el siguiente posible universal:

Universal 22

Las lenguas del mundo utilizan la entonación para delimitar y caracterizar las unidades fónicas superiores.

ORIENTACIÓN BIBLIOGRÁFICA

Hála, B. (1961): *La sílaba. Su naturaleza, su origen y sus transformaciones,* Madrid, CSIC 1973, 2ª edición, 141 páginas, con índice de materias, glosario de términos técnicos y bibliografía. Es un librito muy útil para conocer la teoría clásica de la sílaba. El primer capítulo nos ofrece un resumen de las teorías sobre la estructura de la sílaba hasta los años cincuenta. La segunda parte del libro trata sobre la naturaleza de la sílaba y sobre su origen, detallando las fases principales de su producción. La tercera parte es una aplicación de lo expuesto a una serie de problemas particulares tales como las sílabas secundarias, el límite silábico o los diptongos y triptongos.

Ladefoged, P. y Maddieson, I. (1996): *The Sounds of the World's Languages,* Oxford, Blackwell, 425 páginas, lista de lenguas estudiadas, referencias bibliográficas e índice de temas y lenguas.
Se trata de un manual muy completo, sencillo y claro, en el que se pasa revista a los sonidos de las lenguas del mundo. Hay un capítulo dedicado a las oclusivas, otro a las nasales, otro se dedica a las fricativas; las laterales y vibrantes ocupan sendos capítulos. Dos de los últimos capítulos se dedican a los "clicks" y a las vocales. Constituye, en resumidas cuentas, un repertorio imprescindible para tener una idea ajustada de cómo son las lenguas del orbe desde el punto de vista fonético.

Martínez Celdrán, E. (1989): *Fonética,* Barcelona, Teide (3ª edición), 406 páginas, bibliografía, índice de autores e índice de materias.
Es un excelente manual que proporciona los conocimientos esenciales de la materia de que debe disponer quien desee estudiar la fonética y la fonología de las lenguas naturales.

Nespor, M. y Vogel, I. (1986): *La Prosodia,* Madrid, Visor 1984, 375 páginas, con bibliografía, índice de materias, índice de lenguas y de reglas, índice onomástico, lista de abreviaturas y símbolos e índice general.
En los manuales de fonología habitualmente se descuida el estudio de las unidades fonológicas superiores a la sílaba. En este trabajo se presentan de forma completa y actualizada análisis de unidades fonológicas complejas tales como el pie, la palabra fonológica, el grupo clítico, la frase fonológica, la frase de entonación y el enunciado fonológico. Por consiguiente, es un libro que ayuda a completar una parte importantísima del conocimiento que hay que tener sobre los aspectos fónicos de las lenguas.

Thomas, J. M. C.; Bouquiaux, L. y Cloarec-Heiss, F. (1976): *Iniciación a la fonética,* Madrid Gredos, 1985, 286 páginas, con cinco cuadros, índice de materias, índice de lenguas citadas con su filiación e índice general.
En este libro se describen detenidamente y de modo individualizado muy diversos sonidos simples y complejos de distintas lenguas del orbe. Este libro junto con el de Ladefoged y Maddieson ofrece una buena panorámica de la variedad fonética de las lenguas, proporcionando una buena base para realizar el estudio de la tipología y los universales fonéticos de las lenguas humanas.

REFERENCIAS BIBLIOGRÁFICAS

Bell, A. (1978): "Syllabic consonants" en J. H. Greenberg (ed.) *Universals of Human Language. Vol 2. Phonology,* Stanford, Stanford University Press, 1978, páginas 153-201.
Bolinger, D. (1978): "Intonation across languages" en J. H. Greenberg (ed.) *Universals of Human Language. Vol 2. Phonology,* Stanford, Stanford University Press, 1978, páginas 471-526.
Crothers, J. (1978): "Typology and Universals of Vowel Systems" en J. H. Greenberg (ed.) *Universals of Human Language. Vol 2. Phonology,* Stanford, Stanford University Press, 1978, páginas 93-152.
Décsy, G. (1977): *Sprachherkunftsforschung. Band I. Einleitung und Phonogenese/ Paläophonetik,* Wiesbaden, Otto Harrasowitz.
Décsy, G. (1983): "A Preliminary List of the *h*-less Languages of the World: An Attempt at a Global Phoneme-Geography" en G. Décsy (ed.) *Global Linguistic Connections,* Eurolingua, Bloomington, 1983, páginas 7-33.
Décsy, G. (1988): *A Select Catalog of Language Universals,* Bloomington, Eurolingua.
Greenberg, J. (1978): "Some generalizations concerning initial and final consonant clusters" en J. H. Greenberg (ed.) *Universals of Human Language. Vol 2. Phonology,* Stanford, Stanford University Press, 1978, páginas 243-279.
Hewitt, B. G. (1995): *Georgian. A Structural Reference Grammar,* Amsterdam, John Benjamins.
Laver, J. (1994): *Principles of Phonetics,* Cambridge, Cambridge University Press.
Maddieson, I. (1984): *Patterns of Sounds,* Cambridge, Cambridge University Press.
Martínez Celdrán, E. (1989): *Fonética,* Barcelona, Teide (3ª edición).
Trombetti, A. (1905): *L'Unità d'origine del linguaggio,* Bolonia, Scuola Grafica "Civitas Dei" 1962.

6

TIPOLOGÍA Y UNIVERSALES MORFOLÓGICOS

1. LAS UNIDADES BÁSICAS DE LA PRIMERA ARTICULACIÓN DEL LENGUAJE

1.1. Introducción: autonomía y autosuficiencia de las unidades morfológicas

La morfología se ocupa de los elementos básicos de la primera articulación del lenguaje. Las unidades naturales en las que se segmenta, en esta primera articulación, un mensaje en una lengua natural se denominan *palabras*. Las palabras poseen autonomía y autosuficiencia morfológicas y autosuficiencia fonológica. Vamos a aclarar estos conceptos antes de seguir adelante.

La *autonomía* de un elemento hace referencia al hecho de que controla las propiedades lingüísticas que pueda presentar y su *autosuficiencia* se establece por el hecho de que tal elemento sea completo, no necesite de ningún otro para poder contraer determinandas relaciones en el discurso. Por tanto, la autonomía tiene que ver con la naturaleza misma del elemento caracterizado y es una propiedad intrínseca y la autosuficiencia tiene que ver con los demás elementos con los que entra en relación el que caracterizamos; por ello, es una propiedad extrínseca del mismo.

Consideremos la expresión *casitas*. La base de la que proviene esta palabra podemos señalarla mediante /cas-/. Es dicha base un elemento autónomo pues sus determinaciones morfológicas, léxicas y semánticas son intrínsecas: se trata de una palabra intrínsecamente femenina y con un contenido léxico determinable independientemente de los demás elementos con los que pueda aparecer en el discurso. Es, por consiguiente, morfológica y semánticamente autónoma, y se denomina *lexema*. Frente a él, el afijo /-it-/ es una unidad no autónoma cuyo contenido morfológico y semántico depende de otra unidad. En efecto, el género de la palabra que presente este afijo no depende de él sino del género del lexema al que se une (compárese *casita* con *librito*) y su contenido semántico solo se puede determinar respecto del contenido semántico del lexema al que modifica. Puede significar tamaño *(casita)*, intensidad *(calentito)*, escasez *(poquito)*, afección anímica *(bonito, cariñito)*, propiedad de un niño *(calladito),* y otros matices más. Todo esto nos lleva a calificar este elemento como no autónomo o heterónomo, morfológica y semánticamente hablando.

Por otro lado, si bien /cas-/ es autónomo, no es autosuficiente morfológicamente: para constituir una entidad capaz de contraer relaciones con otras en el discurso, necesita otro elemento, en este caso de carácter heterónomo. Necesita la terminación /-a/ para producir la forma autosuficiente *casa.* El afijo /-it-/ por sí mismo no hace autosuficiente /cas-/, se necesita la terminación de género en cuestión.

Las palabras son las unidades morfológicamente autosuficientes más pequeñas (L. Bloomfield definió la palabra como *mínima forma libre).* Toda lengua conoce estos elementos, aunque en diversos idiomas, pueden presentar aspectos muy diferentes. Consideremos, para mostrar un ejemplo de nuestra lengua, la siguiente oración:

E JEMPLO 1

Los libros españoles de lengua inglesa

- *Unidades morfológicamente autónomas:*
  El artículo definido, el sustantivo /libr-/, el adjetivo /español-/, el sustantivo /lengu-/ la preposición /de/ y el adjetivo /ingles-/.
- *Unidades morfológicamente heterónomas:*
  El morfema de género /-o-/ y /-a-/, el morfema de número /-s/.

Dentro de las unidades morfológicamente autónomas hay algunas que sin embargo no son semánticamente autónomas, sino heterónomas, como las morfológicamente heterónomas. Se trata, por ejemplo, de palabras como *de,* elemento morfológicamente autónomo pero semánticamente heterónomo, pues expresa una relación y no un objeto o concepto describible de modo independiente. A estas unidades las llamaremos *gramatemas.* De hecho, en las lenguas que conocen el caso nominal, el contenido expresado por una preposición como *de* se realiza mediante una terminación de caso, es decir, mediante una unidad morfológicamente heterónoma. Así, si comparamos *amor de Dios* con el correspondiente sintagma latino *amor Dei,* podremos comprobar que la relación gramatical que en español se expresa mediante la preposición (morfológicamente autónoma, pero semánticamente heterónoma), en latín se expresa mediante la terminación casual de genitivo *-i,* que es un elemento morfológica y semánticamente heterónomo.

También puede haber en algunas lenguas elementos semánticamente autónomos pero morfológicamente heterónomos. Se trata de los sustantivos o adjetivos incorporados. Así, por ejemplo en *rojiblanco,* el adjetivo incorporado *roj-* no puede tener sus propias determinaciones morfológicas: podemos decir *rojiblancos* pero no **rojosiblancos.* Algo similar ocurre con *pierna* en *piernitendido* o *perniquebrar.* Por tanto, tenemos la siguiente tipología:

ESQUEMA 6.1. *Tipología de las unidades morfológicas.*

Unidades	Nivel semántico	Nivel morfológico
lexemas	autónomos	autónomos
gramatemas	heterónomos	autónomos
morfemas	heterónomos	heterónomos
lexemas incorporados	autónomos	heterónomos

En cuanto a la autosuficiencia, para que un elemento sea morfológicamente autosuficiente ha de ser autónomo: no pueden ser, por tanto, autosuficientes los morfemas y los lexemas incorporados. Ahora bien, no toda unidad autónoma es autosuficiente. Como hemos visto, *cas-* es autónomo, pero no autosuficiente; por su parte *de* o *árbol* son tanto autónomos como autosuficientes. Por tanto, la autonomía morfológica es una condición necesaria pero no suficiente para la autosuficiencia morfológica.

1.2. Lexemas y gramatemas

Dentro del grupo de las unidades morfológicamente autónomas, podemos verificar en las lenguas del mundo, tal como hemos visto en la sección anterior, dos subtipos principales: *lexemas* (Λ), que expresan conceptos u objetos, y *gramatemas* (Γ), que expresan relaciones gramaticales. Estos dos tipos de elementos los podemos encontrar en todas las lenguas.

Universal 1

En las lenguas del mundo se diferencia, en la primera articulación, entre elementos básicos léxicos o lexemas y elementos básicos gramaticales o gramatemas.

Vamos a ver a continuación algunas de las propiedades que caracterizan estos dos tipos de unidades, siguiendo en parte a Givón 1984: 49-50:

ESQUEMA 6.2. *Diferenciación entre lexemas (Λ) y gramatemas (Γ).*

Criterio	Lexemas	Gramatemas
Tamaño	grandes	pequeños
Acento	tónicos	átonos
Complejidad semántica	complejos	simples
Amplitud semántica	específicos	genéricos
Importe semántico	sustantivos	relacionales
Número de elementos	muchos	pocos
Papel sintáctico	modificados	modificadores

Para ilustrar este cuadro veamos una oración sencilla del español: *Esa revista que me has dado es muy interesante.* Podemos distinguir en seguida entre los lexemas y los gramatemas, y podemos comprobar las propiedades que presentan según las características señaladas en la tabla anterior. Los lexemas son: *revista, interesante, dado* y *me.* Los gramatemas son: *esa, has, es* y *muy.*

Para comprobar las diferencias entre lexemas y gramatemas comparemos *interesante* con *muy.* Primero, el tamaño del lexema es superior al del gramatema (cinco sílabas frente a una sílaba). En segundo lugar, si consideramos el acento, comprobamos que la primera tiene un acento principal, y la segunda se apoya acentualmente en la palabra a la que modifica, en este caso, *interesante.* En tercer lugar, la complejidad semántica de *interesante* es mayor que la de *muy:* la primera palabra indica una propiedad, y la segunda expresa que alguna propiedad se da en un grado alto. En este mismo puede verse que el significado de *muy* es bastante más genérico que el de *interesante.* En cuanto al importe semántico, es claro que el de *muy* es mucho más relacional que el de *interesante,* pues *muy* sólo se entiende en relación con alguna propiedad que ha de especificarse a continuación. Respecto del número de elementos que pertenecen a la categoría de adjetivo, son muchos más que los que pertenecen a la categoría de adverbio de grado, a la que se asigna *muy.* En lo que concierne a la función sintáctica, *muy* es un modificador de adjetivos (o de otros adverbios) e *interesante* es un modificado. Obsérvese que el adjetivo se suele definir como *modificador del nombre,* pero ello no le quita autonomía sintáctica ya que el adjetivo puede desempeñar otras funciones (atributo, por ejemplo). Sin embargo, *muy* no puede aparecer en otras funciones que no sean la de modificador de otro elemento.

Los pronombres y determinantes tienen un carácter especial. Los primeros son lexemas con rasgos de los gramatemas y los segundos son gramatemas con algunos rasgos de los lexemas.

En efecto, los pronombres son lexemas que tienen algunas características de los gramatemas, por ejemplo, el número de pronombres es muy limitado, como en el caso de los gramatemas; sin embargo, no son relacionales, sino sustantivos y, a pesar de que su amplitud semántica es específica, no son complejos semánticamente sino simples, igual que los gramatemas. En el ejemplo concreto que hemos examinado tenemos la forma pronominal *me* que, si bien carece de acento, es una variante de un lexema provisto de él: *yo.* Este elemento es claramente autónomo y tiene carácter sustantivo y no relacional.

Los demostrativos como *esa* del ejemplo examinado están también a medio camino de los lexemas y gramatemas. Como determinantes son elementos relacionales y modificadores; pero pueden funcionar como pronombres cuando son tónicos (cfr. *ésta).* Esto no es de extrañar, pues está diacrónicamente comprobado que los determinantes proceden con muchísima frecuencia de pronombres. El artículo es, de hecho, un pronombre que se ha convertido en gramatema y que, por tanto, ha pasado de la clase de los lexemas a la clase de los gramatemas.

Para mostrar la generalidad de la distinción entre lexema y gramatema, vamos a considerar a continuación la traducción al chino de la oración española que hemos utilizado hasta ahora.

EJEMPLO 2

Oración del chino pekinés

你 給 我 的 那本 畫報 很 有意思

nǐ gěi wo de nèibĕn huàbào hĕn yŏuyìsi
tú dar yo que esta revista muy interesante
'Esta revista que me has dado es muy interesante'

Es fácil discriminar entre lexemas y gramatemas en esta oración china. Los lexemas son: *yŏuyìsi* 'interesante', *huàbào* 'revista', adjetivo y sustantivo respectivamente, *gěi* 'dar', *nǐ* 'tú' y *wŏ* 'yo', ambos pronombres. Todos tienen un contenido léxico específico y autonomía morfológica y semántica.

Por su parte, los gramatemas de esta oración china son *de,* partícula subordinante, *nèibĕn* 'este' y *hĕn* 'muy'. Merece la pena comentar *nèibĕn*. Se compone del determinante *nèi*, elemento no referencial que debe acompañar a una palabra clasificadora como *bĕn,* que podría traducirse aquí como 'tomo' y que sirve para hacer contables sustantivos como *huàbào*. Tiene contenido léxico, pero éste es claramente relacional, ya que denota cualquier entidad que pertenezca la clase caracterizada y no una entidad concreta, como el sustantivo al que acompaña en la oración.

Vemos que, en chino, la diferencia entre lexema y gramatema se manifiesta sintáctica y semánticamente más que morfológicamente, pero que esta distinción es perfectamente clara también en una lengua que no tiene morfología flexiva alguna.

1.3. Derivación y flexión

El léxico de cualquier lengua es un sistema abierto y modificable. Ello significa que puede ganar y perder elementos continuamente. Ésta es una característica de todas las lenguas conocidas y da origen al siguiente universal:

Universal 2

El conjunto de lexemas de toda lengua puede variar mediante la introducción de nuevos elementos y la desaparición de otros.

Los mecanismos de esta variación pueden ser internos y externos. Los internos obedecen a la creación de nuevos lexemas a partir de los existentes, mediante el proceso denominado *derivación*. Los externos se deben a la introducción o eliminación de lexemas a través de procesos no estrictamente interiores al sistema, como, por ejemplo, el préstamo de un lexema de otra lengua. Tenemos, pues, el siguiente universal:

Universal 3

Toda lengua puede aumentar o disminuir su léxico mediante mecanismos internos y externos.

Todas las lenguas del mundo parecen presentar la capacidad de crear nuevos lexemas mediante derivación a partir de uno o más lexemas dados. Los dos mecanismos esenciales son la *composición* y la *afijación*.

Por su parte, la flexión no es un universal lingüístico, ya que hay muchas lenguas que no la conocen. La flexión consiste en diversas modificaciones morfológicas que experimentan los lexemas para expresar determinadas categorías gramaticales tales como número, género, caso, animación, etc. La flexión es típica de ciertas familias de lenguas tales como la indoeuropea, fino-ugria, semítica o bantú; sin embargo, se encuentra ausente en otras familias tales como la malayo-polinesia.

Todas las lenguas conocen algún mecanismo de derivación morfológica a través del cual se crean lexemas nuevos sobre la base de otros ya existentes. J. Greenberg (1963) estableció el siguiente universal:

Universal 4

Si una lengua conoce la flexión, conoce también la derivación.

En este universal se pone de manifiesto que el primer procedimiento es marcado respecto del segundo, que es el procedimiento que se da por defecto en las lenguas del mundo.

Hay que advertir también que se ha comprobado históricamente que muchísimos casos de flexión proceden de casos claros de derivación por composición en los que se unen dos lexemas para designar una entidad, y uno de esos lexemas va perdiendo contenido semántico y pasa a convertirse en un morfema puramente gramatical. Este proceso se conoce como *gramaticalización* (véase el capítulo IX, sección 3). Por tanto, la derivación parece tener prioridad sincrónica y diacrónica sobre la flexión. Por ejemplo, en español, la forma *cantaré* de futuro proviene de la perífrasis *cantar he,* en donde un elemento independiente *he* (forma flexionada del verbo *haber)* se ha convertido en un morfema flexivo de futuro. Algo similar se dio en latín, en donde formas de pasado como *amabam* o de futuro como *amabo,* parecen provenir de la composición de un participio seguido de una forma del verbo copulativo *ᵉfū-* 'ser'. De modo que *amabam* fue en su origen algo así como *ᵉamānts fūam* o *ᵉamāntsbhwām* (A. L. Sihler 1995: 555).

El modo de derivación básico parece ser la composición, procedimiento en el cual se yuxtaponen una o más unidades léxicas para obtener un complejo con una denotación particular. Lenguas como el chino o las malayo-polinesias explotan la composición sistemáticamente. Veamos algunos ejemplos del chino en los que, mediante la composición, se crean nuevas unidades léxicas:

E JEMPLO 3

Ejemplos de composición nominal en chino

1. 好歹 *hǎodǎi* 'peligro' de 好 *(hǎo)* 'bueno' y 歹 *(dǎi)* 'malo'

2. 书架 *shūjià* 'estantería' de 书 *(shū)* 'libro' y 架 *(jià)* 'armazón'

3. 声带 *shēngdà* 'cuerdas vocales' de 声 *(shēng)* 'voz, sonido' y 带 *(dài)* 'cinta, ceñidor, faja'

4. 头油 *tóuyóu* 'brillantina' de 头 *(tóu)* 'cabeza' y 油 *(yóu)* 'aceite'

5. 月经 *yuèjīng* 'menstruación' de 月 *(yuè)* 'mes' y 经 *(jīng)* 'pasar por, transcurrir'

Aducimos ahora algunos ejemplos de composición nominal en una lengua túrcica, el turco (extraídos de G. Lewis 1953: 41).

E JEMPLO 4

Ejemplos de composición nominal en turco

1. *Bugün* 'hoy' de *bu* 'este' y *gün* 'día'
2. *Başbakan* 'primer ministro' de *ba*('cabeza' y *bakan* 'ministro'
3. *Karayel* 'viendo del noroeste' de kara 'negro' y *yel* 'viento'
4. *Dedikodu* 'habladurías' de *dedi* 'ha dicho' y *kodu* 'ha puesto'
5. *Denizaltı* 'submarino' de *deniz* 'mar' y *altı* 'su fondo'

Podemos enunciar el siguiente universal morfológico:

Universal 5

Todas las lenguas conocen el mecanismo derivativo de la composición.

Un mecanismo de derivación muy usado, aunque no universal, es el de la derivación por afijación. Del universal anterior podemos extraer otro que relaciona la derivación por composición con la derivación por afijación y que podría mantenerse incluso si resultara ser falso el primero, al descubrirse alguna lengua que no conociese el mecanismo derivativo de la composición.

Universal 6

Si una lengua conoce la derivación por afijación, también tendrá la derivación por composición.

Vamos a ver un caso concreto extraído de la lengua malgache (J. Dez 1980: 49, 51, 59, 62, 66, 69, 70, 78):

ESQUEMA 6.3. *Derivación afijativa en malgache.*

```
 1. Dio 'pureza'
 2. Ma-dio 'limpio'
 3. Mi-dio 'limpiarse'
 4. Man-dio 'limpiar'
 5. Maha-dio 'poder limpiar'
 6. Miha-madio 'hacerse limpio progresivamente'
 7. Mampa-hadio 'ser la causa de aquello que da la limpieza'
 8. Mampa-hamadio 'ser la causa que hace que se esté limpio'
 9. Mampam-pandio 'causar hacer limpiar'
10. Mifam-pifandio 'ordenarse uno a otro limpiarse uno a otro'
11. Ampifan-dio-vina 'que hace limpiarse recíprocamente'
12. Aha-dio-vana 'circunstancia en la cual se hace limpio algo'
```

En conclusión, podemos proponer la siguiente jerarquía universal:

ESQUEMA 6.4. *Jerarquía universal de la formación de palabras.*

DERIVACIÓN COMPOSITIVA < DERIVACIÓN AFIJATIVA < FLEXIÓN

2. TÉCNICAS DE EXPRESIÓN LINGÜÍSTICA Y TIPOLOGÍA MORFOLÓGICA DE LAS LENGUAS

2.1. Disposiciones paratáctica e hipotáctica de las unidades morfológicas

Las unidades lingüísticas se disponen linealmente. Hay dos tipos de disposición: paratáctica e hipotáctica. La primera se expresa mediante el esquema AB o BA, y la segunda, mediante un esquema A^B o B^A. Expliquemos estos conceptos. En forma esquemática tenemos:

Esquema 6.5.

> Disposición paratáctica (DP): AB/BA
> Disposición hipotáctica (DH): A^B/B^A

En la disposición paratáctica (DP) dos elementos morfológicamente independientes se yuxtaponen para expresar algún tipo de relación gramatical. En la disposición hipotáctica (DH) uno de los elementos es autónomo morfológicamente y el otro no lo es, sólo puede aparecer con algún elemento autónomo morfológicamente.

Hay dos tipos de disposición hipotáctica: afijativa y modificativa. En la disposición hipotáctica afijativa (DHA) el elemento no autónomo morfológicamente es un afijo. Hay cuatro clases: prefijos, infijos, sufijos y circumfijos:

Esquema 6.6. *Tipos de disposición hipotáctica afijativa (DHA).*

> 1. DH prefijativa (DHP)
> 2. DH infijativa (DHI)
> 3. DH sufijativa (DHS)
> 4. DH circumfijativa (DHC)
> 5. DH modificativa (DHM)

La disposición hipotáctica modificativa (DHM) consiste en que un elemento autónomo A experimenta cambios en su forma vocálica y/o consonántica, es decir, cambios internos.

Veamos un ejemplo de cada uno de estos cuatro casos (extraídos de G. L. Campbell 1991).

EJEMPLO 5

Casos de disposición hipotáctica afijativa (DHA)

1. DHP
    Copto: *p-* 'el' $\Rightarrow$ *p-rome* 'el hombre'
2. DHI
    Evenquí: *-rək-* marcador relativo $\Rightarrow$ *əmə-rək-iv* 'cuando llegué'
3. DHS
    Aimará: *-taki* 'para' $\Rightarrow$ *wawama-taki* 'para tu hijo'
4. DHC
    Toba bataco: *pa-...-hon* $\Rightarrow$ *pa-pahat-hon* 'dar de comer a un animal'
5. DHM
    Inglés: *foot* 'pie' $\Rightarrow$ *feet* 'pies'

2.2. Subtipos de unidades morfológicas

En la disposición hipotáctica siempre tenemos un elemento subordinante y un elemento subordinado. Por supuesto, la unidad subordinante es el elemento morfológociamente autónomo. Distinguimos, dentro de ellos, los siguientes:

ESQUEMA 6.7. *Subtipos de unidades morfológicamente autónomas.*

Raíces (R)
Bases (B)
Temas (T)

Las *raíces* son aquellas unidades dotadas de significado que no se adscriben a ninguna clase morfológica. Por ejemplo, en español podemos reconocer una raíz/-vid-/ que aparece en palabras como *evidente, invidente, vídeo, visión.* Las *bases* son elementos radicales autónomos que sí se asignan a una clase morfológica. Por ejemplo, en español, a partir de palabras como *analfabeto, alfabetizar, alfabético,* reconocemos una base nominal /alfabeto/. Los *temas* son diversas unidades pertenecientes a una misma base morfológica y que obedecen a diferentes subclases morfológicas de la clase a la que pertenezca la base. Veamos un ejemplo del español. *Poner* sería una base con varios temas según el tiempo verbal y la persona: *puse/pusimos,* frente a *pongo/pongamos.*

Como vimos en la sección anterior, las unidades morfológicamente heterónomas se dividen en prefijos (P), infijos (I), sufijos (S) y circumfijos (C). Aparte están las modificaciones (M) que no son elementos propiamente dichos, sino los cambios que se realizan en una unidad autónoma.

ESQUEMA 6.8. *Subtipos de unidades morfológicamente heterónomas.*

Prefijos
Infijos
Sufijos
Circumfijos
Modificaciones

2.3. Subtipos de disposición hipotáctica

Combinando las dos clasificaciones de la sección anterior, tenemos, pues, las siguientes posibilidades dentro de la disposición hipotáctica:

Esquema 6.9. *Subtipos de disposición hipotáctica.*

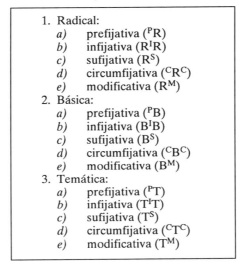

1. Radical:
   a)   prefijativa (^{P}R)
   b)   infijativa (R^{I}R)
   c)   sufijativa (R^S)
   d)   circumfijativa (^{C}R^C)
   e)   modificativa (R^M)
2. Básica:
   a)   prefijativa (^{P}B)
   b)   infijativa (B^{I}B)
   c)   sufijativa (B^S)
   d)   circumfijativa (^{C}B^C)
   e)   modificativa (B^M)
3. Temática:
   a)   prefijativa (^{P}T)
   b)   infijativa (T^{I}T)
   c)   sufijativa (T^S)
   d)   circumfijativa (^{C}T^C)
   e)   modificativa (T^M)

Vamos a ilustrar esta clasificación con un ejemplo concreto. La forma árabe *naktubu* 'escribimos' consta de la raíz *ktb* modificada internamente (R^M), que constituye una base verbal (el verbo escribir) (la notamos B[R^M], que significa que una base B se construye modificando internamente una raíz R), a partir de la cual se construye un tema T, en este caso, el tema de imperfecto, modificando internamente esa base. Podemos notar esto como sigue: T[B^M[R^M]]. Este tema, puede ser prefijado flexionalmente para obtener la forma de primera persona del plural, cuya fórmula es ^{P}[T]. Mediante las notaciones A^B y [A]^B distinguimos la derivación y la flexión. El primer caso nos muestra un afijo B derivativo y el segundo, un morfema B flexivo. Tenemos, por tanto, el siguiente esquema:

Esquema 6.10. *Estructura morfológica de la forma verbal árabe NAKTUBU 'escribimos'.*

Forma	Estructura	Significado
KTB	R	Lo relacionado con la escritura
KATABA	B[R^M]	escribir
KTUBU	[B^M[R^M]]	estar escribiendo
NAKTUBU	^{P}[T[B^M[R^M]]]	estamos escribiendo

La estructura morfológicamente más compleja la encontramos en lenguas como el árabe, llamadas tradicionalmente lenguas flexivas. Las demás pueden ser descritas utilizando los mecanismos que acabamos de repasar en esta sección.

Las lenguas llamadas en la tradición decimonónica *aislantes* son idiomas en los que predomina el modelo de disposición paratáctico; las denominadas *aglutinantes* son lenguas en las que predomina el mecanismo de disposición hipotáctico básico y las *flexivas* son aquellas en las que predomina la disposición hipotáctica temática. Por su parte, las lenguas llamadas *incorporantes* son aquellas en las que lexemas pueden funcionar como afijos, con lo que tenemos fórmulas como R^R, B^B, T^T, ^RR, ^BB, ^TT (según haya incorporación prefijal o sufijal) o una combinación de estas posibilidades. Veamos un ejemplo del mohaqués (lengua iroquesa hablada en el estado de Nueva York y en parte de Canadá) extraído de M. Baker 1988: 82:

EJEMPLO 6

Palabra con incorporación en mohaqués

- Palabra: *Yenuhsnuhwe?s*
- Significado: le gustan las casas
- Segmentación: *ye-nuhs-nuhwe?-s*
- Significado de los elementos:
  ye = prefijo de tercera persona del singular; *nuhs* = casa; *nuhwe?* = gustar; *-s* = sufijo aspectual
- Fórmula correspondiente:
  $^P[^BB]^S$

La disposición paratáctica implica raíces, y las raíces pueden ser lexemáticas (Λ) y gramaticales (Γ). Desde el momento en el que decimos que toda lengua distingue entre estos dos tipos de unidades morfológicas, hay que concluir que las lenguas en las que predomina la disposición paratáctica conocen dos subtipos: el *prepositivo*, en el que el gramatema precede al lexema ($\Gamma\Lambda$), y el *pospositivo,* en el que el gramatema preceden al lexema ($\Lambda\Gamma$). Si vemos el ejemplo del chino que estudiamos en la sección 6.1.2, nos percataremos de que el chino es una lengua de disposición paratáctica con carácter predominantemente prepositivo: la mayor parte de los gramatemas preceden a los lexemas o sintagmas que modifican. A continuación vamos a ver el análisis morfológico del ejemplo chino a que hacemos referencia y que repetimos aquí para facilitar su recuerdo:

EJEMPLO 7

Oración del chino pekinés

你 給 我 的 那本 畫報 很 有意思

nǐ gěi wo de nèibĕn huàbào hĕn yǒuyìsi
tú dar yo que esta revista muy interesante
'La revista que me has dado es muy interesante'

El pronombre *nǐ* es un Λ, al igual que *gěi wo huàbào* y *yǒuyìsi*. Estos dos últimos lexemas se componen de varios radicales lexemáticos. En el primer caso, tenemos un lexema *huà*, que significa 'dibujo', y otro *bào*, que significa 'periódico'; la fórmula que le corresponde será, por tanto, Λ[ΛΛ](o sin indicar de qué tipo de raíz se trata, R[RR]). En el segundo caso, el lexema consta de *yǒu*, 'tener' y *yìsi* 'sentido', 'significado', que a su vez consta de *yì* 'intención', 'idea' y *si* 'pensar', 'meditar'. Por tanto, la estructura morfológica de esta palabra es Λ[ΛΛ[ΛΛ]]. Por su parte, *de, běn* y *hěn* son raíces Γ. En consonancia con lo anterior tenemos el siguiente análisis morfológico de la oración china que estamos analizando:

ESQUEMA 6.11. *Análisis morfolófico de la oración china.*

1. Oración china:
   nǐ gěi wo de nèiběn huàbào hěn yǒuyìsi
2. Análisis morfológico de las palabras:
   Λ Λ Λ Γ ΓΓΛ[ΛΛ] ΓΛ[ΛΛ[ΛΛ]]
3. Análisis sintáctico de la oración:
   {$_O${$_{SN}${$_{Orel}${$_O${$_{SN}$Λ} {$_{SV}${$_V$Λ} {$_{SN}$Λ}}} {$_{Rel}$Γ}} {$_{GN}${$_{DET}$ΓΓ} {$_{NL}$Λ[ΛΛ]}}}$_{SN}$ {$_{atr}${$_{mod}$Γ}
   {$_{Sadj}$Λ[ΛΛ[ΛΛ]]}}}}$_O$
   Orel = Oración de relativo; SV = sintagma verbal; V = verbo; Rel = partícula relativa; GN = grupo nominal; Det = determinante; N = nombre; Atr = atributo; Mod = modificador; Sadj = sintagma adjetival.

Veamos ahora la estructura morfológica de tres palabras de una lengua aglutinante como el vasco:

EJEMPLO 8

Tres palabras del vasco

1. *Ikus-te-ko-tan* 'en caso de ver' [B^S[B^S]]^S
2. *Buka-era-ko-ak* 'los del fin' [B^S[BB]]^S
3. *Etxe-ra-tu* 'ido a casa' B^S[[B]^S]

En el primer caso, tenemos una base verbal *ikus* nominalizada mediante al sufijo *te* (B^S) a la que se le añade el sufijo relacionante *ko,* que convierte en nombre verbal en adjetivo verbal (es decir, se produce una base adjetival mediante sufijación a una base nominal que procede de una base verbal: B^S[B^S]) y el sufijo locativo *tan.* Obtenemos, pues, la fórmula [B^S[B^S]]^S.

La segunda palabra se compone de la base *bukaera* 'final' en la que se reconocen dos bases nominales: *buka* 'terminar' y *era* 'modo' (BB) seguida del sufijo adjetival *ko* con lo que obtenemos una base adjetival que consta de una base nominal compuesta (B^S[BB]); a continuación le añadimos en sufijo de plural definido *ak*. De modo que la fórmula que le corresponde es [B^S[BB]]^S.

Por último, en *etxeratu,* podemos comprobar la existencia de una base nominal *et-xe* 'casa' seguida de un sufijo locativo *-ra* y de la terminación de participio *-tu.* Con ello, tenemos la fórmula B^S[[B]^S], en la que vemos una base nominal flexionada para caso [B]^S que constituye una nueva base nominal a la que se le puede agregar el sufijo verbalizador *-tu,* para convertirla en un verbo.

3. UNIVERSALES DE LA FLEXIÓN

Sobre la base de un examen de una serie de lenguas, Greenberg (1963) llegó a una serie de conclusiones sobre las marcas morfológicas flexivas que se dan en las lenguas en general. Enunció esas conclusiones en una serie de universales implicativos que pasamos a resumir ahora.

ESQUEMA 6.12. *Algunas implicaciones universales en morfología flexiva.*

```
1. Número: Trial > Dual > Plural
2. Género > Número
3. Género:
   a. Plural > Singular
   b. Nombre > Pronombre
   c. 1ª persona > 2ª persona > 3ª persona
4. Persona: Nombre > Verbo
5. Tiempo: Futuro > Pasado > Presente
```

Expliquemos y ejemplifiquemos cada una de estas implicaciones. En cuanto al número, se nos dice en la primera jerarquía que si una lengua conoce el número trial, también conocerá el dual y el plural y que si una lengua tiene el número dual, también conocerá el número plural. Tendremos la siguiente clasificación de las lenguas:

ESQUEMA 6.13. *Clasificación de las lenguas según la expresión flexiva de la categoría morfológica de NÚMERO.*

1. Lenguas que sólo flexionan el nombre para plural. Ejemplos: el inglés, el español, el alemán, el francés.
2. Lenguas que flexionan el nombre para el dual y el plural. Ejemplos: el árabe clásico, el griego antiguo, el sánscrito.
3. Lenguas que flexionan el nombre para el trial, el dual y el plural. Ejemplo: el sursurunga, lengua austronesia de Nueva Guinea Papúa hablada en Nueva Irlanda.

De hecho, el sursurunga (véase Hutchisson 1986) tiene un número cuadral. Para ilustrar este punto, podemos aducir parte del sistema pronominal de esta lengua (extraído de Hutchisson 1986: 5).

ESQUEMA 6.14. *Pronombres plurales del sursurunga.*

Persona	Plural	Dual	Trial	Cuadral
Primera inclusiva	*git* 'nosotros y tú'	*gitar* 'tú y yo'	*gittul* 'nosotros dos y tú'	*gittat* 'nosotros tres y tú'
Primera exclusiva	*gim* 'nosotros'	*giur* 'nosotros dos'	*gimtul* 'nosotros tres'	*gimat* 'nosotros cuatro'
Segunda	*gam* 'vosotros'	*gaur* 'vosotros dos'	*gamtul* 'vosotros tres'	*gamat* 'vosotros cuatro'
Tercera	*di* 'ellos'	*diar* 'ellos dos'	*ditul* 'ellos tres'	*diat* 'ellos cuatro'

La segunda implicación nos dice que si una lengua conoce la flexión de género también conoce la de número. Hay lenguas, en efecto, que conocen la flexión de género y número como el latín, idiomas que tienen flexión de número pero no de género, como el húngaro o el turco, y lenguas que no tienen ni una cosa ni otra, como el malgache o el chino.

La tercera implicación hace referencia a la flexión de género en diversos elementos ya especificados para otras flexiones. Así, si hay diferencia de género en el plural, también la habrá en el singular. Por ejemplo, el latín conoce la diferencia de género en el plural y en el singular. Por su parte, el ruso conoce diferencia de género en el singular, pero no en el plural. El inglés no tiene flexión de género ni en singular ni en plural.

Dentro de la tercera implicación, tenemos el caso del nombre y el pronombre. Si hay diferenciación de género en el nombre, también la habrá en el pronombre. Así, el latín distingue género en el nombre y el pronombre; el inglés distingue género en el pronombre, pero no en el nombre, y el chino pekinés hablado no distingue género ni en el pronombre ni en el nombre.

Por lo que respecta al tercer caso de esta implicación, si se distingue género en la primera persona, se distinguirá también en la segunda y en la tercera persona. Por ejemplo, en la lengua nagala de la familia endú, grupo de lenguas papúes de Nueva Guinea Papúa (Mühlhäusler y Harré 1990: 83), encontramos los siguientes pronombres singulares:

ESQUEMA 6.15. *Pronombres singulares del nagala.*

Persona	Masculino	Femenino
Primera	wn	ñən
Segunda	mən	yn
Tercera	kər	yn

En árabe, el género aparece en los pronombres de segunda persona *(anta, anti)* y en los de tercera *(huwa, hiyya)*, pero no en el de primera *(anā)*. Por último, en inglés la diferencia de género sólo se da en los pronombres de tercera *(he, she)* y no de en los de primera y segunda persona *(I, you)*.

Pasamos a la cuarta implicación. Nos dice que si en una lengua el nombre está flexionado para persona, también lo estará el verbo. Hay lenguas en las que tanto nombre como verbo llevan terminaciones de persona. El turco es una de ellas. He aquí un ejemplo.

ESQUEMA 6.16. *Flexión personal nominal y verbal en turco.*

> 1. Nominal:
>   *evim* 'mi casa'
>   *evin* 'tu casa'
>   *evi* 'su casa'
>   *evimiz* 'nuestra casa'
>   *eviniz* 'vuestra casa'
>   *evleri* 'su casa de ellos'
> 2. Verbal:
>   *gelmeliyim* 'debo venir'
>   *gelmelisin* 'debes venir'
>   *gelmeli* 'debe venir'
>   *gelmeliyiz* 'debemos venir'
>   *gelmelisiniz* 'debéis venir'
>   *gelmeliler* 'deben vener'

Por su parte, hay lenguas que conocen la distinción de persona en el verbo y no en el nombre, como ocurre en las indoeuropeas. Por último, hay idiomas que no flexionan para persona ni el verbo ni el nombre, como, por ejemplo, el chino pekinés.

La quinta implicación nos dice que si una lengua tiene forma flexiva para el futuro la tendrá para el pasado y para el presente: hay lenguas que tienen forma flexiva para el pasado y no para el futuro (inglés, vasco) y lenguas que sólo conocen la forma del presente (chino, vietnamita).

ORIENTACIÓN BIBLIOGRÁFICA

Bybee, J. (1985): *Morphology. A Study of the Relation between Meaning and Grammar,* Amsterdam, John Benjamins, 234 páginas, con referencias bibliográficas e índice de temas. Esta obra es una de las pocas introducciones a la morfología existentes que se realizan desde un punto de vista semántico. Es decir, se parte de los contenidos que se expresan en las lenguas y se examina cómo esos contenidos se indican morfológicamente. Se considera, con buen criterio, que la explicación en morfología provendrá de la semántica, de los contenidos expresados (otra parte de la explicación de la morfología vendría, según nuestra opinión, de la fonología). Se estudia en este libro la tricotomía léxico-derivación-flexión como un continuo de límites no discretos y se establece un acercamiento dinámico, ofreciéndose en el capítulo cinco un modelo dinámico de la representación léxica. La segunda parte de esta espléndida obra está dedicada al estudio de la representación morfológica del tiempo, el aspecto y el modo, en las diversas lenguas de un corpus de medio centenar.

Jensen, J. T. (1990): *Morphology,* Amsterdam, John Benjamins, 210 páginas, con problemas, referencias bibliográficas e índice.
Es una introducción básica con ejemplos de lenguas de diversa filiación y con explicaciones y
ejemplificaciones sencillas de conceptos como *morfema, rasgo* y *proceso morfológico, composición, flexión* y *paradigmas,* y *morfonología.* Hay un capítulo dedicado a una descripción detenida del sistema verbal latino.

Katamba, F. (1993): *Morphology,* Londres, Macmillan, 354 páginas, con ejercicios, glosario de
términos técnicos, referencias bibliográficas, índice de lenguas, índice de temas e índice de
autores.
Es una introducción intermedia entre la de Spencer y la de Jensen. Tiene numerosos ejercicios
y se abarcan los principales temas de morfología.

Moreno Cabrera, J. C. (1994): "Morfología" en *Curso Universitario de Lingüística General.
Tomo II,* Madrid, Síntesis, 1994, páginas 409-500, con bibliografía comentada, ejercicios
resueltos y ejercicios propuestos.
Es una introducción elemental a la morfología con ejemplos de diversas lenguas, ejercicios resueltos y propuestos, y muchos casos prácticos en los que se ilustran los conceptos fundamentales.

Spencer, A. (1994): *Morphological Theory,* Londres, Basil Blackwell, 512 páginas, con referencias bibliográficas, índice de temas, índice de nombres e índice de lenguas.
Esta obra constituye un tratado muy completo y puesto al día de la teoría morfológica. En ella
se explican ejemplos de lenguas muy diversas, por lo que se puede encontrar material teórico
y práctico (ejercicios) que puede servir de base para consideraciones tipológicas y universalistas.
Es un libro teóricamente avanzado y no apto para los principiantes en la materia.

REFERENCIAS BIBLIOGRÁFICAS

Baker, M. (1988): *Incorporation. A Theory of Grammatical Function Changing,* Chicago,
The University of Chicago Press.
Campbell, G. L. (1991): *Compendium of the World's Languages,* Londres, Routledge, 2 vols.
Dez, J. (1980): *La Syntaxe du Malgache,* París, Honore Champion. 2 vols.
Givón, T. (1984): *Syntax. A Functional-Typological Introduction. Vol I.,* Amsterdam, John
Benjamins.
Hutchisson, D. (1986): "Sursurunga Pronouns and the Special Uses of Quadral Number" en U.
Wiesemann (ed.) *Pronominal Systems,* Tubinga, Gunter Narr, 1986, páginas 1-20.
Mühlhäusler, P. y Harré, R. (1990): *Pronouns and People. The Linguistic Construction of Social
and Personal Identity,* Londres, Basil Blackwell.
Sihler, A. L. (1995): *New Comparative Grammar of Greek and Latin,* Oxford, Oxford
University Press.

7

TIPOLOGÍA Y UNIVERSALES SEMÁNTICOS

1. UNIVERSALES DEL LÉXICO

1.1. Universales de la estructuración estática del léxico

El léxico de todas las lenguas está parcialmente estructurado en una serie de ámbitos interrelacionados (denominados habitualmente *campos léxicos)* en los cuales puede participar un lexema determinado. Por ejemplo, el elemento léxico *carpintero* está en el ámbito o campo léxico de las profesiones, en el campo léxico de la madera y en campos más amplios, tales como el de los seres humanos y el del material natural.

Existen unos principios generales que estructuran los diversos campos léxicos y que pueden considerarse universales. Los campos léxicos pueden ser *taxonómicos* y *meronómicos*. En los primeros, tenemos entidades que mantienen relaciones como SER UN TIPO DE con otras entidades. La palabra que denota el tipo se denomina *hiperónimo;* los *hipónimos* son los lexemas que denotan las diferentes entidades que pertenecen al tipo. A las relaciones correspondientes las vamos, por consiguiente, a denominar relaciones de *hipo-hiperonimia,* si se parte de los hipónimos, y relaciones de *hiper-hiponimia,* si se parte de los hiperónimos.

Por ejemplo, *pino* y *acacia* denotan dos tipos de árbol; la palabra *árbol* es hiperónimo de *pino* y de *acacia,* y estas dos palabras son hipónimos de la primera. La relación hipo-hiperonímica se puede expresar mediante ES UN TIPO/CLASE DE. Decimos, por consiguiente, que el pino es un tipo de árbol.

Pasamos a las *meronomías*. Ahora estamos ante palabras que denotan un todo frente a palabras que denotan parte de ese todo. La palabra que denota la totalidad se denomina *holónimo* y la que denota una parte se denomina *merónimo*. Por ejemplo, la palabra *nariz* es un *merónimo* de la palabra *cara,* que es el *holónimo* correspondiente. La misma relación hay entre *codo* y *brazo.* La relación mero-holonímica se expresa mediante la expresión ES PARTE DE: el codo es parte del brazo, la nariz es parte de la cara. La relación holo-meronímica puede ser expresada mediante SE DIVIDE EN: el hombre se divide en cabeza, tronco y extremidades, por ejemplo.

Por tanto, obtenemos el siguiente esquema:

ESQUEMA 7.1.

---

1. *Taxonomías:* clasifican entidades en tipos o clases. El nombre del tipo es el *hiperónimo* y las entidades clasificadas son los *hipónimos.* Ejemplo: *rosa* es hipónimo de *flor,* y *flor* es hiperónimo de *azucena.* Por su parte, *rosa* y *azucena* son cohipónimos de *flor.*
2. *Meronomías:* están generadas por las relaciones entre una totalidad y sus partes constituyentes. El nombre de la totalidad es el *holónimo* y los de las partes constituyentes son *merónimos.* Ejemplo: *cráneo* es merónimo de *esqueleto,* que es su holónimo correspondiente.

Estas dos maneras de organización del vocabulario de una lengua, parecen ser universales, por lo que se sabe hasta ahora, y, por consiguiente, se puede proponer este primer universal del léxico:

Universal 1

El léxico de las lenguas humanas se estructura parcialmente en TAXONOMÍAS y MERONOMÍAS.

Todas las lenguas tienen recursos léxicos, morfológicos o sintácticos para expresar la relación *ser parte de* de las meronomías y *ser un tipo de* de las taxonomías. Vamos a examinar a continuación la creación de un tipo de meronomías.

1.2. Construcción de meronomías homogéneas

Las meronomías organizan partes del léxico de las lenguas, pero la relación correspondiente es generadora de meronomías ocasionales que se construyen morfosintácticamente.

Las meronomías pueden ser *homogéneas* y *heterogéneas.* Las meronomías que hemos visto en la sección anterior son heterogéneas, pues los elementos que componen el todo son de diversa naturaleza y cada uno de ellos mantiene una relación específica y peculiar con el todo y con las demás partes del todo. La *nariz,* como parte de la cara, es una entidad de naturaleza distinta a la de los demás elementos que conforman el todo y tiene una relación con la *cara* también específica e idiosincrásica respecto de la relación o función que mantienen las demás partes que constituye la totalidad de la cara.

Las meronomías *homogéneas* constan de partes de igual naturaleza que mantienen una relación constante entre sí y con el todo. Por ejemplo, consideremos la palabra *piara,* que denota una totalidad compuesta, supongamos, por cerdos. Cada cerdo es un componente de la piara y todos mantienen exactamente la misma relación con el todo y entre sí. *Piara* es el holónimo y cada una de una serie de utilizaciones referenciales de *cerdo* es un merónimo. Así podemos decir que *este cerdo* es parte de la piara o que la piara se compone o consta de este y aquellos cerdos, etc. Obtenemos, pues, el siguiente esquema:

ESQUEMA 7.2. *Tipos de meronomías.*

1. *Meronomías heterogénas:* cada miembro del todo mantiene una relación peculiar e individual con el todo y con los demás miembros. Por ejemplo, la palabra *tripulación* denota una meronomía heterogéna compuesta por individuos con funciones diferentes: piloto, copiloto, sobrecargo, azafata.
2. *Meronomías homogéneas:* cada miembro del todo mantiene una relación constante con el todo y con los demás miembros. Por ejemplo, la palabra *jurado* puede designar la totalidad de una serie de individuos llamados *jurados* que lo componen y que mantienen exactamente la misma relación con el todo: la de ser miembros del jurado.

En las lenguas existen mecanismos para crear meronomías homogéneas a partir de sustantivos que denotan individuos. En general, los nombres colectivos denotan meronomías homogéneas. Estos mecanismos son denominados por H. Seiler (1986: 45) *asociación.* Veamos un ejemplo práctico. En español tenemos construcciones como *un rebaño de ovejas,* mediante las cuales construimos una meronomía homogéna en la cual cada una de las ovejas es un *miembro* del rebaño de ovejas.

En diferentes lenguas encontramos mecanismos de asociación o colectivización de diversa naturaleza sintáctica y morfológica. Por ejemplo, en árabe el género femenino puede ser utilizado para expresar la colectivización. Así, Kuhn (1982: 62) cita el siguiente ejemplo: de حمال *ḥammālun* 'cargador' obtenemos حمالة *ḥammālatun* 'grupo de cargadores'. En las lenguas indoeuropeas, la función de colectivización va unida al género neutro. Consideremos el siguiente ejemplo del griego antiguo:

E JEMPLO 1

Colectivización en griego antiguo

1. *Tὰ*   *ζῷα*   *τρέχει*
   tà   *dsoa*   *trékhei*
   los   animales   corre
   'Los animales corren'
2. *Taῦτα ἐγένετο*
   tauta   *egéneto*
   estos   sucedió
   'Sucedieron estas cosas'

Puede comprobarse que, a pesar de que los sujetos de las oraciones están en plural neutro, la concordancia verbal es en singular y no en plural. Ello es una indicación de que se trata de sustantivos colectivos y, por tanto, morfológicamente singulares. Es algo similar a lo que ocurre cuando se dice en español *el jurado ha decidido* o *el comité* ha aprobado, con la diferencia de que tanto *jurado* como *comité* son nombres morfológicamente singulares.

Veamos otros ejemplos de la función de colectivización propuestos por Kuhn (1982):

ESQUEMA 7.3. *Algunas técnicas de asociación en diferentes lenguas.*

> 1. *Construcción sintáctica.*
>   Lengua: vietnamita
>   Ejemplo:
>   *Bô   bài*
>   paquete   carta
>   'baraja de cartas'
> 2. *Derivación.*
>   Lengua: suahelí
>   Ejemplo:
>   *simba* ⇒ *masimba*
>   león, leones ⇒ manada de leones
> 3. *Flexión.*
>   Lengua: galés
>   Ejemplo:
>   *esgid* ⇒ *esgidiau* ⇒ *esgideuau*
>   zapato ⇒ zapatos ⇒ pares de zapatos
>   Lengua: abjaso
>   Ejemplo:
>   *asə̀s* ⇒ *asàra*
>   cordero ⇒ rebaño de corderos

La pluralización es una operación de creación de meronomías homogéneas. Cuando obtenemos *casas* de *casa* hemos creado un conjunto formado por unos elementos que son *miembros* de ese conjunto. Podemos construir dos meronomías señaladas mediante *estas casas* y *aquellas casas.* De modo que podemos decir que la casa de Juan es o pertenece a estas casas, y la casa de Pedro pertenece (es un elemento de) aquellas casas.

Las dos operaciones de pluralización y colectivización son procedimientos de que se valen las lenguas para generar meronomías homogéneas. Podemos proponer que la construcción de meronomías homogéneas es una propiedad universal de las lenguas humanas

──────────────────────── **Universal 2** ▌────────────────────────

Toda lengua tiene mecanismos de creación de meronomías homogéneas.

───

1.3. Taxonomías materiales e individuales

Las entidades se pueden clasificar en dos tipos: aquéllas que se presentan en forma de entidades aislables y delimitables de modo constante, que vamos a llamar *individuos,* y aquéllas otras que se presentan en forma de entidades aislables y delimitables de modo variable, que vamos a llamar *porciones.* Por ejemplo, *vaca* es un tipo de sustancia que se manifiesta a través de entidades individuales aislables y delimitables de modo constante en cualquier entorno. Por su parte, *agua* es un tipo de sustancia que se manifiesta a través de entidades individuales aislables y delimitables de modo variable: se puede presentar unas veces como una gota; otras, como el contenido de un charco; y otras, como el contenido de un mar. No existe un individuo típico que realice o ejemplifique esta sustancia. El agua se manifiesta mediante *porciones*.

Los individuos tienen la propiedad de la *sumatividad:* si sumamos individuos obtenemos una suma individual y no un individuo nuevo, es decir, la suma individual nos lleva a la construcción de una meronomía. Así, si sumamos catorce individuos que realizan la sustancia *vaca,* obtenemos un rebaño de vacas, pero no una vaca.

Por su parte las porciones tienen la propiedad de la *acumulatividad.* Esto significa que, si unimos una porción de agua con otra porción de agua, no obtenemos un colectivo, sino una nueva porción de agua, en este caso más grande. No obtenemos, pues, una meronomía, sino que seguimos estando en una taxonomía material.

Llamaremos *nombres individuales* a los que contiene una taxonomía individual y *nombres de materia* a los que forman una taxonomía material. De este modo, *vaca* es un nombre individual y *agua* es un nombre de materia.

Una característica de estas dos taxonomías es que podemos pasar de una a otra. Es decir, podemos convertir un nombre individual en nombre de materia y viceversa. Llamaremos *trituración* a la operación que consiste en usar un nombre individual como nombre de materia, y *empaquetado,* a la operación que consiste en usar un nombre de materia como un nombre individual.

Veamos unos ejemplos del español:

ESQUEMA 7.4. *Ejemplos de trituración*
y empaquetado en español.

> 1. Trituración:
>   No hay perro en esta casa
> 2. Empaquetado:
>   Contó diez gotas de agua

En el primer caso, se utiliza un sustantivo individual sin determinante para denotar el animal como si fuera materia y no individuo. Se considera en este caso que los perros individuales son porciones de la sustancia *perro*. Exactamente igual que cuando decimos *no hay agua en esta casa,* lo que queremos decir es que no corre una determinada porción de este líquido por las tuberías de la misma, decimos *no hay perro en esta casa* queriendo decir que no está presente una determinada porción de la cualidad de esta especie en la casa.

En el segundo caso, usamos una construcción sintagmática para denotar una determinada cantidad de una materia, que puede ser individualizada y contada. En ella aparece una medida *gota* que sirve para disociar trozos de la material total y poder así obtener individuos aislables de modo constante. Hay lenguas en las que esto puede realizarse en algunos casos mediante medios morfológicos. Por ejemplo, en ruso se distingue entre МИНДАЛЬ *mindál'* 'almendra' y МИНДАЛИНА *mindálina* 'una almendra'. El primero es un nombre de materia y el segundo es un nombre individual, denota un individuo. En español, *almendra* funciona como nombre de materia en *es-*

tá hecho con almendra y como nombre contable o individual en *está hecho con la almendra;* aquí se utiliza el artículo, mecanismo del que carece el ruso.

En algunas lenguas ocurre que todos los sustantivos son de materia y deben ser empaquetados cuando se quiere hacer referencia a individuos. Estas lenguas suelen hacer uso de construcciones disociativas similares a la del español *dos gotas de agua.*Vamos a ver unos ejemplos del vietnamita y del tai extraídos de Kölver 1982.

En vietnamita todos los sustantivos son de materia; por ejemplo, el nombre común *tù* 'prisionero', si se utiliza para denotar una persona concreta, debe aparecer en una construcción individualizadora en la que se utiliza la palabra *nguòi* 'persona'. Esta palabra se denomina *clasificador,* pues puede variar con el tipo de nombre de materia que se individualiza. En el segundo de los ejemplos que aducimos, se ve también que el clasificador puede individualizar incluso sintagmas distintos de los sintagmas nominales.

E JEMPLO 2

Dos operaciones de empaquetado en vietnamita

1. *hai   nguòi   tù   binh*
   dos   persona   prisionero   militar
   'Dos prisioneros de guerra'
2. *hai   nguòi   dánh   cá*
   dos   persona   capturar   pez
   'Dos pescadores'

E JEMPLO 3

Operación de empaquetado en tai

Rôm   khǐaw   sǎam   khan   níi
sombrilla   verde   tres   CLF   esto
'Estas tres sombrillas verdes'

En el ejemplo del tai se puede apreciar el clasificador *khan* que se utiliza para denotar todo aquel objeto que tenga mango, como, por ejemplo, las sombrillas y los paraguas.

Podemos plantear el siguiente posible universal:

Universal 3

Las operaciones de empaquetado y trituración son universales.

1.4. Universales de la estructuración dinámica del léxico

El léxico de toda lengua es limitado pero abierto en dos sentidos: en sentido formal, admite nuevas unidades léxicas y en el sentido denotativo, permite que un lexema varíe su denotación mediante alguno de los siguientes procedimientos.

Primero, puede generalizar su denotación: ampliar extensionalmente su significado (es la *ampliación semántica)* o reducirla (es la *reducción semántica).* A estos dos mecanismos los denominamos *reajuste denotativo.* Ejemplos de este fenómeno abundan en las más diversas lenguas del mundo. Por ejemplo, en español *asesinar* es 'matar a una persona con premeditación', pero en inglés se observa una reducción semántica importante, pues se suele utilizar el verbo *assassinate* con el significado de 'matar a una persona importante'. En francés *voyage* significa viaje, pero el inglés *voyage* se suele utilizar para denotar 'viaje por mar'. En español *norteamericano* suele designar lo relativo a los Estados Unidos y no solemos emplear este adjetivo para referirnos a algo o a alguien relacionado, por ejemplo, con México o con Canadá. Estos son casos claros de reducción semántica.

Un caso muy notable de ampliación semántica se da en los derivados romances del latín *causa* 'causa', como el español *cosa* o el francés *chose*. En español, *tema* ha visto ampliado su significado original hasta coincidir parcial o totalmente con *cosa.* Se podrían proporcionar incontables ejemplos más de las diversas lenguas del orbe.

En segundo lugar, puede realizarse una asimilación denotativa consistente en el descubrimiento de algún punto común entre dos entidades que justifica que la unidad léxica utilizada para denotar una de ellas, sirva también para denotar la otra. Esto lo denominamos *asimilación denotativa* y se da en todos los idiomas. El proceso responsable de esta asimilación es la metáfora, mediante la cual, por ejemplo, podemos utilizar la palabra *pie* para denotar la base de una montaña o *cabeza* para denotar la parte superior de un objeto. En la sección siguiente veremos algunos usos metafóricos de partes del cuerpo humano en diferentes lenguas.

En tercer lugar, puede realizarse un cambio denotativo provocado por una asociación espacial. Se trata del proceso semántico que habitualmente denominamos *metonimia*. Por ejemplo, decir *espada* para denotar a la persona que la lleva habitual o significativamente. Vamos a denominar *desplazamiento* denotativo, a este proceso. No se trata, en el ejemplo que hemos puesto, de una ampliación de la denotación de *espada,* ni de una reducción. Tampoco se trata de una asimilación denotativa de las dos entidades implicadas. El desplazamiento es muy común también en las lenguas del mundo. Veamos unos casos de desplazamiento notables en dos lenguas europeas no emparentadas.

EJEMPLO 4

Ejemplos de desplazamiento denotativo en vasco y húngaro

1. Húngaro:
   a) *Vasaló* 'plancha' (participio de *vasal* 'planchar')
   b) *Seprő* 'escoba' (participio de *seper* 'barrer')

    c)   *Temető* 'cementerio' (participio *temet* 'enterrar')
    d)   *Ebédlő* 'comedor' (participio de *ebédel* 'comer")
    e)   *Háló* 'dormitorio' (participio de *hál* 'pasar la noche')
2. Vasco:
    a)   *Buruko* 'almohada' (lit. *lo de la cabeza*)
    b)   *Gerriko* 'cinturón' (lit. *lo de la cintura*)
    c)   *Gerripeko* 'taparrabos'(lit. *lo de debajo de la cintura*)
    d)   *Soineko* 'vestido' (lit. *lo del cuerpo*)
    e)   *Belarriko* 'auriculares' (lit. *lo de la oreja*)
    f)   *Bularretako* 'sostén' (lit. *lo de en los pechos*)

Todos estos ejemplos muestran el proceso de desplazamiento semántico. Por ejemplo, en húngaro *seprő,* como participio de *seper* barrer, significa *barredor.* Aquí se pasa de denotar el que barre a señalar el instrumento que habitualmente se utiliza: la escoba. Es, pues, un caso claro de metonimia. En vasco, *burukoa* significa literalmente, *lo de la cabeza;* como la almohada está asociada irremisiblemente a la cabeza, se produce de nuevo un desplazamiento metonímico.

En todas las lenguas que se conocen se producen continua e incesantemente este tipo de fenómenos. Ello nos lleva a establecer el siguiente universal.

Universal 4

    El léxico de todas las lenguas humanas experimenta incesantemente las operaciones de REAJUSTE, ASIMILACIÓN y DESPLAZAMIENTO denotativos.

1.5. Componentes léxicos universales

Durante siglos se han preguntado los investigadores de las lenguas humanas si existe un núcleo de elementos léxicos básicos que constituirían la base fundamental universal de toda lengua humana. El descubrimiento de este conjunto universal tiene importantes implicaciones. En primer lugar, nos ayudaría a descubrir un conjunto de conceptos universales que nos servirían para caracterizar la mente humana. En segundo lugar, contribuiría a establecer una clasificación histórica de las lenguas sobre la base de la relación fónica entre palabras extraídas de ese conjunto o núcleo léxico universal. Tendría utilidad también para poner de manifiesto los elementos básicos para el aprendizaje y transmisión de una lengua. Nos sería útil igualmente para establecer una semántica reductiva de las lenguas naturales (en la cual podríamos caracterizar el significado de cualquier lexema en términos de esos elementos semánticos básicos), así como para obtener una base de partida para desarrollar programas de traducción entre las lenguas, junto con otras aplicaciones prácticas como la enseñanza y aprendizaje de las lenguas extranjeras.

Desde los primeros intentos sistemáticos de comparación de lenguas, se ha utilizado un vocabulario básico de palabras que se piensa que se van a poder encontrar en todos los idiomas objeto de la comparación, por muy alejados geográficamente y culturalmente que estén. Lorenzo Hervás y Panduro realizó en 1787 un intento de comparación del vocabulario de más de un centenar de lenguas en su *Vocabolario Polígloto*. M. Breva y R. Sarmiento (1991: 27) nos señalan los elementos del vocabulario básico de Hervás. Son las siguientes 63 palabras:

ESQUEMA 7.5. *Vocabulario básico de Hervás (1787).*

Abajo, agua, alma, animal, año, arriba, blanco, boca, brazo, cabello, cabeza, camino, cara, casa, claro, cielo, ceja, corazón, cuello, cuerpo, dedo, demonio, día, diente, Dios, dulce, espalda, estrella, frente, fuego, garganta, hombre, labio, lago, lengua, lluvia, luna, madre, mano, mes, miel, mujer, muslo, nariz, negro, noche, ojo, oloroso, oscuro, padre, pájaro, pecho, pez, pie, piedra, pierna, rayo, rojo, selva, sol, tierra, viento, vientre.

Los vocablos se pueden agrupar del siguiente modo:

ESQUEMA 7.6. *Clasificación del vocabulario básico de Hervás.*

a) *Esfera del ser humano:*
   Alma, boca, brazo, cabello, cabeza, ceja, cuello, cuerpo, muslo, corazón, diente, dedo, cara, frente, pierna, garganta, labio, lengua, mano, nariz, ojo, pecho, pie, espalda y vientre, mujer/hombre, padre/madre, casa, Dios/demonio = 32
b) *Elementos del medio ambiente:*
   Agua, animal, año, cielo, rayo, fuego, día, lago, luna, miel, mes, noche, pez, lluvia, piedra, selva, sol, estrella, camino, tierra, pájaro, viento = 22
c) *Propiedades:*
   Blanco/negro, claro/oscuro, dulce, oloroso, rojo = 7
d) *Orientación:*
   Abajo/arriba = 2

Observamos, en primer lugar, una meronomía heterogénea: las partes del cuerpo humano. También se observa un grupo formado por las palabras que denotan aspectos del mundo exterior. Ambas esferas conceptuales han sido caracterizadas como primitivas o básicas en diversas propuestas posteriores (véase Aitchison 1996: 123). Además vemos que la mayoría de los lexemas se dan en oposiciones dicotómicas.

Diversos autores han puesto de manifiesto que las denominaciones de partes del cuerpo humano pueden dar origen a elementos gramaticales mediante el proceso que hemos denominado *asimilación denotativa,* del que la metáfora es la manifestación más usual.

Svorou (1994) ha estudiado cómo en diversas lenguas del mundo, las palabras que denotan una parte del cuerpo desarrollan sentidos espaciales y se convierten en adposiciones que indican lugar. En los esquemas que siguen vamos a ver cómo se utilizan estos lexemas de la lista de Hervás para indicar determinadas relaciones espaciales en diversas lenguas. Los datos están extraídos de Svorou (1994: 249-262).

TABLA 7.1. *Usos locativos de algunos nombres de partes del cuerpo humano en diversas lenguas.*

Lengua	En frente	Detrás	Encima	Dentro
Inglés	frente *(in front of)*	espalda *(be-hind)*		
Efé	cara, boca		cabeza	
Marguí	cara	espalda	cabeza	
Finés	pecho	espalda	cabeza	
Abjaso	boca, ojo		cabeza	corazón, estómago, boca, ojo
Hausa	pecho		cabeza	estómago
Karok	cara	espalda		
Pápago	pecho	ano		sangre
Masái	cabeza	espalda		

Nota: El efé es una lengua de la familia níger-congo central meridional hablada en Ghana, Togo y Benin. El marguí es una lengua de la familia chádica hablada en Nigeria. El finés es una lengua de la familia fino-ugria hablada en Finlandia. El abjaso es una lengua caucásica noroccidental hablada en la república autónoma de Abjasia. El hausa es una lengua de la familia chádica hablada en Camerún, Nigeria, Níger, Ghana y en otros países africanos. El karok es una lengua de la familia hocana hablada en la parte noroccidental de California. El pápago es una lengua yuto-azteca hablada entre Arizona y México. El masái es una lengua de la familia sudánica oriental perteneciente al filo nilo-sahariano, que se habla en Tanzania y Kenya.

Como vemos, la mayoría de estos elementos léxicos aparecen en la lista de Hervás, lo que demuestra que figuran prominentemente en el léxico de las lenguas.

E. S. Anderson (1978) ha investigado los aspectos universales de la meronomía de las partes del cuerpo humano. Concluye este autor en su estudio que toda lengua tiene términos para *cuerpo, ojo, nariz, boca, brazo, mano* y *dedo.* Además establece las siguientes implicaciones:

ESQUEMA 7.7. *Algunas implicaciones universales de la meronomía de las partes del cuerpo humano.*

1. PIERNA ⇒ BRAZO
   Si una lengua tiene una palabra para designar la pierna, tendrá también una palabra para designar el brazo.
2. PIE ⇒ MANO
   Si una lengua tiene una palabra para designar el pie tendrá también un vocablo para designar la mano.
3. DEDO DEL PIE ⇒ DEDO DE LA MANO
   Si una lengua tiene una palabra para denotar los dedos de los pies, también tendrá una palabra para denotar los dedos de las manos.

Si observamos la lista de vocabulario básico de Hervás, nos daremos cuenta de que todos los términos que Anderson considera universales aparecen en la lista de Hervás y, más aún, los términos que se deducen de las tres implicaciones que acabamos de enumerar aparecen igualmente en esa lista. Según la segunda de ellas, si aparece *pie* debe aparecer también *mano* y así ocurre, en efecto. Según la primera de ellas, si aparece *pierna,* ha de darse también *brazo,* lo que se verifica igualmente en la lista de Hervás.

Un ejemplo de la última de las implicaciones lo constituye el inglés, que tiene una palabra para denotar dedo del pie *(toe)* y otra para denotar dedo de la mano *(finger).* Frente a este idioma, el español sólo dispone de la palabra *dedo.*

El lingüista norteamericano M. Swadesh propuso que para investigar cuestiones de parentesco y clasificación de lenguas era aconsejable utilizar una lista de palabras pertenecientes al vocabulario básico de cualquier idioma, que posibilitara unos resultados homogéneos y comparables. La idea de Swadesh es que cuanto más lejanamente emparentadas están dos lenguas menos elementos del vocabulario básico compartirán. En sus primeras propuestas elaboró este lingüista un vocabulario básico de 200 palabras, que luego redujo a la mitad. Veamos la lista de 100 elementos básicos propuesta por el autor en 1952 (Swadesh 1971: 283).

ESQUEMA 7.8. *Lista de 100 elementos léxicos básicos de Swadesh.*

---

a) Elementos léxicos gramaticales:
yo/tú/nosotros, esto/eso, quién/qué, no, todos/muchos, uno/dos.

b) Propiedades:
grande/pequeño, largo, rojo, verde, amarillo, blanco/negro, caliente/frío, lleno, nuevo, bueno, redondo, seco.

c) Esfera humana:
mujer/hombre, persona, nombre, cabeza, oído, ojo, pelo, nariz, boca, diente, lengua, pie, rodilla, mano, vientre, nuca, pecho, corazón, hígado, beber, comer, morder, ver, oír, saber, dormir, morir, matar, caminar, venir, mentir, estar sentado, estar de pie, dar, decir.

d) Esfera de la naturaleza:
pez, pájaro, perro, piojo, árbol, semilla, sol, luna, estrella, agua, lluvia, piedra, arena, tierra, nube, humo, fuego, ceniza, arder, camino, montaña, hoja, raíz, noche, ladrar, piel, carne, sangre, hueso, grasa, huevo, cuerno, cola, pluma, garra, nadar, volar.

Si nos fijamos en los térmimos de color que introducen en sus listas Hervás y Swadesh, veremos que el conjunto de términos de color del vocabulario básico está formado por los siguientes colores: blanco, negro, rojo, verde y amarillo. Esto está en consonancia con la hipótesis de Berlin y Kay (1969), según quienes existe una jerarquía universal de la terminología cromática. Esta es la jerarquía en cuestión.

ESQUEMA 7.9. *Jerarquía universal de la terminología cromática de Berlin y Kay.*

---

blanco/negro < rojo < verde/amarillo < azul < marrón < morado/rosa/naranja/gris

---

Según esta jerarquía si una lengua tiene un lexema para denotar uno de los colores de la jerarquía tendrá también lexemas para denotar los colores situados a su izquierda. Así, por ejemplo, en la lengua ibo (Leech 1974: 235) hablada en Nigeria, existe el lexema para *verde;* pues bien, se predice que en este idioma, también habrá términos que designen el rojo, negro y blanco, como ocurre, en efecto. Por otro lado, se predice que si una lengua tiene lexemas para dos colores, éstos serán el blanco y el negro; según Leech (1974: 235) esto ocurre en yalé, lengua de las montañas de Nueva Guinea.

Es realmente sorprendente que los términos cromáticos incluidos por Hervás y Swadesh sean precisamente los cinco que según la jerarquía son los menos marcados en las lenguas. Las investigaciones de Berlin y Kay han servido precisamente para poner de manifiesto que, al menos, *blanco* y *negro* deben estar en el vocabulario básico universal.

El lingüista ruso Dolgopolsky, en un artículo fundamental, publicado en 1964 (Dolgopolsky 1964) intenta establecer una base firme para determinar cuándo puede aplicarse con ciertas garantías el método histórico comparativo, al examinar dos o más lenguas para determinar si provienen de un ancestro común. Dentro de este empeño, propone una lista de términos que ha comprobado que se resisten vivamente al préstamo, a partir de un estudio de doscientas lenguas de todos los continentes. Sobre esta base, nuestro autor ha elaborado una lista de quince términos que incluimos a continuación.

ESQUEMA 7.10. *Vocabulario básico según Dolgopolsky.*

---

1) Yo, 2) dos, 3) tú, 4) quién/qué, 5) lengua, 6) nombre, 7) ojo, 8) corazón, 9) diente, 10) negación verbal, 11) uña, 12) piojo, 13) lágrima, 14) agua, 15) muerto.

Un aspecto importante de esta lista es que está empíricamente justificada. No se trata de partir de la idea de que estos elementos léxicos han, por fuerza, de estar en las lenguas y son poco propensos a tomarse prestados entre ellas. Dolgopolsky hizo un estudio empírico sobre los términos que eran más reacios al préstamo en doscientas lenguas, y los quince términos más estables resultaron ser los de la lista precedente. Es absolutamente admirable que la mayoría de estas palabras estén en la lista de Swadesh y Hervás. En efecto, 1), 2), 3) y 4) se encuentran en el elenco de Swadesh; 5), 7), 8) y 9) están en Hervás y en Swadesh; 6), 7) y 12) están en Swadesh; 14) está en los dos autores. Los tres lexemas restantes no aparecen en ellos.

Hay autores que han intentado determinar el origen del lenguaje. El lingüista húngaro G. Décsy (1981) ha propuesto que, en el origen del léxico de las lenguas humanas, está una serie de conceptos antitéticos íntimamente ligados a las circunstancias biológicas de los seres humanos.

Estos elementos los denomina Décsy *paleoprotosememas (Paläoleitsememe,* cfr. Décsy 1981: 35). Nuestro autor ha propuesto cuatro paleoprotosememas: *frío/caliente, claro/oscuro, ir/estar parado* y *mío/tuyo.* A su vez, cada uno de estos paleoprotosememas da origen a una serie de paleoprotosememas derivados, tal como indicamos en el esquema que sigue:

ESQUEMA 7.11. *Paleoprotosememas básicos y derivados según Décsy 1981.*

```
    1. caliente/frío
       a) bueno/malo
       b) positivo/negativo
       c) sí/no
       d) amigo/enemigo
       e) reír/llorar
       f) alegría/tristeza
    2. claro/oscuro
       a) día/noche
       b) norte/sur
       c) dios/demonio
       d) arrojo/miedo
       e) bueno/malo
       f) ánimo/desánimo
       g) cielo/infierno
    3. ir/estar parado
       a) aquí/allí
       b) lejos/cerca
       c) mío/tuyo
       d) arriba/abajo
       e) detrás/delante
       f) derecha/izquierda
```

Es curioso que en esta lista aparezca la oposición *dios/demonio,* que era exclusiva de Hervás hasta ahora.

Las propuestas de Décsy son claramente apriorísticas, dado que se basa este autor en lo que él considera que deben ser conceptos básicos de toda lengua. Existen otras investigaciones, de carácter empírico, consistentes en examinar los vocabularios de las diversas familias lingüísticas del mundo para encontrar similitudes que nos lleven tras la pista de elementos léxicos comunes a todas o a la mayoría de las familias lingüísticas del planeta. Sin duda, entre estos elementos tendrán que hallarse palabras de enorme antigüedad de las que puede sospecharse que formaban parte del origen u orígenes de las lenguas del planeta (la disciplina que estudia estos lexemas se ha denominado *paleolexicología;* véase J. D. Bengtson 1991). J. D. Bengtson y M. Ruhlen (1994) han localizado 27 raíces que, según ellos, se pueden encontrar en la mayoría de las familias lingüísticas del mundo. En el siguiente cuadro las damos, junto con la indicación de las familias lingüísticas en las que estos autores dicen haberlas atestiguado.

Si comparamos las palabras que intervienen en estas 27 *etimologías globales* con las listas de Hervás y Swadesh, podemos comprobar que 12 están en Hervás y otras 9 aparecen en la lista de Swadesh. Es decir, entre los dos estudiosos, reunimos 21 vocablos de esta lista de raíces universales, propuesta independientemente por J. D. Bengtson y M. Ruhlen. De nuevo, la coincidencia es notabilísima.

La lingüista polaca A. Wierzbicka ha venido desarrollando una teoría de los *primitivos semánticos* que se basa en la idea de que existe un núcleo muy pequeño del léxico de las lenguas en términos del cual es posible describir el significado de cualquier pieza léxica de cualquier lengua. Wierzbicka ha establecido a lo largo de los años

TABLA 7.2. *Raíces comunes a la mayor parte de las lenguas del mundo según Bengtson y Ruhlen 1994.*

Raíz	Significado	Familias
AJA	madre	J, NC, NS, AA, DR, AUA, DAI, AUN, AM, MY
BU(N)KA	rodilla, doblar	NC, KRD, AA, IE, TU, M, IP, AUS, AM
BUR	cenizas, polvo	NS, AA, KRT, U, DR, TU, AUS, AM
CHUN(G)A	nariz, oler	J, NS, AA, KRT, IE, UR, DR, CAU, ST, ND, IP, DAI AUN, AM, MY
KAMA	sostener	J, NC, AA, IE, UR, DR, TU, MON, TUN, DAI, AUN, MY
KANO	brazo	J, NC, NS, UR, DR, CAU, ST, ND, IP, DAI, AM
KATI	hueso	NS, AA, IE, DR, CAU, ST, ND, IP, AM
K'OLO	agujero	J, NS, IE, UR, DR, CAU, ST, ND, DAI, AUN
KUAN	perro	J, AA, IE, UR, TU, MON, TUN, CAU, ST, AM
KU(N)	quién	J, NC, NS, AA, IE, UR, TUR, MON, TUN, EA, CAU, ST, ND, AUA, AUN, AM
KUNA	mujer	AA, IE, TUR, EA, CAU, AUS, AM
MAKO	niño	IE, DR, CAU, ST, IP, AM
MALIQ'A	mamar, pecho	AA, IE, UR, DR, EA, CAU, AM
MANA	permanecer	AA, IE, DR, TUN, CAU, IP, AM
MANO	hombre	NS, AA, IE, UR, DR, CAU, IP, AM, MY
MENA	pensar	NC, K, NS, AA, IE, UR, DR, AM
MI(N)	qué	J, AA, KRT, IE, UR, TUR, MON, TUN, CAU, IP, AUS, AUA, AM
PAL	dos	NC, NS, AA, IE, UR, DR, IP, AUS, AUA, DAI, AUN, AM, MY
PAR	volar	NC, NS, AA, KRT, IE,UR, DR, CAU, ST, AUA, DAI, AUN
POKO	brazo	NC, NS, IE, DR, MON, ST, DAI, AUN, AM
PUTI	vulva	NC, NS, AA, KRT, IE, UR, DR, MON, CAU, AM
TEKU	pie, pierna	NC, NS, AA, DR, CAU, ND, IP, AM
TIK	dedo, uno	NC, NS, AA, IE, UR, TUR, EA, ST, ND, IP, AUA, DAI, AM, MY
TIKA	tierra	KRT, IE, DR, ST, ND, AM
TSAKU	pie, pierna	NS, AA, IE, UR, CAU, IP, AUA, AM
TSUMA	pelo	J, NS, AA, CAU, ST, AM, MY
ʔAQ'WA	agua	J, NS, AA, IE, UR, CAU, ST, IP, AUS, AM

Abreviaturas: AA = afroasiática; AM = amerindia; AUA = austroasiática; AUN = austronesia; AUS = australiana; CAU = caucásica DAI = daica; DR = drávida; EA = esquimal-aleutiana; IE = indo-europea; IP= indo-pacífica; J = joisana; K = kordofana; KRT = kartuélica; MON = mongol; MY = miao-yao; NC = níger-congo; ND = na-dené; NS = nilo-sahariana; ST = sino-tibetana; TUN = tungusa, TUR = túrcica; UR = urálica.

diversas listas de esos elementos primitivos y universales. Vamos a examinar aquí los que propone en la versión más desarrollada y detallada que ha publicado hasta el momento (Wierzbicka 1996). Veamos una primera lista de primitivos que fueron propuestos desde las primeras versiones:

ESQUEMA 7.12. *Conjunto de primitivos semánticos propuestos en las primeras versiones de la teoría de Wierzbicka.*

1. Pronombres:
   YO, TÚ, ALGUIEN, ALGO, GENTE
2. Determinantes:
   ESTO, EL MISMO, OTRO
3. Cuantificadores:
   UNO, DOS, MUCHOS, TODOS
4. Predicados mentales:
   PENSAR, SABER, QUERER, SENTIR
5. Predicado locutivo:
   DECIR
6. Acciones y Sucesos:
   HACER, SUCEDER
7. Evaluadores:
   BUENO, MALO
8. Descriptores:
   GRANDE, PEQUEÑO
9. Tiempo:
   CUANDO, ANTES, DESPUÉS
10. Espacio:
    DONDE, DEBAJO, ARRIBA
11. Meronomía y Taxonomía:
    PARTE (DE), TIPO (DE)
12. Metapredicados:
    NO, PODER, MUY
13. Conectores oracionales:
    SI, PORQUE, COMO

A esta lista de 37 elementos, que aparece en las primeras formulaciones de la teoría, ha añadido Wierzbicka, como resultado de investigaciones posteriores, los siguientes:

ESQUEMA 7.13. *Lista de primitivos adicionales.*

1. Determinantes:
   ALGÚN
2. Aumentador:
   MÁS
3. Predicados mentales:
   VER, ESCUCHAR
4. Predicados no mentales:
   MOVER, HAY, ESTAR VIVO
5. Espacio:
   LEJOS, CERCA, LADO, DENTRO, AQUÍ
6. Tiempo:
   (HACE) MUCHO TIEMPO, (HACE) POCO TIEMPO, AHORA
7. Imaginación y posibilidad:
   SI...SERÍA, PUEDE SER
8. Palabras:
   PALABRA

Con esto, Wierzbicka propone un conjunto de 55 primitivos semánticos, que son piezas léxicas universales en dos sentidos: uno empírico y otro teórico. En el sentido empírico, se sostiene que todas las lenguas del mundo tienen los elementos léxicos correspondientes a estos primitivos. En el sentido teórico, se mantiene que todo significado de cualquier elemento léxico de cualquier lengua se puede describir en términos de estos cincuenta y cinco elementos léxicos.

Veamos cómo describe nuestra autora el significado de *juego* (Wierzbicka 1996: 159):

E JEMPLO 5

Descripción del significado de juego *según la teoría de los primitivos semánticos de Wierzbicka*

1. Muchas cosas que hace la gente
2. durante algún tiempo
3. porque quieren sentir algo bueno
4. cuando la gente hace estas cosas, se puede decir lo siguiente sobre la gente:
5. quieren que algunas cosas sucedan
6. si no hicieran estas cosas, querrían que no sucedieran
7. no saben lo que sucederá
8. saben lo que pueden hacer
9. saben lo que no pueden hacer

Debe observarse que estas paráfrasis no se dan en español, sino en ese lenguaje primitivo universal establecido por nuestra autora (que curiosamente es bastante parecido al inglés). Ello hace que esta paráfrasis y las que la siguen nos suenen extrañas. Al fin y al cabo se realiza un análisis semántico y no una traducción al español. Veamos cómo parafrasea en términos de sus primitivos semánticos la palabra *madre* (Wierzbicka 1996: 155).

E JEMPLO 6

Descripción del significado de madre *según la teoría de los primitivos semánticos de Wierzbicka*

X ES LA MADRE DE Y
1. En un tiempo, antes de ahora, Y era muy pequeño
2. En ese tiempo, Y estaba dentro de X
3. En ese tiempo, Y era como una parte de X
4. A causa de esto, la gente puede pensar algo como esto sobre X:
   "X quiere hacer cosas buenas por Y, X no quiere que le ocurran a Y cosas malas"

Mediante esta paráfrasis Wierzbicka pretende dar cuenta de los aspectos biológicos (1, 2 y 3) y los aspectos sociales y psicológicos (4) del significado de la palabra *madre*. Estos últimos aspectos no son factuales sino mentales, ya que, si bien desde el punto de vista biológico, una madre no puede dejar de serlo (la expresión *madre biológica* se usa precisamente en este sentido), desde el punto de vista psicológico y social puede comportarse de un modo que va en contra de lo que habitualmente se considera debe constituir el comportamiento de una madre. Por ello, en 4 se introduce un factor evaluativo o expectativo ajeno en principio al individuo caracterizado como madre.

Esta teoría puede también aclarar, según esta autora, las diferencias en los campos léxicos de las diversas lenguas del orbe. Al examinar la semántica de los términos cromáticos, Wierzbicka (1996: 309-311) observa que en algunas lenguas la palabra para denotar el color azul está relacionada con la palabra que denota el cielo. Así en latín *caeruleus* está emparentado con *caelum* 'cielo' y, en polaco, *niebieski* 'azul' se deriva de *niebo* 'cielo'. Sobre esta base, considera la autora que la palabra *azul* puede ser definida en términos de la palabra *cielo* (que, como hemos visto, puede considerarse un elemento primitivo para algunos autores) de la siguiente manera:

JEMPLO 7

Descripción del significado de azul *según la teoría de los primitivos semánticos de Wierzbicka*

X ES AZUL/BLUE/CAERULEUS =
1. En algunos tiempos la gente puede ver el sol sobre ellos en el cielo
2. Cuando alguien ve cosas como X, puede pensar en el cielo en esos tiempos

Pero cómo puede esta teoría dar cuenta de correspondencias léxicas entre dos lenguas en las que a un término de una de ellas le corresponden dos en otra lengua. Un caso muy conocido es el ruso, que tiene dos palabras para denotar el color azul; una es голубой *goluboi* 'azul celeste' y la otra es синний *sinnï* 'azul oscuro'. Veamos cómo da cuenta Wierzbicka (1996: 311) de esta diferencia:

JEMPLO 8

Descripción de ГОЛУБОЙ *goluboi 'azul celeste' y* СИННИЙ *sinnï 'azul oscuro' según la teoría de los primitivos semánticos de Wierzbicka*

X es ГОЛУБОЙ *goluboi* = 'azul celeste'
1. En algunos tiempos la gente puede ver el sol sobre ellos en el cielo
   Cuando uno ve cosas como X uno puede pensar en el cielo en esos tiempos
2. X es como este tipo de cielo

3. En algunos tiempos la gente puede ver muchas cosas; cuando uno ve cosas como X, uno puede pensar en esto

X es СИННИЙ *sinniï* 'azul oscuro'
1. En algunos tiempos la gente puede ver el sol sobre ellos en el cielo
    Cuando uno ve cosas como X uno puede pensar en el cielo en esos tiempos
2. X no es como el cielo en esos tiempos
3. En algunos tiempos la gente no puede ver mucho; cuando uno ve cosas como X uno puede pensar en esto

---

Puede comprobarse fácilmente cómo en la definición del segundo término de color, Wierzbicka parafrasea el concepto de *oscuro* que define el segundo término ruso para *azul*.

2. UNIVERSALES SEMÁNTICOS ORACIONALES

2.1. Estructura interna del evento

Empecemos por el concepto de Esquema Eventivo Libre (EE). Un esquema eventivo es una estructura semántica a través de la cual se puede caracterizar un tipo de suceso que sirve para estructurar los mensajes lingüísticos. Los verbos de las lenguas indoeuropeas son palabras que sirven para denotar estos EE y, si bien la categoría morfológica de verbo tal como se entiende en las lenguas indoeuropeas no es universal, sí lo es la existencia de palabras que denoten estos EE. Tenemos, por tanto el siguiente universal:

Universal 5

Toda lengua tiene palabras que denotan un Esquema Eventivo.

Existen tres tipos fundamentales de EE: estados, procesos y acciones. Los *estados* son propiedades (Π) que se aplican a individuos (Υ). Mediante $\Sigma (\Upsilon, \Pi)$ denotamos que un individuo tiene una propiedad y utilizamos el símbolo mismo Σ para denotar un estado. Un ejemplo de estado es: Σ (Juan, alto), fórmula en la que se afirma que el individuo denotado por *Juan* tiene la propiedad denotada por *alto*.

Los *procesos* son transiciones entre, al menos, dos estados que tienen en común el hecho de que en todos ellos participa el mismo individuo o entidad. De modo que un proceso ($\wp$) se expresará mediante la siguiente fórmula $\wp(\Sigma (\Upsilon, \Pi), \Sigma (\Upsilon, \Theta))$, donde tanto Π como Θ son propiedades, posiblemente relacionadas entre sí. Por ejemplo, en *Juan engorda* tenemos un proceso que puede expresarse de la siguiente manera: $\wp(\Sigma (\text{Juan}, \text{peso}^n), \Sigma (\text{Juan}, \text{peso}^{n+m}))$. En donde *peso^n* denota la propiedad de pesar n kilos y *peso^{n+m}* denota la propiedad de pesar $n + m$ kilos.

Las *acciones* no son otra cosa que procesos controlados por un agente. Su fórmula es $\aleph$ (I, $\wp(\Sigma\,(\Upsilon, \Theta), \Sigma\,(\Upsilon, \Theta))$, donde I e Υ son individuos. Por ejemplo, consideremos la oración *Juan alarga la mesa.* Se trata de una acción que consiste en que un individuo provoca que se dé un proceso consistente en que una mesa, de estar en el estado de tener determinada longitud, pase al estado de tener una longitud mayor. Por ello, podemos utilizar la siguiente fórmula: $\aleph$ (Juan, $\wp\,(\Sigma\,$(la mesa, largo^n), $\Sigma\,$(la mesa, largo^{n+m})).

ESQUEMA 7.14. *Tipos de esquemas eventivos.*

1. *Estados* [Σ]: $\Sigma\,(\Upsilon, \Pi)$. Ejemplo: $\Sigma\,$(Juan, alto) [Juan es alto].
2. *Procesos* [$\wp$]: $\wp(\Sigma\,(\Upsilon, \Pi), \Sigma\,(\Upsilon, \Theta)$. Ejemplo: $\wp(\Sigma\,$(Juan, alto^n), $\Sigma\,$(Juan, alto^{n+m})) [Juan crece].
3. *Acciones* [$\aleph$]: $\aleph$ (I, $\wp(\Sigma\,(\Upsilon, \Pi), \Sigma\,(\Upsilon, \Theta)$)). Ejemplo: $\aleph$ (Juan, ($\wp\,(\Sigma\,$(el cerdo, peso^n), $\Sigma\,$(el cerdo, peso^{n+m}))) [Juan engorda al cerdo].

Como puede observarse, existe una jerarquía entre los tres esquemas eventivos: no hay acciones sin procesos y no hay procesos sin estados. Los estados son los elementos más primitivos de los esquemas eventivos, y las acciones, los más elaborados.

La idea que seguimos aquí es que esta jerarquía es universal y que la semántica oracional de todas las lenguas puede describirse utilizando estos tres conceptos. Obtenemos, pues, el siguiente universal:

───────────────── | Universal 6 | ─────────────────

Estados, Procesos y Acciones constituyen una jerarquía semántica universal.

Para señalar los individuos participantes en los estados, procesos y acciones vamos a utilizar la notación: $\Upsilon^\wp$ y $\Upsilon^\aleph$. En el caso de los procesos es claro que $\Upsilon^\wp$ hace referencia al individuo que cambia de estado y por tanto que participa tanto en el estado de partida como en el de llegada. Por su parte, como hemos visto, $\Upsilon^\wp$ puede ser diferente de $\Upsilon^\aleph$ o agente, aunque no necesariamente. Se dan, en efecto, los dos casos:

ESQUEMA 7.15. *Identificación de las entidades en los EE.*

1. $\Upsilon^\wp = \Upsilon^\aleph$: *Juan se hace enfermar.* Fórmula:
   $\aleph$ (Juan, $\wp(\Sigma\,$(Juan, no enfermo), $\Sigma\,$(Juan, enfermo))).
2. $\Upsilon^\wp \neq \Upsilon^\aleph$: *Juan hace enfermar a Pedro.* Fórmula:
   $\aleph$ (Juan, $\wp(\Sigma\,$(Pedro, no enfermo), $\Sigma\,$(Pedro, enfermo))).

Para obtener un proceso es imprescindible que sea la misma entidad la que está en los dos estados que lo definen (por ejemplo, si Juan es más alto que Pedro obtenemos un estado, pero no un proceso; sólo hay proceso si, en un momento dado, Juan es más alto de lo que era en un momento anterior); por ello, mediante $\Upsilon^{\wp}$ nos referimos a ese individuo único que verifica ambos estados. No ocurre lo mismo con la entidad que provoca un proceso: ésta puede ser diferente de la que experimenta el proceso causado. Por ello, podemos decir que $\Upsilon^{\wp}$ es el *participante interno* de la acción (por ser el protagonista del proceso correspondiente) y que Υ^{*} es el *participante externo* de la acción.

Hay dos tipos de estados. Los *locativos* expresan una relación entre una entidad y una localización espacial o temporal; los *atributivos* expresan que una entidad tiene determinada propiedad. Así, por ejemplo, *estar en Madrid* denota un esquema eventivo locativo y *estar enfermo* denota un esquema eventivo atributivo.

Para obtener estados podemos usar propiedades o localizaciones simples o complejas. Por ejemplo, *Madrid* es una localización simple y *enfermo* es una propiedad simple. Por otro lado, *la casa de mi abuela,* es una localización compleja y *de los que nunca se ponen enfermos,* denota una propiedad compleja, de modo que oraciones como *Juan está en la casa de mi abuela* o *Juan es de los que que nunca se ponen enfermos,* son estados igualmente. En el caso de *Juan es Pedro,* la expresión *es Pedro* denota la propiedad de ser idéntico a Pedro. La posibilidad de crear propiedades complejas es común a todas las lenguas conocidas, por lo que podemos proponer el siguiente universal:

| Universal 7 |

Toda lengua tiene mecanismos para crear propiedades complejas.

Las propiedades complejas implicadas en los estados tales como *tener un coche* se derivan de una relación entre la entidad que tiene la propiedad y otra entidad. La posesión es un tipo de relación que puede dar origen a propiedades. Así, *Juan tiene un coche* denota un estado consistente en especificar que el individuo denotado por *Juan* presenta la propiedad denotada por *tiene un coche.*

Como vemos, los estados pueden ser denotados también por verbos. *Juan sabe inglés, Juan tiene la gripe, a Juan le duele la cabeza* denotan todos estados.

Los procesos pueden ser de diferentes tipos. Como ya hemos visto, los procesos son transiciones entre dos estados en los que se encuentra y va a encontrar un individuo. Estas transiciones pueden consistir en los siguientes casos: pueden ser *transiciones locativas* o *movimientos* en donde una entidad de estar localizada en un sitio, pasa a estar localizada en otro y *transiciones cualitativas* o *cambios,* en donde una propiedad sufre algún tipo de transformación. Proponemos el siguiente esquema:

ESQUEMA 7.16. *Tipos de transición entre estados.*

1. *Movimientos:* una entidad pasa de estar localizada en un lugar a estar localizada en otro. Fórmula: Σ (Υ, LOC1) $\Rightarrow$ Σ (Υ, LOC2)
2. *Cambios:* una propiedad de una entidad experimenta alguna modificación.
   a) *Adquisiciones:* una entidad adquiere una propiedad que antes no tenía. Fórmula: Σ (Υ, no P) $\Rightarrow$ Σ (Υ, P)
   b) *Privaciones:* una entidad pierde una propiedad. Fórmula: Σ (Υ, P) $\Rightarrow$ Σ (Υ, no P)
   c) *Intensificaciones:* una entidad aumenta el grado en el que tiene una determinada propiedad. Fórmula: Σ (Υ, P^n) $\Rightarrow$ Σ (Υ, P^m), n < m
   d) *Debilitamientos:* una entidad disminuye el grado en el que tiene una determinada propiedad. Fórmula: Σ (Υ, P^m) $\Rightarrow$ Σ (Υ, P^n), n < m
   e) *Transformaciones:* una entidad ve transformado el estado en que se encuentra, pasando a estar en un estado cualitativamente diferente al anterior. Fórmula: Σ (Υ, P) $\Rightarrow$ Σ (Υ, Q)

Veamos brevemente los cambios. Un ejemplo del primer caso es el paso de *soltero* (no casado) a *casado;* la pérdida de una propiedad se ve en el paso de estar *vivo* a estar *muerto.* Tal como hemos definido los procesos, es claro que a cada tipo de transición le corresponde un tipo de proceso. Vamos a denominar los procesos correspondientes: *procesos adquisitivos* y *procesos privativos.* De este modo, *casarse* denota un proceso adquisitivo y *morirse,* un proceso privativo. A ambos tipos de proceso los vamos a denominar *innovativos* para diferenciarlos de los procesos modificativos. Vamos a concebir la intensificación, debilitamiento y transformación estativas como subtipos de este tipo modificativo. La intensificación tiene lugar cuando de una entidad pasa a predicarse la misma propiedad, pero en mayor grado. Por ejemplo, *engordar* indica que una entidad pasa de tener la propiedad de pesar *n* kilos a pesar *n + m* kilos. Diremos que *engordar* es un proceso *aumentativo.* El debilitamiento es el proceso contrario; por ello, *adelgazar* ejemplifica el proceso *diminutivo.* Por último, la transformación cualitativa se produce cuando una propiedad se convierte o transforma en otra. Por ejemplo, *evaporarse* denota un proceso *cualitativo.* Los procesos en los que intervienen movimientos se pueden denominar *desplazamientos* y aquéllos otros en los que interviene cambios, pueden denominarse *mutaciones.* Obtenemos, por consiguiente, la siguiente clasificación de los procesos:

ESQUEMA 7.17. *Tipos de procesos.*

1. DESPLAZAMIENTOS: *irse de*
   Juan se va de Madrid
   $\wp$((Σ (Juan, Madrid), Σ (Juan, LOC))
2. MUTACIONES
   a) INNOVACIONES
      i) adquisiciones: *casarse*
         Juan se casa
         $\wp$((Σ (Juan, no casado), Σ (Juan, casado))
      ii) privaciones: *morirse*
         Juan se muere
         $\wp$((Σ (Juan, vivo), Σ (Juan, no vivo))

ESQUEMA 7.17. *(Continuación).*

---

b) MODIFICACIONES
   i) CUANTITATIVAS
      a) aumentos: *engordar*
        Juan engorda
        $\wp((\Sigma(\text{Juan, peso n}), \Sigma(\text{Juan, peso m})); n < m$
      b) disminuciones: *adelgazar*
        Juan adelgaza
        $\wp((\Sigma(\text{Juan, peso m}), \Sigma(\text{Juan, peso n})); n < m$
   ii) TRANSFORMACIONES: *evaporarse*
      El agua se evapora
      $\wp((\Sigma(\text{el agua, líquido}), \Sigma(\text{el agua, vapor}))$

Podemos postular que estos tipos los conocen todas las lenguas del mundo y que, por tanto, son universales.

Universal 8

Los procesos pueden ser desplazamientos y mutaciones.

Universal 9

Las mutaciones pueden ser innovaciones, modificaciones y transformaciones.

Veamos cómo se aplica el análisis semántico de las acciones a una serie de casos concretos, que pueden plantear algunos problemas:

EJEMPLO 9

1. Juan mira a Pedro.
2. Juan lee el libro.
3. Juan habla.
4. Juan come.
5. Juan camina.

Podemos conceptuar los sucesos descritos en estas cuatro oraciones como acciones, ya que, por ejemplo, las cuatro pueden ser contestaciones a la pregunta:

¿Qué hace Juan? De hecho, las preguntas que corresponden a cada uno de los tipos de esquema eventivo son las siguientes:

ESQUEMA 7.18. *Preguntas que inducen los tres tipos de esquemas eventivos.*

> 1. ¿Qué/Cómo es Juan? Juan es alto [ESTADO]
> 2. ¿Qué le ha pasado a Juan? Que ha engordado [PROCESO]
> 3. ¿Qué hace Juan? Engordar al cerdo [ACCIÓN]

Consideremos el primer ejemplo ¿Qué proceso ocasiona Juan cuando mira a Pedro? Podemos ver fácilmente de qué proceso se trata si pasamos la oración a la voz pasiva: *Pedro es mirado por Juan.* En esta oración se atribuye a Pedro la propiedad de ser mirado por Juan. Por ello, podemos formular su estructura semántica como sigue:

EJEMPLO 10

Estructura semántica de Juan mira a Pedro

ℵ (Juan, ℘ (Σ (Pedro, no mirado), Σ (Pedro, mirado))).

La segunda oración se interpreta semánticamente de modo análogo. Si observamos la voz pasiva correspondiete, veremos que se atribuye *ser leído* a *libro:* es decir, se hace referencia al paso de un estado, en el que el libro no está leído por Juan, a otro en el que el libro está leído por Juan. La fórmula que corresponde es, por consiguiente, la que se indica a continuación:

EJEMPLO 11

Estructura semántica de Juan lee el libro

ℵ (Juan, ℘ (Σ (el libro, no leído), Σ (el libro, leído))).

Como hemos visto, el proceso que incluye esta acción se expresa mediante la pasiva correspondiente *(el libro es leído)* y el estado de llegada se expresa mediante una construcción resultativa *(el libro está leído)*.

En el caso de *Juan habla* o *Juan come,* tenemos también acciones en las que no parece estar implicado proceso alguno. No es así. Ellas implican un proceso, aunque no se haga explícito ni léxicamente ni sintácticamente. En los ejemplos concretos que analizamos *Juan* es el agente de dos procesos diferentes. El proceso de *hablar* consiste en la producción o creación de mensajes lingüísticos. Todo proceso de creación implica un movimiento de un estado de no existencia de la entidad creada a un estado de existencia de la entidad creada. Así, *Juan hace una silla* puede analizarse como ℵ(Juan, ℘(Σ (silla, no existente), Σ (silla, existente))). De modo análogo *Juan habla* puede representarse semánticamente como ℵ(Juan, ℘(Σ (DISCURSO, no existente), Σ (DISCURSO, existente))). Mediante la expresión DISCURSO señalamos un elemento semántico abstracto que no tiene realización léxica ni sintáctica. Hay lenguas, sin embargo, en las que existe un elemento léxico correspondiente a DISCURSO en este caso. Veamos cómo se dice *Juan habla* en vasco:

EJEMPLO 12

Jon-ek	hitz	egi-ten	du
Juan-Erg	palabra	hecho-ASP	ha
'Juan habla'			

Puede comprobarse fácilmente que en vasco *hablar* se traduce literalmente como *hacer palabra;* es decir, en esta lengua se pone de manifiesto ese elemento implicado en el proceso ocasionado por la acción correspondiente, que en español no se lexicaliza.

Tampoco debemos olvidar que la propia palabra *hablar* procede históricamente de la derivación de un verbo a partir del sustantivo latino *fabula;* es decir, se toma como punto de partida lo producido por el acto de hablar para denotar este acto. No sería descabellado pensar que, en su origen, *hablar* significara *hacer o inventar fábulas,* idea similar a la que pone de manifiesto la expresión vasca.

Podemos proponer un análisis similar para *Juan come.* Es tradicional pensar que, en este caso, en la estructura semántica existe un elemento abstracto necesario para definir el concepto de comer como acción ejercida sobre un objeto determinado. Vamos a denominar ALIMENTO a este elemento semántico abstracto. La estructura que cabe asignar a *Juan come* es, pues, la siguiente:

EJEMPLO 13

Estructura semántica de Juan come

ℵ(Juan, ℘ (Σ (ALIMENTO, no comido), Σ (ALIMENTO, comido))).

Estos casos de falta de expresión léxica del participante interno, se explican fácilmente por el hecho de que ese participante pertenece canónicamente a un tipo muy característico (denotado aquí mediante ALIMENTO) y puede omitirse su caracterización precisa si no interesa hacerla.

Pasamos ahora a la oración *Juan camina*. Se trata de un caso similar al que acabamos de examinar, pero con una diferencia. Ahora existe una identidad entre el argumento interno y externo; es decir, quien experimenta el cambio de estado es quien controla la acción. Dicho de otro modo, Juan realiza la siguiente acción: pasa de estar en un lugar a estar en otro lugar. Además los lugares en cuestión son elementos comodines abstractos que denotaremos LUGAR1 y LUGAR2. Por tanto, la estructura semántica de *Juan camina* es la siguiente:

EJEMPLO 14

Estructura semántica de Juan camina

$\aleph$ (Juan, $\wp$ (Σ (Juan, LUGAR1), Σ (Juan, LUGAR2))).

Como los lugares son indeterminados, lo único que tenemos que comprobar, para ver si es verdad que Juan camina, es que Juan está en un determinado instante en un lugar y al instante siguiente está en otro lugar (aunque sea contiguo al anterior).

2.2. Modalidades de proceso

Existen dos modalidades de proceso fundamentales: la *télica* y la *atélica*. Los procesos *télicos* se caracterizan por el hecho de que el estado resultante o final es definido. Decimos que un estado es definido si el participante en el estado y la propiedad o lugar que lo caracterizan lo son. Un proceso será *atélico* si no se da esta circunstancia respecto del estado de llegada. Consideremos los dos procesos siguientes: *se redactan informes,* frente a *los informes son redactados*. El primer es atélico, ya que *informes* no es definido, y el segundo es télico, ya que *los informes* es un sintagma nominal definido. Las acciones pueden clasificarse también en télicas o atélicas según contengan procesos definidos o no definidos. Así, *Juan redacta informes* es una acción atélica, y *Juan redacta los informes* es una acción télica.

Un proceso es atélico cuando su estado resultante contiene un elemento semántico abstracto. De este modo, *Juan come* es una acción atélica, pues contiene un proceso atélico; también es atélica la acción *Juan come pasteles*. Por su parte, *Juan se come la tarta* es una acción télica, pues el proceso *comerse la tarta* es télico. De modo similar, *Juan camina* es una acción atélica, ya que el proceso que incluye lo es también. Supongamos que la localización abstracta que figura en la estructura semántica de *Juan camina* se sustituye por una localización concreta, léxicamente especificada; como el participante en dicha localización también es definido, obtenemos una acción télica. Por ejemplo, *Juan camina a la estación* supone una especificación de la localización del estado resultante incluido en el proceso y, por tanto, estamos ante un proceso télico y, por consiguiente, ante una acción télica. Vemos todo esto en el siguiente esquema:

ESQUEMA 7.19. *Acción télica y atélica.*

1. *Acción atélica*: Juan camina
   Fórmula: ℵ (Juan, ℘ (Σ (Juan, LUGAR1), Σ (Juan, LUGAR2)))
2. *Acción télica*: Juan camina a la estación
   Fórmula: ℵ (Juan, ℘ (Σ (Juan, LUGAR1), Σ (Juan, la estación)))

Puede comprobarse fácilmente que el estado resultante de estructura semántica de la segunda oración es Σ (Juan, la estación) y tiene carácter definido, pues los dos participantes en el estado *(Juan y la estación)* son definidos.

Por tanto, podemos hacer la siguiente clasificación de los esquemas eventivos. Tendremos, en primer lugar, los estados que pueden ser definidos *(las mesas están rotas)* e indefinidos *(hay mesas rotas)*. En segundo lugar, tenemos procesos atélicos *(se venden pisos)* y télicos *(los pisos se venden)*. En tercer lugar, tenemos *acciones atélicas (Juan vende pisos)* y acciones télicas *(Juan vende los pisos)*. Siguiendo una terminología frecuente en los estudios de la semántica de los eventos, a los procesos y acciones atélicas se les ha denominado *actividades,* y a los procesos y acciones télicas se las ha denominado *realizaciones*. Obtenemos, por tanto, el siguiente esquema:

ESQUEMA 7.20. Subtipos de esquemas eventivos.

1. Estados:
   a) *Indefinidos:* Hay pisos en venta; Hay ratones aquí
      Fórmulas: Σ (pisos, venta); Σ (ratones, aquí)
   b) *Definidos:* El piso está en venta; El ratón está aquí
      Fórmulas: Σ (el piso, venta); Σ (el ratón, aquí)
2. Procesos:
   a) *Atélicos:* Se venden pisos; por aquí salen ratones
      Fórmulas: ℘ (Σ (pisos, no vendidos), Σ (piso, vendidos)); ℘ (Σ (ratones, no aquí), Σ (ratones, aquí))
   b) *Télicos:* Se vende el piso; por aquí sale el ratón
      Fórmulas: ℘ (Σ (el piso, no vendido), Σ (el piso, vendido)); ℘ (Σ (el ratón, no aquí), Σ (el ratón, aquí))
3. Acciones:
   a) *Atélicas:* Juan vende pisos; Juan hace salir ratones por aquí
      Fórmulas: ℵ (Juan, ℘ (Σ (pisos, no vendidos), Σ (pisos, vendidos))); ℵ (Juan, ℘ (Σ (ratones, no aquí), Σ (ratones, aquí)))
   b) *Télicas:* Juan vende el piso; Juan hace salir el ratón por aquí
      Fórmulas: ℵ (Juan, ℘ (Σ (el piso, no vendido), Σ (el piso, vendido))); ℵ (Juan, ℘ (Σ (el ratón, no aquí), Σ (el ratón, aquí)))

2.3. Dinámica de los EE

Los tres tipos de esquemas eventivos, *estados, procesos* y *acciones,* no son categorías estáticas, sino dinámicas. Ello significa que podemos convertir estados en procesos, procesos en acciones, acciones en procesos o procesos en estados. Es decir, estas categorías nos pueden servir para enfocar diferentes aspectos de una misma realidad y, así, dar a la lengua una enorme flexibilidad y capacidad expresiva.

Universal 10

Los tipos de esquemas eventivos son categorías semánticas dinámicas. Puede haber recategorización de un tipo en otro.

El paso de Σ a $\wp$ lo vemos en casos como *Juan es gordo* frente a *Juan ha engordado.* El primero es un estado y el segundo es un proceso. En español esta derivación semántica se manifiesta mediante una derivación morfológica paralela. En vasco tenemos algo similar: de *Jon gizena da* 'Juan es gordo', podemos obtener *Jon gizendu da* 'Juan ha engordado', en donde de *gizen* 'gordo', obtenemos *gizendu* 'engordar'. A su vez, a partir de este $\wp$ podemos obtener una ℵ como la expresada por la oración *Juan ha engordado al cerdo.* Ahora *engordar* denota una acción que conlleva el proceso que antes se denotaba mediante el mismo verbo, y que afecta al cerdo, en este caso. De modo análogo, en vasco podemos decir *Jonek txerria gizendu du* 'Juan ha engordado al cerdo', en donde el auxiliar *du* 'tiene' ha convertido un verbo que denota proceso en un verbo que denota una acción.

En sentido inverso, podemos convertir una ℵ en un $\wp$. Por ejemplo, podemos relacionar *Juan ha matado a Pedro,* que denota una acción, con *Pedro se ha muerto,* que denota un proceso, y esta última oración con *Pedro está muerto,* que denota un estado. En vasco tendríamos con este ejemplo un caso paralelo al del párrafo anterior, ya que *hil* significa tanto 'morir' como 'matar'. Tenemos, pues, *Jonek Pedro hil du* como traducción de *Juan ha matado a Pedro, Pedro hil da* como traducción de *Pedro se ha muerto,* y *Pedro hilda dago* como traducción de *Pedro está muerto.* Obtenemos el siguiente esquema:

ESQUEMA 7.21. *Recategorizaciones de los tipos de esquemas eventivos.*

1. Σ ⇒ $\wp$:
   Juan es gordo ⇒ Juan ha engordado
2. $\wp$ ⇒ ℵ:
   Juan ha engordado ⇒ Juan ha engordado al cerdo
3. ℵ ⇒ $\wp$:
   Juan ha matado a Pedro ⇒ Pedro ha muerto
4. $\wp$ ⇒ Σ:
   Pedro ha muerto ⇒ Pedro está muerto

A partir de una acción podemos hacer referencia al proceso correspondiente mediante la pasivización, y al estado resultante mediante la resultativización. Veamos un ejemplo de estas posibilidades:

EJEMPLO 15

Estativización de acciones

1. *Acción:* Juan ha comprado el piso
   Fórmula: א (Juan, ℘ (Σ (el piso, no comprado), Σ (el piso, comprado)))
2. *Proceso:* El piso es comprado (por Juan)
   Fórmula: ℘ (Σ (el piso, no comprado), Σ (el piso, comprado))
3. *Estado:* El piso está comprado
   Fórmula: Σ (el piso, comprado)

La recategorización inversa va de los estados a las acciones. El paso de un estado a un proceso se suele expresar en español mediante la morfología derivativa o mediante una perífrasis con *quedarse* o *ponerse,* creando un verbo deadjetival y de este proceso a una acción, mediante una perífrasis causativa con *hacer,* si el verbo del proceso no tiene interpretación causativa. Veamos un ejemplo.

EJEMPLO 16

Agentivización de estados

1. *Estado:* Juan está enfermo, Juan está nervioso
   Fórmulas: Σ (Juan, enfermo), Σ (Juan, nervioso)
2. *Proceso:* Juan enferma, Juan se pone nervioso
   Fórmulas: ℘(Σ (Juan, no enfermo), Σ (Juan, enfermo)), ℘(Σ (Juan, no nervioso), Σ(Juan, nervioso))
3. *Acción:* Pedro pone nervioso a Juan, Pedro hace enfermar a Juan
   Fórmulas: א (Pedro, ℘(Σ (Juan, no nervioso), Σ (Juan, nervioso))), א (Pedro, ℘(Σ (Juan, no enfermo), Σ (Juan, enfermo)))

Estos procesos se dan en todas las lenguas, aunque no en todas se reflejan morfológicamente del mismo modo. Tenemos el siguiente universal:

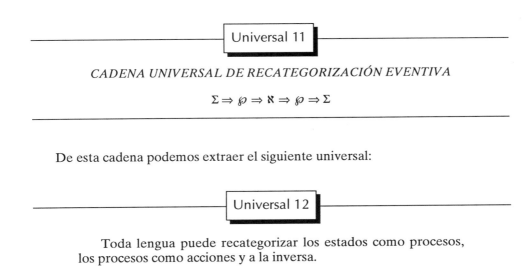

Universal 11

CADENA UNIVERSAL DE RECATEGORIZACIÓN EVENTIVA

$$\Sigma \Rightarrow \wp \Rightarrow \aleph \Rightarrow \wp \Rightarrow \Sigma$$

De esta cadena podemos extraer el siguiente universal:

Universal 12

Toda lengua puede recategorizar los estados como procesos, los procesos como acciones y a la inversa.

Veremos, en el capítulo siguiente, dedicado a la sintaxis, cómo se manifiestan sintácticamente estos procesos de recategorización en diversas lenguas.

2.4. Esquemas eventivos, tipos eventivos y eventos

• *Esquemas eventivos libres y participantes*

Hasta ahora hemos visto los tipos fundamentales de esquema eventivo. También hemos visto cuál es la estructura interna de esos tipos. Vamos a denominar *participante* a aquella entidad que contrae una de las tres relaciones eventivas. Dada la estructura de los estados y de los procesos, podemos ver fácilmente que tanto unos como otros afectan a un único participante. Por otro lado, las acciones tienen típicamente dos participantes, aunque pueden coincidir, tal como vimos en la sección anterior. Frente a ellas, los procesos implican necesariamente a un único participante en los dos estados definitorios del mismo. En virtud de esta diferencia decíamos que el participante de un proceso es interno, y el participante en una acción que contrae la relación $\aleph$ con el proceso es externo a éste.

Diremos que un EE está *libre* (EEL) cuando no va provista la expresión que lo denota de las palabras que refieren sus participantes. Un verbo sin flexión personal denota un EEL. La fórmula $\Sigma\,(\Upsilon,\Pi)$ indica un esquema eventivo libre (EEL). Por ejemplo, el predicado *ser español* denota un EEL que se puede expresar mediante la fórmula $\Sigma\,(\Upsilon, \text{español})$, donde Υ es una variable sobre participantes. Por su parte, el predicado *hacerse español* denota un EEL que puede notarse como $\wp\,(\Sigma\,(\Upsilon, \text{no español}),$ $(\Sigma\,(\Upsilon, \text{español}))$. Por último, el verbo transitivo *hacer español* denota un EEL cuya estructura semántica es $\aleph\,(\Upsilon^{\aleph},\ \wp\,((\Upsilon, \text{no español}),\ ((\Upsilon, \text{español}))$. Obtenemos el siguiente esquema:

ESQUEMA 7.22. *Tres esquemas eventivos libres.*

> 1. Ser español:
> $\Sigma\,(\Upsilon^{\Sigma},\text{español})$
> 2. Hacerse español:
> $\wp(\Sigma\,(\Upsilon^{\Sigma},\text{no español}),\Sigma\,(\Upsilon^{\Sigma}\ \text{español}))$
> 3. Hacer español:
> $\aleph(\Upsilon^{\aleph},\wp(\Sigma\,(\Upsilon^{\Sigma},\text{no español}),\Sigma\,(\Upsilon^{\Sigma},\text{español})))$

Utilizamos Υ^{Σ} para hacer referencia al participante en un estado y $\Upsilon^{\aleph}$ para señalar el participante agente de una acción.

Cuando un EEL ve sustituido por constantes las variables que indican los participantes, tenemos un esquema eventivo saturado. Cuando, en una acción, sustituimos por una constante sólo uno de los dos participantes implicados, entonces obtenemos un esquema eventivo parcialmente saturado. Señalamos todo esto en el siguiente esquema:

ESQUEMA 7.23. *Saturación de los esquemas eventivos del esquema 7.22.*

> *Esquemas eventivos totalmente saturados*
> 1. Juan es español:
> $\Sigma\,(\text{Juan},\text{español})$
> 2. Juan se hace español:
> $\wp(\Sigma\,(\text{Juan},\text{no español}),\Sigma\,(\text{Juan},\text{español}))$
> 3. Garzón hace español a Juan:
> $\aleph\,(\text{Garzón},\wp(\Sigma\,(\text{Juan},\text{no español}),\Sigma\,(\text{Juan},\text{español})))$
>
> *Esquema eventivo parcialmente saturado*
> Hacer español a Juan:
> $\aleph\,(\Upsilon^{\aleph},\wp(\Sigma\,(\text{Juan},\text{no español}),\Sigma\,(\text{Juan},\text{español})))$

Los EE totalmente saturados los vamos a llamar *tipos eventivos* (TE).

• *Tipos eventivos y participantes accidentales*

El participante interno de los estados y procesos junto con el participante externo de las acciones, pueden conceptuarse como participantes esenciales de los tipos eventivos. En efecto, un estado se produce cuando una entidad tiene una propiedad, un proceso, cuando una entidad adquiere una propiedad, y una acción cuando una entidad provoca la adquisición por parte de otra (no necesariamente diferente) de una propiedad.

Ahora bien, podemos especificar en los tipos eventivos otros participantes no esenciales, sino accidentales, que, sin definir estos tipos de esquemas eventivos, ayudan a especificarlos de distintas formas. Se pueden enumerar algunas de las relaciones que ponen en contacto determinadas entidades y los TE. Estas relaciones se pueden denominar *indirectas* y conectan entidades que no son participantes esenciales en el tipo eventivo, con ese tipo eventivo.

Pensemos, para poner un ejemplo, en la función semántica que podemos denominar *instrumento* (INST). Partimos de la oración *Juan compra el regalo* con la representación semántica siguiente:

ESQUEMA 7.24. *Estructura semántica de* Juan compra el regalo.

> ℵ(Juan, ℘(Σ (el regalo, no comprado), (Σ (el regalo, comprado))

Podemos abreviar esta estructura semántica mediante la expresión ℵ(Juan compra el regalo).

Pues bien, el tipo eventivo que acabamos de describir en él, puede ser precisado especificando una relación con otro participante, esta vez no esencial en la definición del TE, que puede ser el denotado por el sintagma *con tarjeta de crédito,* con lo que obtenemos *Juan compra el regalo con tarjeta de crédito,* cuya representación semántica abreviada es la siguiente:

ESQUEMA 7.25. *Representación semántica de*
Juan compra el regalo con tarjeta de crédito.

> INST (tarjeta de crédito, ℵ(Juan compra el regalo))

Esto se interpreta del siguiente modo: existe una relación INST entre un tipo de entidad (tarjeta de crédito) y un tipo eventivo determinado. En este caso, se entiende que el agente se vale del instrumento para llevar a efecto la acción.

Lo que obtenemos, al aplicar la relación INST a una entidad o tipo de entidad y un TE, es un nuevo TE que podemos decir que está especificado para INST. Un TE especificado puede también volver a especificarse para alguna otra relación indirecta. Por ejemplo, existe la relación ORIG que relaciona entidades con TE (especificados o no) que los causan u originan. Supongamos que Pedro es la causa de que Juan use la tarjeta de crédito en vez de dinero para comprar el regalo. En este caso, el TE especificado del esquema 7.25 se puede volver a especificar con la relación ORIG del siguiente modo:

ESQUEMA 7.26.

> ORIG (Pedro, [INST (tarjeta de crédito, ℵ(Juan compra el regalo))])

Esta estructura semántica se puede realizar como *Juan compra el regalo con tarjeta de crédito por Pedro,* en la interpretación de que Juan usa la tarjeta de crédito para comprar el regalo a instancias de Pedro.

Podemos invertir el orden de los participantes accidentales para obtener *Juan compra el regalo por Pedro con tarjeta de crédito;* en este caso se nos dice que Pedro es la causa de Juan compre el regalo y además, Juan, por su propia iniciativa, lo compra con tarjeta de crédito. Esta acepción la obtenemos si aplicamos primero la relación ORIG y luego INST, con lo cual producimos la siguiente estructura:

ESQUEMA 7.27.

INST (tarjeta de crédito [ORIG (Pedro, ℵ(Juan compra el regalo))])

Como vemos, las relaciones con participantes indirectos restringen los TE de diversas formas, pero no afectan a su definición. Además, dan lugar a diversas interpretaciones según unas relaciones estén dentro del ámbito de otras. Así, si la relación INST está en el ámbito de ORIG, entonces obtenemos la acepción en la que Juan compra el regalo con tarjeta de crédito a instancias de Pedro. Por otra parte, si es la relación ORIG la que está dentro del ámbito de INST, Pedro causa que Juan compre el regalo, pero no que use la tarjeta de crédito para hacerlo.

Una relación adicional es la de destinatario (DEST) de la acción, que indica la entidad en favor o en detrimento de la cual se realiza dicha acción. Por ejemplo, *Juan compra el regalo para María,* puede significar que Juan lo hace para obsequiar con él a María. Como en el caso anterior, podemos combinar las tres relaciones indirectas. Resultan, con ello, las siguientes posibilidades:

ESQUEMA 7.28. *Interpretaciones de diversas variantes sintácticas de la oración.*

---

1. *Juan compra el regalo con tarjeta de crédito por Pedro para María*
   Significado: Juan obsequia a María el regalo que Pedro le hace comprar con tarjeta de crédito (Pedro no le obliga a regalárselo a María)
   Fórmula: DEST (María [ORIG (Pedro, [INST (tarjeta de crédito, ℵ(Juan compra el regalo))])])
2. *Juan compra el regalo con tarjeta de crédito para María por Pedro*
   Significado: Pedro hace que Juan obsequie a María el regalo que va a comprar con tarjeta de crédito.
   Fórmula: ORIG (Pedro, [DEST (María, [INST (tarjeta de crédito, ℵ(Juan compra el regalo))])])
3. *Juan compra el regalo por Pedro con tarjeta de crédito para María*
   Significado: Juan obsequia a María el regalo que Pedro le ha obligado a comprar y que ha pagado con tarjeta de crédito (Pedro no le obliga a pagarlo con tarjeta ni a dárselo a María, sólo a comprarlo)
   Fórmula: DEST (María, [INST (tarjeta de crédito, [ORIG (Pedro, ℵ(Juan compra el regalo))])])
4. *Juan compra el regalo para María por Pedro con tarjeta de crédito*
   Significado: Juan paga con tarjeta de crédito el regalo que Pedro le ha obligado a comprar a María. (Pedro no le obliga a pagar con tarjeta de crédito)
   Fórmula: INST (tarjeta de crédito, [ORIG (Pedro, [DEST (María, ℵ(Juan compra el regalo))])])

Como puede comprobarse fácilmente, el orden relativo de los tres complementos *con tarjeta de crédito, por Pedro* y *para María* refleja su distinta posición en la estructura semántica que se asigna a cada una de las variedades de la oración analizada.

Las relaciones indirectas que hemos visto son INST, ORIG, DEST y también habría que incluir modo (MOD) y compañía (COMP). Croft (1991: 178-179) propone las siguientes relaciones indirectas: *comitativo, instrumento, modo, medio, benefactivo, causa, agente pasivo, resultado, propósito.* Estas funciones se pueden analizar en términos de las que hemos propuesto. El medio se puede subsumir en INST, la causa y el agente pasivo en ORIG; el benefactivo, resultado y propósito se pueden fundir en DEST, siempre que tengamos una visión lo suficientemente abstracta de estas nociones. A su vez MOD y COMP podrían fundirse en INST que podría rebautizarse como relación *comitativa*. En efecto, la diferencia entre MOD e INST es que, en el segundo caso, una entidad se relaciona como copresente en el TE y, en el primer caso, se trata de una propiedad. La compañía puede verse con un caso de co-presencia que no afecta a la acción, proceso o estado mismo. Todas estas relaciones *(instrumento, compañía y modo)* podemos concebirlas, siguiendo a Seiler (1975) y extrayendo un rasgo común, como subtipos de funciones de *concomitancia* (CON). Por tanto, tenemos que las tres relaciones indirectas fundamentales son CON, ORIG, DEST.

| Universal 13 |

Las relaciones eventivas indirectas son CON, ORIG y DEST.

Las relaciones ORIG y DEST se puede concebir de modo más abstracto como CAUSA y FIN.

• *Los eventos y las circunstancias espacio-temporales*

Los TE pueden situarse espacio-temporalmente; con ello obtenemos eventos. Éstos se pueden definir como realizaciones concretas de tipos eventivos. Un tipo eventivo se suele manifestar mediante una expresión oracional atemporal. Como por ejemplo, *Comprar Juan el regalo con tarjeta de crédito*. Esta secuencia constituye una predicación completa: tiene un verbo transitivo junto con un sujeto u objeto directo y un complemento instrumental. Sin embargo, no es una oración ya que no caracteriza ningún evento que suceda efectivamente, sino solamente un tipo de evento que puede realizarse mediante una infinitud de eventos concretos. Dicho de otro modo, hay una cantidad infinitamente grande de eventos concretos que pueden ejemplificar ese tipo eventivo. El tipo eventivo en cuestión puede realizarse indefinidamente a lo largo de muchos momentos temporales. Para conseguir hacer referencia a un evento debemos especificar que, en un momento y espacio determinado, hay una realización concreta de ese TE, escrito mediante la siguiente fórmula lógica:

FÓRMULA 1

$$\exists e\, R\,(e, TE)$$

en donde *e* denota una variable sobre eventos concretos y *R* denota la relación de realización que se da entre un evento concreto y un tipo eventivo. La leemos como *existe ($\exists$) un evento e que realiza (R) un tipo eventivo TE*. Tambien podemos concebir extensionalmente un TE como el conjunto de todos los eventos *e* que lo realizan.

Desde el momento en el que temporalizamos la secuencia *Comprar Juan el regalo con tarjeta de crédito* para obtener, por ejemplo, *Juan compró el regalo con tarjeta de crédito,* estamos haciendo ya referencia a un evento concreto del tipo indicado. Además, mediante un adverbio temporal como *ayer* podemos caracterizar ese momento pasado en el que se realizó el TE implicado.

Siguiendo la sugerencia que acabamos de hacer en la que identificamos un TE como el conjunto de eventos que realizan ese tipo, podemos notar un TE del siguiente modo:

FÓRMULA 2

λe R (e, TE)

que se lee: "conjunto de los eventos *e* que tienen la relación R con un TE determinado" o "propiedad de ser un *e* tal que contrae la relación de realización eventiva (R) con un TE". En el caso que nos ocupa, el TE *Comprar Juan el regalo con tarjeta de crédito* se puede caracterizar como:

FÓRMULA 3

λe R (e, *comprar Juan el regalo con tarjeta de crédito*).

El operador temporal pasado nos introduce la existencia de un evento que se produce en un intervalo anterior al intervalo que contiene el acto de habla, y que notamos como *h.* De modo que tal operador temporal se puede definir del siguiente modo:

FÓRMULA 4

Definición del operador temporal PASADO (PAS)
λE ∃e ∃i [E (e) & LOC (i, e) & i > h]

En esta fórmula, *E* denota una propiedad de los eventos. LOC denota la relación de localización temporal, que se mantiene entre un evento concreto *e* y un internalo *i;* se especifica además que ese intervalo es anterior al intervalo que contiene el acto locutivo (h) y, por tanto, se conceptúa como pasado. La fórmula 4 se lee del siguiente modo: "conjunto de propiedades eventivas (E) para las que existe (∃) un evento (e) que tiene esa propiedad eventiva (E(e)) y un intervalo (i) en el que se produce (LOC (i, e)) que es anterior al intervalo *h* del acto de habla.

Todo ello significa que podemos aplicar el operador PAS al TE *Comprar Juan el regalo con tarjeta de crédito* entendido de la forma que hemos explicado antes; es decir, como λe R (e, *comprar Juan el regalo con tarjeta de crédito*), que es una propiedad de eventos y, por tanto es una E. Obtenemos la siguiente fórmula:

FÓRMULA 5

PAS (λe R (e, *comprar Juan el regalo con tarjeta de crédito*))

Si desarrollamos la definición de PAS, nos da:

FÓRMULA 6

λE ∃e ∃i [E (e) & LOC (i, e) & i > h] λ (e R (e, *comprar Juan el regalo con tarjeta de crédito*)

que, aunque parece una fórmula muy compleja, es fácilmente comprensible. Se lee así: una de las propiedades E de eventos para las que existe un evento que se produce en el intervalo pasado *i* es la propiedad de ser un evento que realiza el tipo eventivo *comprar Juan el regalo con tarjeta de crédito*. Esto equivale a decir que existe un evento que tiene esa propiedad y que se produce en el momento señalado; es decir, la fórmula 6 es equivalente a la siguiente:

FÓRMULA 7

∃e ∃i [λe R (e, *comprar Juan el regalo con tarjeta de crédito*)(e) & LOC (i, e) & i > h]

Si existe un evento *e* que tiene la propiedad de ejemplificar el TE *comprar Juan el regalo con tarjeta de crédito,* podemos deducir inmediatamente que ese evento *e* realiza tal tipo eventivo, por lo que la fórmula 7 es equivalente a la más sencilla:

FÓRMULA 8

∃e ∃i [R (e, *comprar Juan el regalo con tarjeta de crédito*) & LOC (i, e) & i > h]

que nos dice que hay un evento que realiza el tipo eventivo *comprar Juan el regalo con tarjeta de crédito*, que se produce en un intervalo *i* situado en el pasado.

Podemos fácilmente añadir el adverbio *ayer* si consideramos que esta palabra identifica ese intervalo, del siguiente modo:

FÓRMULA 9

∃e ∃i [R (e, *comprar Juan el regalo con tarjeta de crédito*) & LOC (i, e) & i > h &i = ayer]

2.5. Relaciones eventivas

Una característica de las lenguas humanas es que en ellas se puede expresar qué relación hay entre dos o más eventos. Estas relaciones son fundamentalmente tres: un evento puede tener lugar antes que otro (ANT), después que otro (POST) o (más o menos) a la vez que otro (SIMUL). Simbolizamos estas tres relaciones lógicamente posibles en el siguiente esquema:

ESQUEMA 7.29. *Relaciones básicas entre eventos.*

1. ANTERIORIDAD (ANT): $e_1 < e_2$
2. POSTERIORIDAD (POST): $e_2 < e_1$
3. SIMULTANEIDAD (SIMUL): $e_1 O e_2$

Estas tres relaciones son posiblemente universales; no parece existir ninguna lengua en la que no sea posible expresarlas de una manera u otra.

Universal 14

Las relaciones eventivas ANT, POST y SIMUL son universales.

Se puede postular que las demás relaciones eventivas surgen de estas tres relaciones básicas, mediante el enriquecimiento semántico de las mismas. La relación ANT se convierte en una relación de condición (COND) cuando el primer evento no es sólo anterior al segundo sino también una condición necesaria para que éste se produzca; si se trata de lo que puede denominarse *condición esencial,* es decir, la condición que provoca directamente el segundo evento, entonces tenemos la relación de causalidad (CAUS). Por tanto, tanto causa como condición se derivan de ANT, pues los eventos que denotan causa y condiciones de otros eventos deben darse necesariamente antes que ellos.

Si el evento antecedente es una condición que impide que se produzca el evento siguiente, entonces tenemos un caso de concesividad (CONC) que podemos denominar *concesividad anterior.* En el siguiente esquema presentamos ejemplos de esta clasificación.

ESQUEMA 7.30. *Tipos de anterioridad eventiva.*

e_1 = Juan llegó pronto/tarde; e_2 = (A Juan) le dio tiempo a hacerlo; $e_1 < e_2$

1. *Anterioridad temporal:*
   Ejemplo: *Juan llegó pronto* y le dio tiempo a hacerlo
2. *Anterioridad propiciatoria:*
   a) auxiliar o condicional protática:
       Ejemplo: *Como llegó pronto,* le dio tiempo a hacerlo
   b) esencial o causal:
       Ejemplo: Le dio tiempo a hacerlo *porque llegó pronto*
3. *Anterioridad impeditiva o concesividad anterior:*
   Ejemplo: *Aunque llegó tarde,* le dio tiempo a hacerlo

En el caso de la posterioridad tenemos una situación análoga que pasamos a resumir en el esquema siguiente:

ESQUEMA 7.31. *Tipos de posterioridad eventiva.*

e_2 = Juan hizo/no terminó el trabajo; e_1 = (Juan) lo entregó; $e_2 < e_1$

1. *Posterioridad temporal:*
   Ejemplo: Juan hizo el trabajo *y lo entregó*
2. *Posterioridad propiciatoria:*
   a) auxiliar o condicional apodótica:
   Ejemplo: *Como lo entregó*, lo hizo
   b) esencial o consecutiva:
   Ejemplo: Lo hizo, *porque lo entregó*
3. *Posterioridad impeditiva o concesividad posterior:*
   Ejemplo: *Aunque lo entregó,* no terminó el trabajo

Como puede observarse, se pueden emplear las mismas marcas para la anterioridad y posterioridad eventivas en español.

La simultaneidad eventiva tiene los siguientes subtipos:

ESQUEMA 7.32. *Tipos de simultaneidad eventiva.*

1. *Simultaneidad temporal:*
   Ejemplo: Leía *mientras escuchaba música*
2. *Simultaneidad propiciatoria:*
   Ejemplo: Se instala *doblando hacia atrás la parte superior*
3. *Simultaneidad impeditiva:*
   Ejemplo: *Aun sujetándolo,* se mueve

2.6. Coherencia/incoherencia intereventiva

La *coherencia* intereventiva consiste en que dos o más esquemas eventivos, tipos eventivos o eventos comparten un participante directo o indirecto. La *incoherencia* se produce cuando no se da este extremo.

Por tanto, tenemos los tres siguientes tipos de coherencia intereventiva:

ESQUEMA 7.33. *Tipos de coherencia/incoherencia intereventiva.*

1. *Esquemática:*
   Dos o más esquemas eventivos comparten algún participante directo (coherencia) o no comparten ninguno (incoherencia)
2. *Típica:*
   Dos o más tipos eventivos comparten algún participante indirecto (coherencia), o no comparten ninguno (incoherencia)
3. *Locativa:*
   Dos o más eventos comparten la localización espacio-temporal (coherencia) o no la comparten (incoherencia)

En las secciones siguientes iremos examinando estos subtipos.

• *Coherencia esquemática*

Se trata de la que se produce cuando dos o más esquemas eventivos comparten alguno de los participantes principales. Esto ocurre siempre en la definición del proceso, en el que un mismo individuo participa en dos estados diferentes. En las acciones reflexivas como *Juan se peina,* cuya fórmula es la siguiente:

$$\aleph (\text{Juan}, \wp (\Sigma (\text{Juan, despeinado}), \Sigma (\text{Juan, peinado})))$$

se ve que hay coherencia esquemática completa, pues el mismo participante experimenta el proceso y lo controla.

Hay veces que un esquema eventivo puede tener como argumento otro esquema eventivo. Para poner un ejemplo, vamos a suponer que el esquema eventivo que corresponde al verbo *querer* es un estado; como tal estado, toma como primer argumento un individuo y el segundo argumento en este caso es, a su vez, un esquema eventivo. Supongamos que ese segundo argumento es la acción que corresponde a *ir Juan a París.* Tenemos entonces la siguiente fórmula:

Estructura semántica de Juan quiere ir a París

$$\Sigma^{\text{QUERER}} (\text{Juan}, [\aleph (\text{Juan}, \wp (\Sigma^{\text{ESTAR}} (\text{Juan, LOC}), \Sigma^{\text{ESTAR}} (\text{Juan, París})))])$$

Como vemos, en el ejemplo 18 Juan toma parte en cuatro esquemas eventivos: tres estados y una acción.

Veamos ahora un segundo ejemplo: *Juan oye a Pedro caminar,* en donde consideramos que *oír* denota un estado psico-físico. Tendríamos la siguiente representación:

$$\Sigma^{\text{OÍR}} (\text{Juan}, [\aleph (\text{Pedro}, \wp (\Sigma^{\text{ESTAR}} (\text{Pedro, LOC1}), \Sigma^{\text{ESTAR}} (\text{Pedro, LOC2})))])$$

En ella se dice que Juan está en el estado de la percepción auditiva correspondiente a la acción en la que Pedro se desplaza.

La coherencia esquemática se manifiesta en muchas lenguas del mundo a través de lo que se ha dado en llamar *construcción de verbos en serie* y que nosotros llamamos *construcción polirremática*. Veamos unos ejemplos de esta construcción polirremática en algunas lenguas africanas (extraídos de Larson 1991: 185):

JEMPLO 20

Construcciones polirremáticas en diversas lenguas africanas

a) acano (níger-congo, Ghana):
Kofi	*kɔɔe*	*baae*
Kofi	fue	vino
   'Kofi se fue y vino'

b) fon (familia níger-congo, Benin):
Kɔkú	*sɔ*	*àti*	*hò*	*Àsíba*
Koku	tomar	estaca	pegar	Asiba
   'Koku ha pegado a Asiba con una estaca'

c) yoruba (níger-congo, Nigeria):
Dàdá	*gbé*	*àkpótí*	*lo*	*ilé*	*ní*	*àná*
Dada	tomó	caja	fue	casa	en	ayer
   'Dada llevó la caja a casa ayer'

Esta construcción es también frecuente en las lenguas de Asia; veamos unos ejemplos extraídos de Bisang 1992: 51:

JEMPLO 21

Construcciones polirremáticas en diversas lenguas asiáticas

a) chino:
Tā	*tiào*	*guò*	*qù*	*le*
él	saltar	cruzar	ir	MOD
   'Ha cruzado saltando'

b) miao (China, Vietnam, Tailandia y Laos):
Ces	*ntaus*	*nyui*	*qaug*	*tas*	*nrho*
entonces	golpear	vaca	caer	totalmente	listo
   'Después que hubieron matado la vaca del todo'

c) vietnamita:
Tôi	*tìm*	*chua*	*thây*	*nhà*	*ôngây*
yo	buscar	aún	ver	casa	de él
   'Todavía no he encontrado su casa'

d) tai:

Phŏm	nɔɔn	mâi	làb
yo	yacer	cerrar los ojos	

'No puedo dormir'

e) kemer

Khñom	de:k	muìn	lùɔk
yo yacer	no	dormir	

'No puedo dormir'

La incoherencia esquemática se da cuando dos o más esquemas eventivos no comparten ningún participante directo. Por ejemplo, en *Juan quiere que Pedro vaya a Madrid,* el esquema eventivo denotado por *Pedro va a Madrid* no tiene ningún participante en común con *Juan quiere X.*

Universal 15

Todas las lenguas presentan formas de expresar la coherencia/incoherencia esquemática.

• *Coherencia típica*

La coherencia típica se produce cuando dos o más tipos eventivos comparten un mismo participante indirecto. Veamos unos ejemplos del español:

EJEMPLO 22

Ejemplos de coherencia eventiva típica

a) *A María* Juan le regaló un libro y Pedro una revista
b) *Con Pedro* Juan se divierte y María se aburre
c) *Por Pedro* Juan trabaja y María estudia
d) *Para él* todo el mundo descansa y nadie trabaja

Como vemos, los sintagmas iniciales de cada oración denotan un participante indirecto que es común a los dos tipos eventivos que aparecen a continuación.

Postulamos que toda lengua tiene la posibilidad de expresar la coherencia típica: el hecho de que los tipos eventivos comparten al menos un participante indirecto. De hecho, podemos tener oraciones como *Por (causa de) Pedro unos trabajan y otros es-*

tudian para María, en donde Pedro y María son participantes indirectos de los tipos eventivos denotados por *unos trabajan* y *otros estudian.*

La incoherencia típica se da cuando dos tipos eventivos tienen participantes indirectos diferentes. Veamos unos ejemplos:

Casos de incoherencia típica

a) Juan le regaló un libro *a María* y Pedro *a Laura*
b) Juan se divierte *con Pedro* y María se aburre *con Juan*
c) Juan corre *con gafas* y Pedro se ducha *con gorro*
d) Juan trabaja *por Pedro* y María estudia *por Juan*
e) Todo el mundo trabaja *para él* y nadie trabaja *para ella*

No se conoce ninguna lengua en la que no sea posible expresar la incoherencia típica. Por tanto, podemos suponer la plausibilidad del siguiente universal.

Universal 16

Toda lengua tiene mecanismos de expresión de coherencia/incoherencia típica.

• *Coherencia locativa*

Esta coherencia se da entre tipos eventivos que comparten unas mismas circunstancias espacio-temporales. Por ejemplo, *Ahora Juan habla y Pedro escucha* comparten sus determinaciones temporales cuando se interpreta como que Pedro escucha lo que va diciendo Juan en el mismo momento de decirlo. La coherencia puede ser de lugar: *en Madrid unos lo pasan bien y otros lo pasan mal* o de ambas locaciones, como *Ahora en Madrid unos lo pasan bien y otros lo pasan mal.* Por supuesto, podemos tener también en este ejemplo coherencia típica, como ocurre en *Ahora en Madrid con el calor unos lo pasan bien y otros lo pasan mal.*

La coherencia locativa podemos suponer que es también un mecanismo fundamental de las lenguas.

Universal 17

Todas las lenguas tienen mecanismos de expresión de la coherencia/incoherencia locativa.

• *La diáfora y la coherencia eventiva*

Uno de los fenómenos en los que se ponen de manifiesto los mecanismos de coherencia eventiva, es el conocido en la bibliografía anglosajona como *switch reference* o *cambio de referencia*. Consiste en el señalamiento que se hace en diversas lenguas en la cláusula subordinada referente a si el sujeto de esa cláusula es el mismo que el sujeto de la principal. Veamos un ejemplo ilustrativo extraído de John Haiman y P. Munro 1983: IX. La lengua elegida es el usán, un idioma papú.

EJEMPLO 24

Ilustración de la switch reference *en usán*

a) Ye   nam   su-ab   isomei
    Yo   árbol   cortar-MS   descendí
    'Corté el árbol y descendí'
b) Ye   nam   su-ine   isorei
    Yo   árbol   cortar-SD   descendenció
    'Corté el árbol y se cayó'

Vemos que las dos oraciones complejas son idénticas, con la diferencia de que el marcador *-ab* de la primera indica que el sujeto del verbo con el que va es el mismo sujeto (MS) que el del verbo principal que sigue. En la segunda oración, el marcador *-ine* nos dice que el sujeto del verbo afectado es distinto (SD) que el del verbo que sigue.

Utilizaremos el término *diáfora* (tomado de la retórica y muy poco usado en ésta) para denotar este fenómeno. Cuando lo que se señala es identidad de sujeto, diremos que tenemos *diáfora homofórica* o simplemente *homófora* (HO) y cuando se señala la diferencia de sujeto tendremos *diáfora heterofórica* o simplemente *heterófora* (HE). En la lengua usán *-ab* es un marcador homofórico y *-ine* es un marcador heterofórico.

Una investigación reciente (Stirling 1993) ha puesto de manifiesto que en realidad la diáfora no es un fenómeno que esté limitado a establecer la identidad o no identidad de uno de los participantes directos del esquema eventivo, sino que es un mecanismo de coherencia/incoherencia intereventiva. Así, la homófora se da no sólo cuando el sujeto de una oración es igual al de otra, también puede indicar igualdad de un participante indirecto o de una localización espacio-temporal; por su parte, la heterófora es un mecanismo de incoherencia eventiva que no sólo indica que los sujetos son distintos, sino que hay cambios en los participantes o en las circunstancias de un evento respecto de otro. Concretamente, Stirling, en la obra citada, ha demostrado que se puede utilizar la heterófora en diversas lenguas para expresar una discontinuidad espacio-temporal entre eventos. Stirling estudia detenidamente la diáfora en amele, lengua de Nueva Guinea Papúa, y llega a la conclusión de que la heterófora puede ser utilizada par indicar un cambio en la localización espacial o temporal a pesar de que existe correferencia de sujetos. Veamos un par de ejemplos de esta lengua que muestran este particular (Stirling 1993: 216-217).

JEMPLO 25

La heterófora en amele como medio de indicación de incoherencia intereventiva locativa

a) *Miqe*   *uqa*   *car*   *tulido-CO-b*   *jic*   *todu*   *bi*
   Miguel   3S   coche   arrancar-HE-3s   camino   sigue   hasta
   Sioba   *na*   *jo*   *cemeung*   *ono*   *uqa*   *car*
   Sioba   de   casa   cerca   allí   3S   coche
   heeweceb   *tawen*
   parar estar quieto
   'Miguel arrancó el coche y siguió la carretera hasta la casa de Sioba y paró el coche cerca de la casa'

b) *Deel*   *ijed*   *hedo-CO-b*   *uqa*   *celesi*   *hon*
   día   tres   terminar-HE-3S   3S   volver   viene
   'Volvió a los tres días'

En el primer ejemplo, vemos que Miguel es el sujeto de todos los sucesos relatados y que, por tanto, el verbo debería llevar el afijo homofórico. Sin embargo, va provisto del heterofórico. Ello es debido a que hay incoherencia intereventiva locativa: se pasa por tres lugares diferentes y se quiere poner énfasis en este hecho.

En la segunda de las oraciones pasa lo mismo: el sujeto de los dos verbos es exactamente el mismo, pero hay un cambio temporal; la incoherencia intereventiva locativa vuelve de nuevo a pedir aquí el sufijo verbal heterofórico.

3. EL NIVEL DE LA ENUNCIACIÓN Y LAS MODALIDADES

Los seres humanos utilizamos el lenguaje con el fin de modificar la conducta de nuestros semejantes, a veces de modos muy sutiles y complejos. Podemos decir que este es el fundamento principal del uso de las lenguas y del que se derivan los aspectos esenciales del acto de enunciación lingüística. Hay dos tipos de modificación conductal básicos: el físico y el psíquico. El tipo físico consiste básicamente en provocar que nuestro interlocutor realice una determinada acción. El tipo psíquico consiste en provocar un cambio en un estado psíquico de nuestro interlocutor. Ambos aspectos están inextricablemente unidos en la actividad lingüística humana.

Estas relaciones que se establecen entre los mensajes lingüísticos y los que los producen y escuchan se pueden denominar *modalidades*. Existen, según lo que hemos razonado antes, dos tipos de modalidad: la que se define como la pretensión de causar un cambio conductal físico en el interlocutor y que se manifiesta habitualmente mediante el modo *imperativo* y la que se define como la pretensión de causar un cambio conductal psíquico en el interlocutor. El modo más frecuente de esta modalidad es el enunciativo o declarativo. En efecto, mediante una declaración habitualmente perseguimos modificar el estado psíquico de nuestro interlocutor de modo que éste adquiera una información que suponemos nueva para él. Existen diversos grados de la declaración que van de la aserción segura, evidente o probable hasta la no segura, no evidente o no probable. De la misma manera, hay varios grados de modo imperativo que van desde la orden taxativa hasta el ruego o la súplica.

La modalidad imperativa y la declarativa, con sus diversos grados, son las dos modalidades fundamentales del lenguaje humano.

Existe una modalidad intermedia entre la físca y la psíquica. Se trata de la interrogativa, también una de las modalidades básicas. En ella el hablante pretende influir en la conducta física del oyente, pero la conducta física exigida es simbólica o lingüística; ponemos al oyente en la tesitura de verse obligado a actuar lingüísticamente para modificar nuestro estado psíquico, es decir, para proveernos de la información que nos falta.

No se ha encontrado hasta ahora ninguna lengua en la que no se puedan dar órdenes, declarar sucesos o hacer preguntas. Por ello, podemos postular que las modalidades mencionadas tienen carácter universal.

Universal 18

Las modalidades declarativa (DECL), imperativa (IMP) e interrogativa (INT) son universales.

Las lenguas difieren en la manera de expresar estas tres modalidades. Hay lenguas como el coreano que conocen partículas DECL, IMP e INT. Este idioma presenta tres sufijos verbales que indican respectivamente estos tres modos. Por ejemplo, el sufijo *-na* indica DECL, el sufijo *-ni* indica INT y el sufijo *-ara*, IMP. Veamos unos sencillos ejemplos (extraídos de Lee 1989: 103-104).

EJEMPLO 26

Afijos modales del coreano

1. DECL: *-na*
    Kkoch'i pin-da
    flor florecer-DECL
    'La flor está floreciendo'
2. INT: *-ni*
    Cha-ni
    dormir-INT
    '¿Estás durmiendo?'

3. IMP: *-ara*
    Chchoch'-ara
    seguir-IMP
    'Síguele'

Hay lenguas que presentan formas verbales flexivas para cada una de las modalidades. Es el caso del groenlandés, tal como vemos en los ejemplos que siguen, extraídos de Sadock y Zwicky 1985: 167 y 172.

JEMPLO 27

Flexión verbal modal en groenlandés

1. *Igavoq*
    cocina (3S) (DECL)
    'Está cocinando'
2. *Igava*
    cocina (3S) (INT)
    '¿Está cocinando?
3. *Igaguk*
    cocina (3S) (IMP)
    'Que lo cocine él'

Las modalidades están más o menos desarrolladas en su expresión morfológica según las lenguas. Véase F. R. Palmer 1986, trabajo en el que se tienen en cuenta más de setenta lenguas.

ORIENTACIÓN BIBLIOGRÁFICA

Croft, W. (1991): *Syntactic Categories and Grammatical Relations. The Cognitive Organization of Information*. The University of Chicago Press, 1991, 331 páginas, con bibliografía, índice de autores, índice de lenguas e índice de temas.
    En este capítulo hemos presentado algunos de los elementos que constituyen el entramado semántico que hay detrás de la diversidad sintáctica de las lenguas. En este libro, Croft presenta una teoría semántica de la sintaxis de las lenguas naturales, en la que nos hemos inspirado, más en el fondo que en la forma, para confeccionar este capítulo. Es interesante el capítulo 3, donde se intenta dar una explicación externa de las categorías sintácticas. La idea es que detrás de etiquetas gramaticales como *nombre, verbo* se esconden categorías semánticas de carácter cognitivo comunes a todas las lenguas. A partir del capítulo cuarto, el concepto de evento como categoría conceptual determinante de la estructura sintáctica se desarrolla detenidamente. En su-

ma, es una obra que está impregnada del mismo espíritu que ha intentado informar el presente capítulo.

Foley, W. y Van Valin, R. D. Jr. (1984): *Functional Syntax and Universal Grammar,* Cambridge University Press, 416 páginas, con bibliografía, índice de temas e índice de lenguas.
En el capítulo segundo de este libro, titulado "The semantic structure of the clause" se presentan los fundamentos semánticos de la sintaxis general que los autores desarrollan en el resto del libro. Los dos participantes fundamentales en las acciones, y procesos que hemos identificado en este capítulo se denominan en el libro *actor* y *undergoer.* Estos autores utilizan las propuestas de Dowty sobre la semántica formal de los modos de acción para establecer su propia clasificación de los tipos eventivos. La relación semántica de D. Dowty BECOME, que adoptan Foley y Van Valin, se corresponde con nuestra relación ℘ y la relación semántica de D. Dowty DO se corresponde con nuestro ℵ. Foley y Van Valin demuestran en este capítulo cómo un análisis en términos de estas relaciones semánticas primitivas es adecuado para describir fenómenos de lenguas diversas como el lacota o el tagalo. Ni que decir tiene que las propuestas de todo este capítulo están directamente inspiradas en las de Foley y Van Valin, que han demostrado la validez interlingüística de las de Dowty para la semántica formal de los verbos causativos ingleses.

Jackendoff, R. (1983): *Semantics and Cognition,* Cambridge, The MIT Press, 283 páginas, con bibliografía e índice de temas y nombres propios.
Es ésta la primera exposición completa de la semántica conceptual de Jackendoff, que puede considerarse como una nueva teoría semántica surgida de los modelos anteriores generativistas (desarrollados en parte por el mismo Jackendoff). Los dos primeros capítulos se dedican a exponer cuestiones básicas, entre ellas, la relación entre la estructura semántica y la estructura conceptual. A continuación se dedican cuatro capítulos a problemas teóricos tales como la sintaxis de la estructura conceptual, el concepto de categorización y el concepto de estructura semántica. La parte tercera se dedica al análisis de la semántica de los elementos léxicos y la parte cuarta contiene una descripción detallada del significado de las expresiones espaciales.

Jackendoff, R. (1990): *Semantic Structures,* Cambridge, The MIT Press, 322 páginas, con referencias bibliográficas, índice de palabras analizadas e índice de temas y nombres.
Después de la publicación anterior, Jackendoff sigue desarrollando su semántica cognitiva en este brillante libro. La primera parte, que consta de los cuatro primeros capítulos, constituye una buena panorámica de la semántica jackendoffiana, en la cual se exponen y analizan conceptos fundamentales tales como el de papeles temáticos (semánticos). Un capítulo está dedicado por entero a la asignación de varios papeles semánticos a un único sintagma nominal. Se analiza también la estructura de las entradas léxicas. La segunda parte del libro consta de tres capítulos y, en ella, Jackendoff elabora y amplía su sistema de funciones conceptuales espaciales. El último capítulo de esta parte es un profundo y brillante análisis del concepto de causación. La tercera parte se ocupa de lo que el autor denomina *problema de la correspondencia,* consistente en la explicación rigurosa de la relación entre las estructuras conceptuales y las estructuras sintácticas. En los cuatro capítulos de que consta esta última parte, Jackendoff pone a prueba su teoría semántica analizando algunas construcciones inglesas con argumento incorporado y con diversos tipos de adjuntos, que son problemáticas en los enfoques convencionales. El libro es, en resumen, una aportación de primer orden a la semántica teórica y conceptual que pone de manifiesto un paradigma de investigación tan útil como teóricamente fructífero.

Pustejovsky, J. (1991): "The Syntax of Event Structure" en B. Levin y S. Pinker, *Lexical and Conceptual Semantics,* 1991, Oxford, Blackwell, páginas 47-82.
La estructuración semántica de los estados, procesos y acciones que hemos desarrollado en este capítulo está directamente inspirada en este artículo de Pustejovsky, en el que se esboza la

estructura semántica de los eventos. Existen diferencias entre nuestra propuesta y la de este autor que el lector interesado podrá comprobar si lee este importante y esclarecedor artículo.

Wierzbicka, A. (1996): *Semantics. Primes and Universals,* Oxford, Oxford University Press, 500 páginas, con bibliografía e índice general.
Se trata de la exposición más detallada y completa que existe de la propuesta de los primitivos semánticos de Wierzbicka. Después de una presentación, el capítulo segundo del libro nos ofrece una introducción básica a este enfoque semántico, en donde se enumeran y explican detenidamente cada uno de los elementos primitivos propuestos. A continuación, en el capítulo tercero, se analizan los mecanismos de combinación de esos primitivos. Los capítulos cinco y seis ponen en relación esta semántica con la semántica de prototipos y la teoría de los campos semánticos. El capítulo sexto analiza las propiedades formales del cálculo de los primitivos, y el séptimo se ocupa de la formación y adquisición contextual. La segunda parte del libro trata cuestiones más concretas de semántica léxica, entre ellas está el análisis de los términos de color. La tercera parte del libro se ocupa de las relaciones entre semántica y gramática y trata también del estudio de determinados operadores modales (los llamados evidenciales) en seis lenguas de diversas partes del mundo. En resumidas cuentas, este libro constituye, se esté o no de acuerdo con sus propuestas, un hito importante en el desarrollo de la teoría semántica de las lenguas naturales.

REFERENCIAS BIBLIOGRÁFICAS

Aitchison, J. (1996): *The Seeds of Speech. Language origin and evolution,* Cambridge, Cambridge University Press.

Anderson, E. S. (1978): "Lexical Universals of Body-Part Terminology" en J. Greenberg (ed.) 1978b, vol III, páginas 335-368.

Bengtson, J. D. (1991): "Paleolexicology: a tool toward language origins" en W. von Raffler-Engel, J. Wind y A. Jonker (eds.) *Studies in Language Origins. Vol. 2,* Amsterdam, John Benjamins, 1991, páginas 175-186.

Bengtson y M. Ruhlen, J. D. (1994): "Global Etymologies" en M. Ruhlen, *On the Origin of Languages. Studies in Linguistic Taxonomy,* Stanford University Press, 1994, páginas 277-336.

Berlin, B. y Kay, P. (1969): *Basic Color Terms,* Berkeley, University of California Press.

Bisang, W. (1992): *Das verb im Chinesischen, Hmong, Vietnamischen, Thai und Khmer. Vergleichende Grammatik im Rahmen der Verbserialisierung, der Grammatikalisierung und der Attraktorpositionen,* Tubinga, Gunter Narr.

Breva-Claramonte, M. y Sarmiento, R. S. (1991): "Lorenzo Hervás: el binomio lengua-nación y la descripción de las lenguas del mundo" en L. Hervás y Panduro, *I. Vocabulario Poligloto (1787). II. Saggio Pratico delle Lingue (1787),* Estudio Introductorio y Edición Facsímil de M. Breva-Claramonte y R. Sarmiento, Madrid, SGEL, 1991.

Décsy, G. (1981): *Sprachherkunftsforschung. Band II. Semogenese/Paläosemiotik,* Berlín, Eurasian Linguistic Association.

Dolgopolsky, A. B. (1964): "Gipóteza drevnéïshego ródstva yazykovýj seméï sévernoï Evráziis veroyátnostnoï tóchki zréniya" [Hipótesis sobre la filiación más lejana de las familias lingüísticas de Eurasia septentrional desde un punto de vista probabilístico], *Voprosy Yazykoznaniya,* 1964, nº 2, páginas 53-63.

Haiman, J. y Munro, P. (eds.) (1983): *Switch Reference and Universal Grammar,* Amsterdam, John Benjamins.

Jackendoff, R. (1991): "Parts and boundaries" en B. Levin y S. Pinker (eds.) *Lexical and Conceptual Semantics,* Oxford, Blackwell, 1991, páginas 9-46.

Kölver, U. (1982): "Klassifikatorkonstruktionen in Thai, Vietnameschisch und Chinesisch. Ein

Beitrag zur Dimension der Apprehension" en H. Seiler y C. Lehmann (eds.) 1982, páginas 160-187.

Kuhn,W. (1982): "Formale Verfahren der Technik Kollektion" en H. Seiler y F. J. Stachowiak (eds.) 1982, páginas 55-83.

Larson, R. K. (1991): "Some issues in Verb Serialization" en C. Lefebvre (ed.) *Serial verbs: Grammatical, comparative and cognitive approaches,* Amsterdam, John Benjamins, 1991, páginas 185-210.

Lee, H. B. (1989): *Korean Grammar,* Oxford, Oxford University Press.

Leech, G. (1974): *Semantics,* Middlesex, Harmondsworth.

Palmer, F. R. (1986): *Mood and Modality,* Cambridge, Cambridge University Press.

Sadock, J. M. y Zwicky, A. M. (1985): "Speech act distinctions in syntax" en T. Shopen (ed.) *Language Typology and Syntactic Description. Vol I. Clause Structure,* Cambridge, Cambridge University Press, 1985, páginas 155-194.

Seiler, H. (1975): "The principle of concomitance: instrumental, comitative and collective" en *Foundations of Language 12,* 1974, páginas 215-247.

Seiler, H. y Lehmann, C. (eds.) (1982): *Apprehension. Das sprachliche Erfassen von Gegenständen. Teil I: Bereich und Ordnung der Phänomene,* Tubinga, Gunter Narr.

Seiler, H. y Stachowiak, F. J. (eds.) (1982): *Apprehension. Das sprachliche Erfassen von Gegenständen. Teil II: Die Techniken und ihr Zusammenhang in Einzelpsrachen,* Tubinga, Gunter Narr.

Seiler, H. (1986): *Apprehension. Language, Object and Order. Part III: The Universal Dimension of Apprehension,* Tubinga, Gunter Narr.

Stirling, L. (1993): *Switch-reference and discourse representation,* Cambridge, Cambridge University Press.

Svorou, S. (1994): *The Grammar of Space,* Amsterdam, John Benjamins.

Swadesh, M. (1971): *The Origin and Diversification of Language,* Londres, Routledge & Kegan Paul.

8

TIPOLOGÍA Y UNIVERSALES SINTÁCTICOS

1. LA VALENCIA VERBAL Y LAS RELACIONES SINTÁCTICAS FUNDAMENTALES

1.1. Los lexemas predicativos y los argumentos requeridos

En el capítulo anterior hemos visto que existen tres tipos fundamentales de esquemas eventivos: *estados, procesos* y *acciones*. También vimos que en los estados y procesos existe un participante fundamental y que en las acciones hay dos participantes fundamentales.

En las lenguas hay palabras o sintagmas que se utilizan para constituir el núcleo de los predicados que denotan esquemas eventivos. Esto conlleva que estas palabras requieran otras palabras o sintagmas que indiquen los participantes que sirven para saturar el esquema eventivo implicado. En esta esfera, las palabras o sintagmas que denotan un estado o proceso requieren una palabra, morfema o sintagma que denote el participante interno, y las que denotan acciones requieren además una palabra, sintagma o morfema que denote el participante externo. Esta propiedad de requerir un elemento lingüístico que denote un participante la vamos a denominar *valencia*. Por tanto, habrá palabras o sintagmas predicativos que tengan valencia 1 y palabras o sintagmas predicativos que tengan valencia 2. Dado que la tricotomía entre estados, procesos y acciones se postula como universal, también será universal la propiedad sintáctica correspondiente de requerir uno o dos argumentos.

Universal 1

En todas las lenguas del mundo al menos se distingue entre lexemas predicativos que requieren un argumento y lexemas predicativos que requieren dos argumentos.

Postulamos que este es el caso no marcado. El requerimiento argumental superior a dos argumentos lo consideramos marcado. Por ello, el universal anterior puede reformularse del siguiente modo:

Universal 2

Si en una lengua hay lexemas predicativos que requieren tres o más argumentos, también habrá lexemas predicativos que requieren dos argumentos y lexemas predicativos que requieren sólo un argumento.

El siguiente universal en esta sección hace referencia al contenido semántico de los argumentos requeridos:

Universal 3

Los argumentos universalmente requeridos por lexemas predicativos son los que denotan el participante interno de los estados y procesos, y el participante externo de las acciones.

Puede ocurrir que un lexema predicativo requiera más de dos argumentos. Es frecuente que algunos lexemas requieran la expresión o caracterización de un argumento que denote un participante indirecto en la acción, estado o proceso. El requerimiento de argumentos que denotan participantes indirectos implica el requerimiento de argumentos que denotan los participantes directos. De aquí se deduce el siguiente universal:

Universal 4

Si en una lengua hay lexemas predicativos que requieren tres o más argumentos, entre ellos se encontrarán los argumentos que denotan el participante interno y/o externo del esquema eventivo correspondiente.

1.2. Referencia y caracterización argumental

Existen dos maneras básicas de expresar los argumentos (directos e indirectos) de un lexema predicativo: la *referencial* y la *caracterizadora*. En la referencial se utiliza un pronombre autónomo o un clítico o morfema pronominal; en la caracterizadora se emplea una palabra (normalmente un nombre común) o un sintagma complejo que nos da una propiedad simple o compleja de aquella entidad a la que se refiere un argumento. La primera es una caracterización *indicativa* o *extensional* y la segunda es una caracterización *predicativa* o *intensional*. Una primera generalización es que la expresión referencial es más básica que la expresión caracterizadora. Consideremos, para comprobar esto, las dos oraciones siguientes del español:

E JEMPLO 1

a) El regalo Juan se lo ha dado a María
b) Se lo ha dado
c) El regalo dado [por] Juan a María

Si comparamos la oración *a)* con la oración *b)* del Ejemplo 1, veremos que podemos prescindir de los sintagmas *el regalo, Juan* y *María,* pero no podemos prescindir de *se, lo* y *ha;* lo esencial de la forma *ha* es ahora que nos indica que el agente de la acción es una entidad diferente del destinador o destinatario de la emisión. De hecho, *se lo ha dado* es una oración completa del español, y la oración de *a)* debe concebirse como una ampliación de *b)* en la cual se realiza una caracterización intensional de los argumentos señalados por los clíticos *se, lo* y por la flexión personal manifiesta en *ha.* Si eliminamos estos elementos obtenemos la expresión *c),* que no es una oración, sino un sintagma nominal cuyo núcleo es *regalo.*

1.3. Sistemas activo, ergativo-absolutivo y nominativo-acusativo

Existen dos tipos de relaciones sintácticas directas que se corresponden con la expresión sintáctica del participante externo e interno. Una es la relación sintáctica directa no marcada, que notamos como R^0 y la otra es la relación sintáctica directa marcada, que notamos R^1. La diferencia entre una y la otra es la siguiente: todo proceso morfosintáctico que afecte a R^1 también afectará a R^0, pero podrá haber procesos o generalizaciones sintácticas que afecten a R^0 y que no afecten a R^1. Es decir, R^0 es la relación sintáctica más accesible, por ser la menos marcada.

Se propone que estas características que son universales lingüísticos, se pueden enunciar del siguiente modo:

Universal 5

Toda lengua distingue entre relaciones sintácticas directas y relaciones sintácticas indirectas; las primeras se reservan a los participantes directos de los eventos.

Cuando se diferencian dos relaciones sintácticas directas es muy frecuente que una sea marcada y otra no marcada, aunque también puede darse el caso de que ambas sean marcadas, con lo que tenemos una relación equipolente, tal como veremos más adelante. Obtenemos el siguiente universal:

Universal 6

Las relaciones sintácticas directas pueden oponerse entre sí de modo privativo (relación marcada R^1 y relación no marcada R^0) o equipolente (relaciones básicas marcadas R^1 y R^2).

El siguiente universal hace referencia al comportamiento de la relación sintáctica básica no marcada en el sistema privativo:

Universal 7

La relación sintáctica no marcada R^0 es la premisa óptima o general para los procesos sintácticos relacionales.

Por *proceso sintáctico relacional* entendemos cualquier proceso morfosintáctico que se base o tenga como elemento definitorio una relación sintáctica directa o indirecta.

Consideremos un ejemplo concreto de nuestra lengua. Vamos a partir de la idea de que la relación sintáctica de sujeto en español es la relación sintáctica directa no marcada, es decir, es R^0. En español podemos tener un antecedente de una relativa cuya función en la misma es la de objeto directo (es decir, la relación sintáctica directa marcada); automáticamente se predice que el antecedente también podrá ser sujeto de la relativa. Así tenemos: *el hombre que Juan vio ayer* donde *el hombre* desempeña la función de objeto en la relativa y *el hombre que vio a Juan ayer,* donde *el hombre,* el antecedente, desempeña esta vez la función de sujeto de la relativa.

Pero puede haber procesos sintácticos relacionales que sólo puedan afectar al sujeto. Por ejemplo, el proceso de no mención referencial del sujeto en una oración compuesta como *el hombre llegó e insistió en acompañarnos.* Esto mismo no se puede hacer con el objeto directo, a no ser que haya un pronombre en su lugar. Por ello, es incorrecto decir **el hombre llegó, pero no vimos.* Sólo es correcto *el hombre llegó pero no lo vimos.* También podemos decir *el hombre llegó y él insistió en acompañarnos,* pero es sólo una opción especial, siendo lo más común y no marcado el caso de no presencia del pronombre sujeto.

El único proceso relacional que afecta al objeto y no puede afectar al sujeto es el de pasivización. Pero, en este caso, consiste precisamente el proceso en asignar la función de sujeto a un elemento que posee función de objeto. Es decir, consiste en hacer que un sintagma que tiene la relación directa marcada, pase a tener la no marcada. Podemos enunciar el siguiente universal:

Universal 8

El acceso a la relación directa no marcada puede ser el objetivo de los procesos sintácticos relacionales.

Existen dos asignaciones posibles de relación sintáctica directa entre lo que en el capítulo anterior denotábamos como $\Upsilon^\wp$, o participante interno de los procesos, y $\Upsilon^\aleph$, o participante externo de las acciones. O bien R^0 es la relación que implica a $\Upsilon^\wp$ y R^1, la que implica a $\Upsilon^\aleph$, u ocurre al revés: R^1 implica a $\Upsilon^\wp$ y R^0 implica a $\Upsilon^\aleph$. Dicho de otra manera, la relación entre el lexema predicativo y su argumento interno es la relación sintáctica no marcada, o bien la relación entre el lexema predicativo y su argumento externo es la relación sintáctica no marcada. El primer caso da origen al sistema que denominamos *interno* (R^0 es la relación entre el participante interno y el lexema que denota el esquema eventivo); el segundo caso da origen al sistema que denominamos *externo* (R^0 es la relación entre el participante externo y el lexema que denota el esquema eventivo).

En el sistema *interno,* la relación sintáctica no marcada se da entre el lexema predicativo y el sintagma que denota el participante que experimenta el proceso.

En el sistema *externo,* la relación sintáctica no marcada se da entre el lexema predicativo y el sintagma que denota el participante externo de una acción, y la relación que hay entre el lexema predicativo y el sintagma que denota el participante interno del proceso correspondiente es la relación marcada.

Tenemos, pues el siguiente esquema:

ESQUEMA 8.1.

> *a)* Sistema interno:
> R^0 ($\Upsilon^\wp$, P)
> R^1 ($\Upsilon^\aleph$, P)
> *b)* Sistema externo:
> R^0 ($\Upsilon^\aleph$, P)
> R^1 ($\Upsilon^\wp$, P)

En donde *P* denota el lexema que hace referencia al esquema eventivo.

Como la relación R^0 se define de distinto modo en los sistemas internos y externos, la relación que contrae el argumento de P^1 será la del participante interno en el sistema interno y la del participante externo en el sistema externo, si el único argumento de P^1 contrae la relación sintáctica no marcada.

Este parámetro se entrecruza con el parámetro de la valencia predicativa, del siguiente modo. Cuando un predicado tiene valencia uno (P^1), se puede optar por el esquema interno o por el externo o por los dos, dependiendo del tipo de predicado. Ya hemos dicho que un esquema eventivo con un solo participante puede ser un estado, proceso o una acción. Por ejemplo, *Juan habla* es una acción, *Juan crece* es un proceso y *Juan está aquí* es un estado. Pues bien, puede ocurrir que el único argumento de un P^1 contraiga la relación R^0 con P^1, si es un $\Upsilon^\wp$, y la relación R^1 con P^1, si es un $\Upsilon^\aleph$. Este sistema se suele denominar *activo*. Puede ocurrir, por otro lado, que el único argumento de un P^1 contraiga la relación R^0, es decir, la no marcada, independientemente de que sea un participante interno o externo. Pasamos a los predicados de dos lugares (P^2). En el sistema interno, R^0 es contraído por el participante interno en predicados P^2 y, por el participante externo o interno, en los predicados P^1. Este sistema se denomina *ergativo-absolutivo*.

Por otra parte, en el sistema externo, R^0 es contraído por el participante externo en predicados P^2 y por el participante externo o interno en los predicados P^1.

Como resumen, proponemos el siguiente esquema:

ESQUEMA 8.2. *Sistemas de expresión de las relaciones sintácticas directas.*

a) *Sistema activo-interno:*
P^2:
R^0 ($\Upsilon^\wp$, P^2) [relación inactiva] y
R^1 ($\Upsilon^\aleph$, P^2) [relación activa]
P^1:
R^0 ($\Upsilon^\wp$ P^1) [relación inactiva] o
R^1 ($\Upsilon^\aleph$, P^1) [relación activa]

b) *Sistema activo-externo:*
P^2:
R^0 ($\Upsilon^\aleph$ P^2) [relación activa] y
R^1 ($\Upsilon^\wp$ P^2) [relación inactiva]
P^1:
R^0 ($\Upsilon^\aleph$, P^1) [relación activa] o
R^1 ($\Upsilon^\wp$, P^1) [relación inactiva]

c) *Sistema activo equipolente:*
P^2:
R^1 ($\Upsilon^\aleph$, P^2) [relación activa] y
R^2 ($\Upsilon^\wp$, P^2) [relación inactiva]
P^1:
R^1 ($\Upsilon^\aleph$, P^1) [relación activa] o
R^2 ($\Upsilon^\wp$, P^1) [relación inactiva]

d) *Sistema absolutivo-ergativo:*
P^2:
R^0 ($\Upsilon^\wp$, P^2) [relación absolutiva] y
R^1 ($\Upsilon^\aleph$, P^2) [relación ergativa]
P^1:
R^0 (Υ, P^1) [relación absolutiva]

e) *Sistema nominativo-acusativo:*
P^2:
R^0 ($\Upsilon^\aleph$, P^2) [relación nominativa] y
R^1 ($\Upsilon^\wp$, P^2) [relación acusativa]
P^1:
R^0 (Υ, P^1) [relación nominativa]

Antes de pasar a poner ejemplos de lenguas reales, vamos a aducir un ejemplo teórico que ayude a comprender estos esquemas. Vamos a partir del español y vamos a modificarlo para que sea capaz de ejemplificar cada uno de estos tipos. Los resultados serán oraciones de una lengua parecida a la nuestra, pero diferente en los aspectos ilustrados en esta sección. Para ello vamos a utilizar la preposición *por* para señalar el participante externo y *a* para indicar el participante interno.

En el sistema *activo-interno* en los predicados transitivos (P^2), el participante externo ($\Upsilon^\aleph$) se marca (R^1) y el participante interno ($\Upsilon^\wp$) no se marca (R^0). Por tanto, tenemos una oración como *Por Juan ve Pedro*, en donde el agente (Juan) se señala explícitamente mediante una preposición, y el paciente se queda sin marca. Los predicados intransitivos (P^1) presentan dos posibilidades: si el único participante es interno no hay marca: *Juan crece,* pero si el participante es externo, entonces se exige la marca correspondiente: *Por Juan lee.*

En el sistema *activo-externo,* el argumento externo de los predicados transitivos (P^2) no lleva marca alguna y sí la presenta el argumento interno. Una oración del pseudoespañol activo-externo sería: *Juan ve a Pedro.* En los predicados intransitivos, si tenemos un participante externo, no habrá marca: *Juan lee,* pero si el participante es interno, tendremos marca: *A Juan crece.* Hay que observar que hemos dicho que *Juan ve a Pedro* es una oración del pseudoespañol, pues se relaciona con *A Juan crece* y no con *Juan crece,* como el español normal.

Pasemos al sistema *activo-equipolente.* Ahora, tanto en los predicados transitivos como en los intransitivos, se marcan los dos participantes. Por ello, tendremos *Por Juan ve a Pedro* y tanto *Por Juan lee,* como *A Juan crece.*

El sistema *absolutivo-ergativo* supone que con los verbos transitivos, el participante externo se marca y el interno no se marca. Por ello tendríamos la siguiente oración dentro del pseudoespañol correspondiente: *Por Juan ve Pedro.* Con los predicados intransitivos no hay marca de ningún tipo: *Juan lee* y *Juan crece.*

El sistema *nominativo-acusativo* supone que con los verbos transitivos, el participante externo no se marca y se marca el interno. Tendríamos el siguiente ejemplo, esta vez del español: *Juan ve a Pedro.* En los predicados intransitivos, el argumento aparece como en el caso anterior sin marca alguna: *Juan crece, Juan lee.*

Obtenemos el siguiente esquema:

ESQUEMA 8.3. *Ejemplificaciones de los sistemas de expresión de las relaciones sintácticas directas mediante el español y algunos pseudoespañoles.*

---

a) Sistema activo-interno:
  P^2:
  R^0 ($\Upsilon^\wp$, P^2) [relación inactiva]
  R^0 (Pedro, ver). *Pedro* no recibe marca alguna: *ver Pedro*
  R^1 ($\Upsilon^\aleph$, P^2) [relación activa]
  R^1(Juan, ver). *Juan* recibe una marca: *Por Juan ver*
  Oración resultante del pseudoespañol activo-interno: *Por Juan ve Pedro*
  P^1:
  R^0 ($\Upsilon^\wp$, P^1) [relación inactiva]
  R^0 (Juan, crecer). *Juan* no recibe marca: *Juan crece*
  R^1 ($\Upsilon^\aleph$, P^1) [relación activa]
  R^1 (Juan, leer). *Juan* recibe marca: *Por Juan lee*

  (.../...)

ESQUEMA 8.3. *(Continuación).*

b) Sistema activo-externo:
   P2:
   R^0 (Υ^x, P^2) [relación activa]
   R^0 (Juan, ver). *Juan* no recibe marca: *Juan ver*
   R^1 ($\Upsilon^\wp$, P^2) [relación inactiva]
   R^1 (Pedro, ver). *Pedro* recibe marca: *ver a Pedro*
   Oración resultante del pseudoespañol activo-externo: *Juan ve a Pedro*
   P1:
   R^0 (Υ^x, P^1) [relación activa]
   R^0 (Juan, leer). *Juan* no recibe marca: *Juan lee*
   R^1 ($\Upsilon^\wp$, P^1) [relación inactiva]
   R^1 (Juan, crece). *Juan* recibe marca: *A Juan crece*
c) Sistema activo equipolente:
   P2:
   R^1 (Υ^x, P^2) [relación activa]
   R^1 (Juan, ver). *Juan* recibe marca: *Por Juan ver*
   R^2 ($\Upsilon^\wp$, P^2) [relación inactiva]
   R^2 (Pedro, ver). *Pedro* recibe marca: *ver a Pedro*. Oración del pseudoespañol activo-equi-
   polente: *Por Juan ve a Pedro*
   P1:
   R^1 (Υ^x, P^1) [relación activa]
   R^1(Juan, lee). *Juan* recibe marca: *Por Juan lee*
   R^2 ($\Upsilon^\wp$, P^1) [relación inactiva]
   R^2 (Juan, crecer). *Juan* recibe marca: *A Juan crece*
d) Sistema absolutivo-ergativo:
   P2:
   R^0 ($\Upsilon^\wp$, P^2) [relación absolutiva]
   R^0 (Pedro, ver). *Pedro* no recibe marca: *ver Pedro*
   R^1 (Υ^x, P^2) [relación ergativa]
   R^1 (Juan, ver). *Juan* recibe marca: *Por Juan ver*
   Oración del pseudoespañol ergativo: *Por Juan ve Pedro*
   P1:
   R^0 (Υ, P^1) [relación absolutiva]
   R^0 (Juan, leer). *Juan* no recibe marca: *Juan lee*
   R^0 (Juan, crece). *Juan* no recibe marca: *Juan crece*
e) Sistema nominativo-acusativo:
   P2:
   R^0 (Υ^x, P^2) [relación nominativa]
   R^0 (Juan, ver). *Juan* no recibe marca: *Juan ver*
   R^1 ($\Upsilon^\wp$, P^2) [relación acusativa]
   R^1 (Pedro, ver). *Pedro* recibe marca: *ver a Pedro*
   Oración del español: *Juan ve a Pedro*
   P1:
   R^0 (Υ, P^1) [relación nominativa]
   R^0 (Juan, leer). *Juan* no recibe marca: *Juan lee*
   R^0 (Juan, crecer). *Juan* no recibe marca: *Juan crece*

Hay que advertir que, por lo general, aunque uno de estos sistemas predomine en una lengua determinada, lo más habitual es que un mismo idioma participe en mayor o menor grado en, al menos, dos de estos esquemas de organización sintáctica.

Vamos a ejemplificar cada uno de estos sistemas a continuación. Tenemos, en primer lugar, el sistema *activo-interno*. En este sistema, atestiguado a veces como subsistema en las lenguas en las que predomina la organización ergativa, en los predicados de dos lugares, el participante interno presenta la relación R^0 y el externo la relación R^1. En los predicados de un lugar, el participante puede presentar la relación R^0 o la relación R^1, según se conciba el esquema eventivo correspondiente como estado o proceso o como acción. Veamos unos ejemplos de la lengua kartuélica lazo (extraídos de B. J. Blake 1994: 125, tomados a su vez de Harris 1985: 52 ss):

E JEMPLO 2

Tres oraciones de lazo

a) *Baba-k meçcaps skiri-s   cxeni*
   padre-ERG da   niño-DAT   caballo
   'El padre le ha dado un caballo al niño'
b) *Bere   oxori-s   doskidu*
   niño   casa-DAT   permanecer
   'El niño permaneció en casa'
c) *Bere-k imgars*
   niño-ERG llora
   'El niño llora'

Podemos comprobar que, en la primera oración, el argumento externo aparece en caso ergativo y, por tanto, contrae la relación sintáctica marcada R^1; por su parte, el argumento interno *(caballo)* no lleva marca morfológica de caso y por tanto contrae la relación no marcada R^0. En la segunda oración, el argumento del predicado contrae la relación R^0 y, por tanto, no está morfológicamente marcado. En la tercera oración, el único participante del esquema eventivo contrae la relación R^1 y, por tanto, está marcado mediante el caso ergativo.

El sistema *activo-externo* se da como subsistema en algunas lenguas nomitativo-acusativas. El ruso, por ejemplo, es una lengua nominativo-acusativa, en la que el participante externo en los predicados de dos lugares se pone en el caso no marcado (el nominativo) y el participante interno se pone en el caso marcado (acusativo); el participante indirecto que denota el destinatario se pone también en un caso marcado (el dativo).

E JEMPLÒ 3

Oración rusa con tres participantes

Он   передал   привет   другу
on   *peredál*   *privét*   *drugu*
él   transmitió   saludo   amigo-DAT
'Saludó a su amigo'

El participante externo (*on*/él) está en caso nominativo, el caso no marcado en ruso, el participante interno (*privét*/saludo) está en acusativo; por otro lado, el participante indirecto (*drug*/amigo), se encuentra en caso dativo (expresado por el sufijo -u).

En ruso con algunos verbos intransitivos es posible encontrar el único participante en la forma de caso dativo, alternando con el caso no marcado nominativo. Consideremos el siguiente par:

EJEMPLO 4

     Dos formas de expresar en ruso el único participante de un verbo intransitivo

a) Я сплю
  ya spliú
  yo duermo
  'Duermo'
b) Мне не спится
  mnie nie spitsia
  a mí no duerme-se
  'No me viene el sueño'

En el primer ejemplo, vemos que el único participante aparece en el caso no marcado (el nominativo), el caso en el que habitualmente se coloca el participante externo. En el segundo ejemplo, el único participante aparece en un caso marcado, que indica en ruso un participante indirecto.

En otras lenguas nominativo-acusativas la alternancia puede darse entre el nominativo (caso no marcado del participante externo) y el acusativo (caso marcado del participante interno). Esta situación se observa parcial y restringidamente en alemán. Consideremos el siguiente par de ejemplos del alemán (extraídos de Seefranz-Montag 1983: 191):

EJEMPLO 5

     Dos formas de expresar en alemán el único participante de un verbo intransitivo

a) *Ich*   *friere*
  yo(Nom.)   paso frío
  'Tengo frío'
b) *Mich*   *friert*
  yo(Acus)   pasa frío
  'Tengo frío'

En este ejemplo, vemos que el único participante de un verbo intransitivo se pone en el caso no marcado o en el caso marcado para el participante interno. Este es un ejemplo de un subsistema activo-externo.

El sistema *activo-equipolente* lo vemos en el guaraní, lengua ecuatorial del Paraguay. Los siguientes ejemplos están extraídos de Palmer 1994:67.

JEMPLO 6

Tres oraciones del guaraní

a) *a-gwerú*   *aína*
    1ª-traerlos   ahora
    'Los traigo ahora'
b) *she-rerahá*
    1ª-llevará
    'Me llevará'
c) *a-xa*
    1ª-ir
    'Voy'
d) *she-rasí*
    1ª-enfermo
    'Estoy enfermo'

El sistema se realiza morfológicamente en el verbo. En las dos primeras oraciones vemos que el prefijo de primera persona difiere según sea argumento externo (primera oración) o interno (segunda oración). En la tercera oración, el prefijo elegido corresponde al participante externo y en la cuarta, el prefijo elegido es el del participante interno. A falta de un análisis más detenido de esta lengua que determine si uno de los dos prefijos es marcado frente al otro, concluimos que ambos están igualmente marcados.

Otro ejemplo del sistema activo-equipolente se da en la lengua austronésica tongano, hablada en la isla de Tonga; los ejemplos están extraídos de C. Tchekhoff 1979: 185 y 196.

JEMPLO 7

Dos oraciones del tongano

a) *Na'e*   *sai'ia*   *'a*   *e*   *tamasi'í*
   PAS   afecto   PAC   DEF   niño
   'El niño estaba afectuoso'

b)	*Na'e*	*kai*	*'e*	*he*	*tamasi'í*	*'a*	*e*	*ika*
	PAS	comer	AG	DEF	niño	PAC	DEF	pescado

'El niño se ha comido el pescado'

En la primera oración, vemos que el único participante va señalado mediante el prefijo *'a* que indica el participante interno del esquema eventivo. En la segunda oración, comprobamos que ese prefijo de participante interno lo lleva el sintagma que denota el pescado y que el que denota el niño va provisto de un prefijo diferente *'e* que denota el participante externo. Vemos, pues, que cada participante está marcado mediante un prefijo especial. Con ello, tenemos un caso de sistema activo-equipolente, por lo menos desde el punto de vista morfológico.

El esquema *absolutivo-ergativo* podemos ejemplificarlo mediante el vasco. Veamos unos ejemplos de esta lengua:

EJEMPLO 8

Dos oraciones del vasco

a)	*Egunkaria*	*atera*	*da*
	el periódico	salido	es

'Ha salido el periódico'

b)	*Jon-ek*	*egunkaria*	*atera*	*du*
	Jon-ERG	periódico	salido	ha

'Jon ha sacado el periódico'

En la primera oración, el único participante especificado va en caso absolutivo, caso que no presenta marca morfológica alguna y que es, por tanto, el caso no marcado en vasco. Se observa además que *egunkaria* 'periódico' denota el participante interno del esquema eventivo implicado en esta oración. En la segunda oración, el periódico aparece también en el caso absolutivo y el sintagma que denota el participante externo, va provisto de una marca morfológica de caso ergativo. Merece la pena observar también que el participio *atera* significa 'salido' cuando va sólo con el participante interno, y 'sacado' cuando además aparece el participante externo. Esto sirve para comprobar que el análisis semántico de *X saca Y* debe ser א(X, ℘(Σ (Y, LOC1), Σ (Y, LOC2))). Es decir, significa que X provoca que Y pase del estado (Σ (Y, LOC1) consistente en estar en un lugar fuera de algún otro lugar determinado por el contexto, al estado Σ (Y, LOC2), consistente en estar en un lugar dentro de aquel otro lugar determinado por el contexto.

Un sistema *nominativo-acusativo* típico lo presenta el sánscrito. Presentamos a continuación un par de ejemplos que muestran esto:

EJEMPLO 9

Dos oraciones del sánscrito

a) *Gajah*   *dhāvati*
   Elefante   corre
   'El elefante corre'
b) *Rāmah*   *gajam*   *paśyati*
   Rama   elefante-AC   ve
   'Rama ve al elefante'

En la primera oración, el único participante aparece en el caso no marcado en sánscrito, que es el nominativo y, en la segunda oración, el participante externo aparece en ese mismo caso no marcado, el nominativo, y el participante interno se encuentra flexionado para uno de los casos marcados del sánscrito: el acusativo. La diferencia entre *gajah* y *gajam* realiza precisamente esta oposición entre el caso nominativo y acusativo.

2. ARGUMENTOS SIMPLES Y FORMACIÓN DE ARGUMENTOS COMPLEJOS

2.1. Las reglas básicas de formación de argumentos complejos

En las lenguas hay palabras que denotan predicados y palabras que denotan argumentos. En esta sección vamos a estudiar algunas de las peculiaridades tipológicas de la formación de argumentos complejos.

Primero hay que decir que toda lengua conoce pronombres (P) y nombres propios (NP) y que ambas cosas funcionan como argumentos simples de modo no marcado. Estos argumentos pueden ser sometidos a una regla de composición que forma sintagmas pronominales o nominales propios complejos tales como *él y ella* o *Juan o Pedro*. La regla que genera estos sintagmas compuestos se puede notar como AP (CONJ, $x_1,..., x_n$), que dice que la operación CONJ se aplica (AP) a una secuencia de *n* argumentos (se obtiene como resultado un argumento complejo).

Además de pronombres y nombres propios, las lenguas pueden construir argumentos a partir de otras categorías. La más frecuente es la de los nombres comunes. Vamos a suponer, aunque alguna vez se ha puesto en duda, que todas las lenguas conocen nombres comunes similares a palabras españolas como *perro* o *casa*. Los nombres comunes no constituyen en sí mismos argumentos, pues no denotan entidades, sino más bien propiedades de entidades; así, *perro* no denota ningún perro concreto del que se pueda predicar algo, sino más bien una propiedad compleja que atribuimos a una entidad: *eso es un perro*.

Pues bien, todas las lenguas tienen un mecanismo a través del cual se construye un sintagma que se refiere a un individuo a partir de un nombre común. En muchas lenguas esta operación se manifiesta mediante un artículo o determinante y, en todas, mediante un demostrativo o un numeral, pero, sobre todo en las lenguas que no conocen el artículo tales como el latín o el chino, puede no manifestarse mediante forma alguna. Esta operación sintáctica la vamos a denominar cuantificación (Q), entendiendo por *cuantificación* la especificación de cuántos individuos concretos ejemplifican el concepto o propiedad denotada por el nombre común. La operación es, pues, AP (Q, NC). El índice de esta operación puede ser un determinante o un artículo; así, si aplicamos la operación cuantificadora ARTDEF a *perro* (es decir AP (ARTDEF, perro)), obtenemos, *el perro.* En ruso, que desconoce el artículo, si aplicamos esa operación misma a *sobáka* 'perro' (es decir AP (ARTDEF, sobaka)), obtenemos de nuevo *sobáka,* pero esta vez no con la denotación de *perro* sino de *el perro.*

A su vez, los NC pueden modificarse para obtener otros NC complejos. El adjetivo es una categoría que en unas pocas lenguas desempeña esta función: de *perro* obtenemos *perro rabioso,* que es una restricción de *perro.* La operación en cuestión es AP (MOD, NC) y el resultado es un nuevo NC más complejo, especificado. El modificador del NC puede ser también un sintagma diferente del adjetivo, pero que tenga una función similar. Por ejemplo, *de raza* es un modificador en *perro de raza,* sintagma resultado de haber aplicado exactamente la misma operación de modificación.

ESQUEMA 8.4. *Reglas de formación de argumentos complejos.*

---

a) *Regla de Composición:*
   AP (CONJ, x_1,..., x_n) = x_1 conj, ..., conj $x_n \in$ ARG
b) *Regla de Cuantificación:*
   AP (Q, NC) = {Q, NC} $\in$ ARG
c) *Regla de Modificación:*
   AP (MOD, NC) = {MOD, NC} $\in$ NC
   En estas reglas ARG denota el conjunto de argumentos simples y complejos, y las llaves se utilizan para indicar que el orden en el que aparece el Q o el MOD y el NC varía de lengua a lengua.

Estas reglas se pueden postular para todas las lenguas y, por tanto, es razonable proponerlas como universales. Tenemos, pues, el siguiente universal:

Universal 9

La formación argumental por composición, cuantificación y modificación de palabras que denotan propiedades de los individuos está presente en todas las lenguas.

2.2. La formación de modificadores complejos

En las lenguas existe la posibilidad de crear modificadores del nombre común complejos a partir de predicados, mediante un proceso que vamos a denominar *abstracción de una posición argumental (APA)*. Este proceso consiste en convertir un enunciado en el que se constata una relación entre dos o más argumentos en la propiedad de mantener esa relación con los demás argumentos, que tiene uno de esos argumentos. Esa posición argumental abstraída ha de ser entonces ocupada por el argumento del que se predica la propiedad. De modo que tenemos una expresión como λx ve (Pedro, x), obtenida a partir de ve (Pedro, x), que denota la propiedad de ser visto por Pedro y que se lee como "el conjunto de las entidades *x,* tales que esas entidades son objeto de la acción de ver por parte de Pedro". La expresión lingüística en español de esta fórmula es *que ve Pedro*. Este sintagma es un modificador del NC, por lo que podemos tener mediante la regla de modificación del NC, *hombre que ve Pedro,* que denota la propiedad compleja de ser hombre y además la de ser visto por Pedro. Por supuesto, podemos abstraer el otro argumento de *ve,* es decir, a partir de *ve (x, Pedro),* podemos obtener por APA λx (x, Pedro), que denota la propiedad de ver a Pedro; la secuencia que expresa esto en español es *que ve a Pedro;* mediante la regla de modificación nominal, obtenemos el nombre común complejo *hombre que ve a Pedro.*

También se puede aplicar APA a otras relaciones diferentes de R^0 y R^1. Por ejemplo, a partir de *LOC (Madrid, Juan ve a Pedro),* estructura que corresponde a la oración *Juan ve a Pedro en Madrid*, podemos dejar sin especificar el segundo argumento de LOC, para obtener *LOC (x, Juan ve a Pedro)* y abstraer esa posición: λx *LOC (x, Juan ve a Pedro),* que es la propiedad de ser un lugar en el que se ha producido el tipo de suceso denotado por *Juan ve a Pedro*. En español, la abstracción sobre LOC está señalada por el pronombre relativo *donde* o por el sintagma de pronombre relativo *en el/la que*. De modo que el modificador del nombre común que obtenemos en nuestra lengua es *donde Juan ve a Pedro,* que puede modificar a un nombre común como *lugar* para obtenerse *lugar donde Juan ve a Pedro,* sintagma al que podemos aplicar la función de cuantificación para obtener *el lugar donde Juan ve a Pedro,* que cumple una función argumental en una oración como *fueron al lugar donde Juan ve a Pedro*. Resumimos este proceso mediante el esquema siguiente:

ESQUEMA 8.5. *Generación de* fueron al lugar donde Juan ve a Pedro.

1. Tipo eventivo de partida:
   LOC (x, Juan ve a Pedro)
2. Aplicación de APA a 1:
   λx LOC (x, Juan ve a Pedro)
   donde Juan ve a Pedro
3. Aplicación de la regla de modificación a 2:
   AP (λx LOC (x, Juan ve a Pedro), lugar)
   lugar donde Juan ve a Pedro
4. Aplicación de la regla de cuantificación a 3
   AP (el, AP (λx LOC (x, Juan ve a Pedro), lugar))
   el lugar donde Juan ve a Pedro
5. Inserción del argumento obtenido en un esquema eventivo de acción:
   $\aleph$(ellos, $\wp$(Σ (ellos, LOC1), (Σ (ellos, AP (el, AP (λx LOC (x, Juan ve a Pedro), lugar)))))
   Ellos fueron al lugar donde Juan ve a Pedro

Una propiedad universal de las posiciones argumentales abstraídas es que no pueden ser ocupadas por un nombre común cuantificado, sino solamente, en algunas lenguas, por un pronombre. Consideremos las siguientes secuencias del español:

JEMPLO 10

Secuencias del español obtenidas mediante APA

a) Viene el hombre con el que discutimos ayer
b) Viene el hombre que discutimos con él ayer
c) *Viene el hombre que discutimos con el hombre ayer
d) *Viene el hombre que discutimos con el cartero ayer

En la segunda oración, vemos la posibilidad de que la posición argumental abstraída esté señalada por un pronombre correferencial con el argumento que contiene el nombre común a que modifica la relativa. Esta oración puede encontrarse en el español hablado. La estrategia en cuestión es empleada por diversas lenguas indoeuropeas y no indoeuropeas. Las oraciones tercera y cuarta, contravienen la restricción señalada: la posición argumental abstraída está especificada intensionalmente mediante un nombre común. La expresión tercera se puede convertir en gramatical si la transformamos en una secuencia de dos oraciones yuxtapuestas *(Viene el hombre. Discutimos con el hombre ayer)*. La tercera secuencia sería extraña aun cuando realizáramos la misma transformación que la que hemos propuesto para la precedente *(Viene el hombre. Discutimos con el cartero ayer)*.

¿Cómo se manifiesta la operación APA en las diversas lenguas del mundo?

Acabamos de ver que en las lenguas indoeuropeas como el español ello se lleva a cabo mediante una oración de relativo. Pero este procedimiento está lejos de ser universal; la mayor parte de las lenguas del mundo no conocen los pronombres de relativo; sin embargo, en todas ellas es posible llevar a cabo la operación APA, que se expresa lingüísticamente de diversas formas.

En muchos idiomas del mundo existe un índice morfológico de APA, que suele ser un afijo nominalizador o adjetivizador. Es lo que ocurre, por ejemplo, en turco y en vasco.

JEMPLO 11

Argumentos formados con APA en turco y vasco

a) Turco (Lehmann 1984: 53):
   mekteb-e   *gid-en*   *adam*
   escuela-DAT   ir-PART   hombre
   'El hombre que va a la escuela'

b) Vasco:
| *eskola-ra* | *joan* | *de-n* | *gizona* |
| escuela-ADL | ido | es-GEN | hombre |

'El hombre que va a la escuela'

En otros casos, se utiliza a modo de índice de APA una partícula relacionante; es lo que ocurre en lenguas como el chino (Lehmann 1984: 65):

EJEMPLO 12

Argumento complejo chino

我 剪 纸 的 剪刀

Wǒ jiǎn zhǐ de jiǎndāo
yo cortar papel PART tijeras
'Tijeras con las que he cortado el papel'

También puede darse el caso de que la operación de APA no se exprese más que por el orden de palabras, ya que hay ausencia de cualquier tipo de subordinante o partícula relativa. Es lo que ocurre en japonés, lengua en la que la relativa es una oración sin marca que antecede el nombre que modifica. Los dos ejemplos que siguen son de C. Lehmann (1984: 70):

EJEMPLO 13

Dos oraciones japonesas en las que se ha aplicado APA

a)
| *Kore-wa* | *ano hito-ga* | *kaita* | *hon* | *desu* |
| Este-TOP | aquel hombre-SUJ | escribió | libro | es |

'Este es el libro que ha escrito aquel hombre'

b)
| *Kore-wa* | *hon-o* | *kaita* | *hito* | *desu* |
| este-TOP | libro-AC | escribió | hombre | es |

'Este es el hombre que ha escrito un libro'

Los modificadores de los nombres comunes se pueden cuantificar para que denoten argumentos. Es lo que ocurre en español con sintagmas como *el alto* o *el de Madrid*. Pues bien, un modificador formado por APA también puede cuantificarse para así obtener un argumento. Es el caso de secuencias españolas como *el que viene* en *el que viene es mi amigo* o *donde vivo,* en *se dirigen a donde vivo.* Se dice que en estos casos estamos ante relativas libres.

Las lenguas tienen procedimientos para cuantificar predicados abstraídos. Veamos algunos ejemplos (los tres primeros están extraídos igualmente de C. Lehmann 1984: 295-296):

EJEMPLO 14

Cuantificación de predicados abstraídos en diversas lenguas

a) *Mongol:*
    Yabǝ-sǝ-d   *irlee*
    ir-PART-PL   vienen
    'Vienen los que se fueron'
b) *Yavapái* (lengua hocana de Arizona, filo penutí):
    Kuʔu puvak   *k-onoha*   *tokatoka*   *lowavch*   *yum*
    cesto trenzar   REL-FUT   Tokatoka   mujer   ser
    'La que va a trenzar el cesto es la mujer de Tokatoka'
c) *Canarés* (lengua drávida de la India):
    Nānu   *hēlidd-a-nnu*   *leidanu*
    yo   decir-PART-AC   escuchó
    'Ha escuchado lo que he dicho'
d) *Vasco:*
    Zuk   *esan*   *duzu-n-a*   *egia*   *da*
    Tú   ddicho   has-REL-ART   verdad   es
    'Lo que has dicho es verdad'

En el primer caso, podemos comprobar que la forma participial mongola se pluraliza, lo cual es índice de cuantificación. En la segunda oración tenemos una forma verbal con prefijo de relativización y no hay índice de cuantificación (ya hemos observado que a veces la operación de cuantificación puede tener un índice cero). En el tercer caso, la operación de cuantificación tampoco tiene índice, pero la presencia del sufijo de acusativo delata este proceso de cuantificación. En vasco sí observamos un índice de cuantificación: se trata del artículo *a,* que se sufija a la forma relativizada *duzun.*

3. FORMACIÓN Y MODIFICACIÓN DE LOS PREDICADOS

3.1. Las reglas universales de formación de los predicados

Keenan y Timberlake (1985: 317) han propuesto que en toda lengua existen cuatro tipos fundamentales de lo que ellos denominan *reglas de formación de predicados.*

Estas reglas son las siguientes. Primero, están las *reglas de aplicación argumental,* que consisten en que si aplicamos un argumento a un predicado de *n* lugares obtenemos un predicado de *n–1* lugares. En segundo lugar, están las *reglas de modificación*, consistentes en aplicar un modificador a un predicado de *n* lugares para obtener un nuevo predicado de *n* lugares. En tercer lugar, tenemos las *reglas de composición* que a partir de *n* predicados construyen mediante una operación de composición un nuevo predicado complejo. En cuarto y último lugar, tenemos las *reglas de afección de la valencia,* utilizando las cuales podemos obtener a partir de un predicado de *n* lugares un nuevo predicado de *m* lugares.

Ilustraremos estas reglas con ejemplos del español. En primer lugar, las reglas de aplicación nos dicen que si tenemos un predicado de *n* lugares y le aplicamos un argumento, entonces obtenemos un nuevo predicado de *n–1* lugares. Por ejemplo, sea el verbo español *mover*. Este predicado tiene dos argumentos, que denotan respectivamente la cosa movida y el que ocasiona o controla tal movimiento. Si aplicamos el argumento *la mesa* a este predicado, obtenemos un nuevo predicado complejo *mover la mesa* que ya no tiene dos argumentos sino un solo argumento. Mediante esta regla de aplicación enriquecemos el número de predicados de un argumento de nuestra lengua, pues creamos uno *(mover la mesa)* que antes no existía. Esto es claramente así siempre que no exista en español un verbo que signifique precisamente 'mover la mesa'. La existencia de esta regla de aplicación argumental es lo que explica por qué *mover la mesa* no puede admitir un nuevo argumento de la misma naturaleza que *la mesa*. Por ejemplo, *mover la mesa la silla* no es un predicado posible en español. La única manera de obtener un predicado posible es coordinando *la mesa* y *la silla* para obtener un único argumento compuesto *la mesa y la silla*. El mismo razonamiento cabría hacer para cualquier otra lengua natural posible. La forma de estas reglas de aplicación es la siguiente Ap (arg, P_n) = P_{n-1}, en donde P_{n-1} = P_n arg. Este esquema significa que si aplicamos (AP) un argumento a un predicado de *n* lugares (P_n), obtenemos un nuevo predicado de *n–1* lugares (P_{n-1}), constituido por la secuencia del predicado original más el argumento.

Las reglas de *modificación* de predicados consisten en la modificación de un predicado P_n por parte de un operador adverbial, para obtener un nuevo predicado de la misma valencia pero más específico. Siguiendo con el ejemplo del párrafo anterior, a partir del predicado *mover* podemos obtener el nuevo predicado *mover bruscamente,* en donde *bruscamente* es un modificador que especifica el esquema eventivo denotado por *mover*. Es claro que *mover bruscamente* tiene exactamente la misma valencia de *mover* y que es un nuevo predicado de un argumento que no existe en el acervo de predicados simples del español. Todas las lenguas naturales conocidas presentan este tipo de modificaciones. El esquema formal de estas reglas de modificación predicativa es el siguiente AP (MOD, P_n) = Q_n, en donde Q_n = mod P_n, siendo MOD la palabra que realiza la modificación.

Pasamos a las reglas de composición. Consisten en la unión de varios predicados de *n* lugares para obtener un predicado compuesto de *n* lugares. Por ejemplo, de *mover* y *calzar,* dos predicados de dos lugares, podemos obtener el nuevo predicado compuesto *mover y calzar,* que se consigue uniendo mediante una conjunción los dos predicados de partida. Por supuesto, *mover y calzar* es un predicado también bivalente y podemos aplicarle un argumento como *la mesa* para obtener *mover y calzar la mesa,* que es un nuevo predicado monovalente. El esquema formal de estas reglas es el siguiente AP (CONJ, < P_n,..., Z_n>) = Q_n, en donde Q_n = P_n conj, ..., conj Z_n. Por supuesto, CONJ denota una operación de composición como la conjunción o disyunción y *conj* es la forma lingüística que toma una conjunción o disyunción.

Pasamos ahora a las reglas de *afección de la valencia*. En este caso, a partir de un predicado de *n* lugares podemos obtener un nuevo predicado con una valencia diferente, mayor o menor *m*. Siguiendo con el ejemplo de *mover*, podemos aplicar a este verbo una operación de afección de la valencia consistente en reducirla en un argumento. Esta operación se manifiesta morfológicamente mediante un *se*. De este modo, si *mover* es un predicado bivalente, *moverse* es un predicado monovalente. Por consiguiente, si le aplicamos el único argumento que requiere, obtenemos, no un nuevo predicado de menor valencia, sino una oración completa: *la mesa se mueve*. Este es un caso de afección *recesiva*, pues eliminamos un argumento; la afección es *accesiva*, si añadimos un argumento. Por ejemplo, *mover* podemos convertirlo en un predicado trivalente mediante una operación de afección accesiva y obtener un nuevo predicado como *hacer mover*, que requiere tres argumentos: *Juan hizo mover la mesa a Pedro*.

El esquema formal de la operación de afección argumental es el siguiente: AP $(AF, P_n) = P_m$ siendo $P_m = afP_n$, donde *af* es el índice de la operación (que puede ser cero). Si $n > m$, tenemos una afección recesiva y si $n < m$, tenemos una afección accesiva. En la sección siguiente veremos ejemplos de estas operaciones en diversas lenguas. Tampoco se conoce ninguna lengua que no disponga de estas posibilidades de afección de predicados.

No se ha encontrado hasta ahora ninguna lengua del mundo para describir la cual no sea posible enunciar estas reglas de formación de predicados. Por ello, es sensato proponer el siguiente universal:

Universal 10

Toda lengua puede enriquecer el número de sus predicados con reglas de aplicación, modificación, composición y afección predicativas.

Tenemos, pues, el siguiente esquema de las reglas de formación de predicados:

ESQUEMA 8.6. Reglas de formación de predicados.

a) Reglas de aplicación argumental:
Ap $(arg, P_n) = P_{n-1}$, en donde $P_{n-1} = P_n$ arg $\in$ PRED
b) Reglas de modificación:
AP $(MOD, P_n) = Q_n$, en donde $Q = \text{mod } P_n \in$ PRED
c) Reglas de composición:
AP $(CONJ, < P_n, ..., Z_n >) = Q_n$, en donde $Q_n = P_n$ conj, ..., conj $Z_n \in$ PRED
d) Reglas de afección:
AP $(AF, P_n) = P_m$, donde $P_m = afP_n \in$ PRED
Accesivas: $n < m$
Recesivas: $n > m$

3.2. Las reglas de afección de la valencia

Una de las constantes que se observan en las lenguas del mundo es que la valencia asignada a un predicado se puede ver alterada, se manifieste o no morfológicamente esta alteración. Esto significa que un predicado que tiene *n* argumentos puede pasar a tener *n + 1* o *n − 1* argumentos. El primer caso es de aumento de la valencia y el segundo caso es de reducción de la valencia. Un primer universal, que es un caso particular del universal 10 es, pues, el siguiente:

| Universal 11 |

En toda lengua es posible aumentar y/o disminuir la valencia de algún predicado.

En las lenguas nominativo-acusativas la regla de afección recesiva más común se conoce como *pasiva*. La pasivización hay que concebirla como una regla de modificación recesiva de la valencia de un predicado de *n* lugares, lo cual no significa necesariamente que se trate de un predicado de 2 lugares (transitivo). Puede ser un predicado de un lugar. En efecto, en diversas lenguas se puede aplicar una regla de afección recesiva a predicados de un lugar que da a origen a predicados de cero lugares. Veamos algunos ejemplos extraídos de Perlmutter 1978:

EJEMPLO 15

Predicados de cero lugares obtenidos de predicados de un lugar mediante una operación de afección recesiva

a) Español:
Se duerme. Se habla

b) Alemán:
| *Hier* | *wurde* | *der ganze Abend* | *getanzt* |
| aquí | es | toda la tarde | danzado |
'Aquí se baila toda la tarde'

c) Neerlandés:
| *Er* | *wordt* | *geblaft* |
| ello | es | ladrado |
'Se ladra'

d) Turco:
| *Burada* | *kayar kayılır* |
| aquí | es esquiado |
'Aquí se esquía'

Vemos que, en español, la operación de afección recesiva sobre predicados intransitivos se realiza mediante lo que se suele llamar *voz media,* aunque en otras lenguas es la voz pasiva lo que se utiliza. Esta consideración nos sirve para ilustrar que lo que se denomina habitualmente *voz pasiva* en español y en otras lenguas indoeuropeas, no es más que un caso particular de un tipo de proceso que estamos postulando que se da en todas las lenguas del mundo.

En las lenguas ergativo-absolutivas existe la operación correspondiente a la pasiva en las lenguas nominativo-acusativas. Se denomina *antipasiva* y consiste en hacer que el argumento que en la construcción no marcada se expresa en caso ergativo, se manifieste en el caso absolutivo o no marcado y que el argumento que en la construcción no marcada se expresa en absolutivo pase a estar en un caso oblicuo como el dativo o el locativo. Veamos un ejemplo de la lengua australiana yidín, extraído de Palmer 1994: 176:

JEMPLO 16

La antipasiva en yidín

a) *Buña-ñ*   *wagu-da*   *wawal*
    Mujer-ERG   hombre-ABS   vio
    'La mujer ha visto al hombre'

b) *Buña*   *waguda-nda*   *wawa-di-nu*
    Mujer   hombre-DAT   vio-ANTI-Pasado
    'La mujer vio al hombre'

Vemos que en la segunda oración, *buña* no aparece en caso ergativo, sino en el caso no marcado y que *waguda,* el participante interno, aparece en caso dativo. Esto nos indica que en el giro antipasivo, el participante externo pasa a ser participante interno (en este caso *buña*) y el participante interno pasa a ser un participante indirecto. ¿Cómo se concibe semánticamente esta transformación? Decíamos en el capítulo anterior que en el caso de la oración ergativa primera teníamos una estructura como $\aleph$(buña $\wp$ (Σ (wagu, no visto) ((wagu, visto))). Es decir, la mujer ocasiona que el hombre de no tener la propiedad de ser visto pase a tenerla. En la versión antipasiva, la segunda de las oraciones, tenemos la estructura $\wp$ (Σ (buña, no veedor) ((buña, veedor)). Ahora *veedor,* no es el estado de ser visto, sino el de experimentar una visión. En este caso, *buña* se encuentra en tal estado respecto de *el hombre,* que se concibe como participante indirecto. El tipo eventivo obtenido se puede relacionar con un participante indirecto, que nos señala una entidad que interviene de modo anejo o accidental en el proceso de llegar a ese estado.

En todas las lenguas conocidas existe también la posibilidad de aumentar la valencia de un predicado mediante una regla de afección accesiva. El proceso más conocido de afección accesiva es el de la causatividad. Consideremos el siguiente par de oraciones españolas:

JEMPLO 17

Aplicación de afección causativa en español

Juan viene
Pedro hace venir a Juan

En la primera oración tenemos un verbo intransitivo cuyo argumento es el participante interno; es decir, se produce un cambio de lugar por parte de Juan, lo que le lleva a tener la propiedad de estar en un lugar cercano al que habla. En la segunda oración, Pedro es el controlador de ese proceso y tenemos una acción.

También podemos someter a la afección accesiva a predicados con participante externo o interno. Vemos los resultados de la conversión en los ejemplos que siguen:

JEMPLO 18

Afección causativa a un verbo transitivo en español

Juan lee el libro
Pedro hace a Juan leer el libro

En la primera oración hay un participante interno y otro externo. En la segunda oración se introduce un participante indirecto, no un participante externo, que se conceptúa como la causa del esquema eventivo denotado en la primera oración. Estamos ahora, pues, ante una relación que define un tipo eventivo. Esa relación es naturalmente CAUS y se mantiene entre Pedro y el esquema eventivo correspondiente a la primera oración. Por tanto, su estructura semántica es CAUS (Pedro, $\aleph$ (Juan, $\wp$(Σ (el libro, no leído), Σ (el libro, leído))).

Hemos visto que en español, se recurre a una perífrasis para expresar esta operación de afección accesiva. En otras lenguas, como el turco, el húngaro o el vasco, se utiliza un afijo verbal. Veamos unos ejemplos del vasco (basados en Rebuschi 1984: 395-397), que emplean el sufijo verbal *arazi* para esta función:

JEMPLO 19

Ejemplos de afección accesiva causativa en vasco

Afección accesiva de un verbo biargumental:
a) *Haurra-k   zopa   jan   du*
   niño-ERG   sopa   comido   ha
   'El niño se ha comido la sopa'

b) *Ni-k   zopa   haurra-ri   jan-arazi   diot*
    yo-ERG   sopa   niño-DAT   comido-CAUS   se la he
    'Le he hecho comerse la sopa al niño'

Afección accesiva de un verbo triargumental:
a) *Ni-k   dirua   eman   diot   Patxi-ri*
    yo-ERG   dinero   dado   se lo he   Patxi-DAT
    'Le he dado el dinero a Patxi'
b) *Ni-k   dirua eman-arazi   diot   Patxi-ri   Jon-en   bidez*
    yo-ERG dinero dado-CAUS   se lo he   Patxi-DAT   Juan-GEN   por
    'Le he hecho a Juan dar el dinero a Patxi'

---

4. EL PARÁMETRO DE LA EXPRESIÓN DE LAS RELACIONES SINTÁCTICAS

Hemos comprobado hasta ahora que los predicados requieren una serie de argumentos. Las lenguas difieren en cómo se expresa formalmente ese requerimiento. La expresión de esa relación predicado-argumento puede hacerse a través de la yuxtaposición de los sintagmas que denotan los argumentos y los que denotan el predicado, sin que ni en uno ni en otro exista marca alguna de la misma (distinta del orden). Esto ocurre habitualmente en muchas lenguas de Asia Oriental, tales como el chino o el vietnamita. El esquema general es, pues, el más sencillo: el predicado (P) se encuentra rodeado, precedido o seguido de sus argumentos (X, Y, Z). Esquemas como Z Y Z P, P X Y Z o X P Y Z pertenecen a este tipo. Todas las oraciones del chino que hemos visto en este libro ejemplifican este modo de señalamiento de la relación entre los argumentos y el predicado. Las lenguas que realizan esta posibilidad decimos que son del tipo *neutro*.

Una segunda posibilidad es que cada uno de los argumentos lleve una marca que indique que está relacionado y de qué manera con el predicado, y que el predicado no presente marca alguna. Tendríamos un esquema como el siguiente: X^x, Y^y, Z^z P, donde X^x denota que el argumento X tiene algún tipo de marca que indica su función en la oración. El japonés y el coreano nos proporcionan dos ejemplos de este esquema. Las lenguas que marcan sus argumentos de este modo y dejan de marcar el predicado decimos que son de tipo *argumental*.

Una tercera posibilidad consiste en que sea el predicado el que lleve marcas para los argumentos y que los argumentos estén desprovistos de índice alguno. Varios esquemas posibles son $X \, Y \, Z \, P^x$, $X \, Y \, Z \, P^{xy}$, $X \, Y \, Z \, P^{xyz}$. En el primer caso, el predicado lleva una marca que hace referencia al argumento X; en el segundo caso, el predicado lleva una marca que hace referencia al argumento X y al argumento Y; y, en el tercer caso, lleva una marca que hace referencia a los argumentos X, Y, Z. Un ejemplo de este tipo es la lengua caucásica abjaso. Los idiomas que marcan los argumentos en el predicado pero que no señalan los argumentos mismos decimos que pertenecen al tipo *predicativo*.

La cuarta posibilidad es una combinación de las dos anteriores y se puede simbolizar de la siguiente manera X^x, Y^y, $Z^z \, P^{xyz}$. Es decir, cada argumento lleva marca de caso y a su vez el verbo lleva un índice morfológico por cada uno de esos argumentos. El vasco es un buen ejemplo de este tipo. Decimos que esta lengua es de tipo *mixto*.

En el esquema siguiente vemos la clasificación resultante y un ejemplo de cada caso:

ESQUEMA 8.7. *Parámetros de la marcación de las relaciones sintácticas.*

---

1. *Tipo neutro:* X Y Z P
   Ejemplo: Chino

   他　给　朋友　一枝　铅笔

tā	*gěi*	*péngyou*	*yìzhī*	*qiānbǐ*
él	dar	amigo	un	lápiz

   'Le ha dado a su amigo un lápiz'
2. *Tipo argumental:* X^x, Y^y, Z^z P
   Ejemplo: checheno (J. Nichols 1986: 61)

Da-s	*woʕa-na*	*urs*	*tüxira*
padre-ERG	hijo-DAT	cuchillo	golpear

   'El padre ha acuchillado al hijo'
3. *Tipo predicativo:* X Y Z P^{xyz}
   Ejemplo: Abjaso (J. Nichols 1986: 61)

axàc'a	*aphás*	*ashq'ə*	*φ-lá-y-teyt'*
hombre	mujer	libro	3S-3S-3S-dar

   'El hombre le ha dado el libro a la mujer'
4. *Tipo mixto:* X^x, Y^y, Z^z P^{xyz}
   Ejemplo: Vasco

Ni-k	*Patxi-ri*	*liburua*	*eman*	*d-io-t*
yo-ERG	Patxi-DAT	libro	dado	3S-3S-1S

   'Le he dado el libro a Patxi'

Una misma lengua puede participar de alguno de estos tipos en mayor o menor medida. Si analizamos la oración española *le di el libro a Pedro,* observamos que en el verbo se marca morfológicamente sólo un argumento: el del sujeto. Por su parte, se señala morfológicamente sólo el argumento *Pedro* mediante la preposición *a.* Tenemos entonces este esquema: X Y Z^z P^x. En una oración como *entregó a Juan a Pedro,* tenemos el esquema: X Y^y Z^z P^x.

Es importante percatarse de la diferencia entre las marcas de los argumentos y las marcas del predicado. Las primeras son relacionales y las segundas son referenciales. En efecto, las terminaciones de caso indican simplemente la función en la oración de la palabra o sintagma a que afectan y, algunas veces, pueden tener carácter referencial. Por su parte, los afijos verbales que señalan los argumentos son denotativos y, por consiguiente, mediante la forma verbal flexionada podemos hacer referencia a los participantes directos (e, incluso, a algunos indirectos) del esquema eventivo. Con ello, en las lenguas del tipo predicativo y mixto, la forma verbal flexionada por sí misma puede constituir una oración completa. Así, el verbo abjaso *láyteyt* significa 'se lo ha dado' y la forma verbal analítica vasca *eman diot* significa 'se lo he dado'; por tanto, pueden constituir oraciones completas. Estos afijos verbales pueden también indicar la función que desempeñan mediante diversos medios como el orden relativo de los mismos. De esta manera, si comparamos las formas verbales vascas *dizut* (te lo tengo) y *didazu* (me lo tienes) y nos fijamos en que la segunda proviene de *di-t-(a)-zu,* nos podemos percatar fácilmente que el orden *t-zu* indica que la primera persona es el objeto indirecto y la segunda es el agente y que el orden *zu-t* señala exactamente lo contrario. Por otro lado, la tercera persona no tiene marca en función de agente y sí la tiene en función de objeto indirecto (*-o-* para el singular y *-e-* para el plural). Por ejemplo, *dizu* significa en éuscaro 'él te lo tiene' y *diozu* 'tú se lo tienes'.

Todas las lenguas del tipo predicativo presentan marcas referenciales en el predicado y todas las lenguas del tipo argumental presentan marcas relacionales. Podemos postular el siguiente universal:

Universal 12

Las marcas argumentales son relacionales y pueden ser además referenciales, y las marcas argumentales predicativas son referenciales y pueden ser además relacionales.

ORIENTACIÓN BIBLIOGRÁFICA

Blake, B. J. (1994): *Case,* Cambridge University Press, Cambridge Textbooks in Linguistics, 229 páginas, con glosario de términos técnicos (196-207), bibliografía, índice de autores, índice de lenguas e índice de temas.
Se trata de un manual claro y sencillo sobre los sistemas casuales que se pueden encontrar en diversas lenguas del mundo. En el primer capítulo explica el autor cómo se manifiesta esta categoría en diversas lenguas. El segundo capítulo trata el problema de cómo puede determinarse el número de casos que presenta una lengua concreta. El tercer capítulo es un esbozo de los diversos enfoques teóricos de esta categoría gramatical, desde la gramática india a Fillmore pasando por la gramática relacional o la teoría localista. El capítulo cuarto investiga el alcance de la marca de caso, desde el nombre a la oración, pasando por el sintagma. En el capítulo quinto se exponen los diversos sistemas casuales, incluyendo el nominativo, ergativo y activo. Se estudian también en este capítulo los casos locativos. El capítulo sexto es un esbozo del origen diacrónico de los sistemas de casos. En resumen, se trata de un panorama completo y accesible de la fenomenología tipológica del caso gramatical.

Dixon, R. M. W. (1994): *Ergativity,* Cambridge University Press, Cambridge Studies in Linguistics nº 69, 271 páginas, con bibliografía, índice de autores, índice de lenguas y familias lingüísticas e índice de temas.
Es una exposición muy completa y actualizada de la ergatividad. En el capítulo segundo se analiza la ergatividad semántica y sintácticamente fundamentada. El capítulo tercero se ocupa de las manifestaciones de la ergatividad dentro de la oración. El capítulo cuarto está dedicado al estudio de la ergatividad parcial o *split ergativity*. El capítulo quinto se ocupa del concepto de *sujeto*. El capítulo sexto está centrado en el estudio de la ergatividad interoracional o sintáctica. El capítulo séptimo estudia la evolución diacrónica de la ergatividad. El libro se cierra con un capítulo de conclusiones y de resumen de lo analizado.

Givón, T. (1984): *Syntax I. A Functional Typological Introduction,* Amsterdam, John Benjamins, 464 páginas, con bibliografía e índice de temas.
Nos encontramos ante la más amplia exposición de tipología de la sintaxis que existe en este momento. Este primer volumen estudia las clases de palabras (capítulo tercero), los predicados y su valencia·(capítulo cuarto), los sistemas de casos (capítulo quinto), la tipología del orden de palabras (capítulo sexto), la pragmática discursiva (capítulo séptimo), el tiempo, el aspecto y el modo (capítulo octavo), la negación (capítulo noveno), los pronombres y la concordancia (capítulo décimo), y la indefinitud y la referencialidad (capítulo undécimo). Las bases metodológicas y los presupuestos teóricos que informan los dos tomos se exponen en el capítulo segundo. Básicamente, la hechura sintáctica de las lenguas está funcionalmente motivada tanto por cuestiones de organización de la información como por factores de carácter cognitivo.

Givón, T. (1990): *Syntax II. A Functional Typological Introduction.* Amsterdam, John Benjamins, 572 páginas, con bibliografía e índice de temas.
El capítulo inicial del libro, continuación del anterior, es el duodécimo y está dedicado al sintagma nominal. El capítulo decimotercero se ocupa de los complementos verbales. La voz y los procesos de intransitivización se estudian en el capítulo decimocuarto. El capítulo decimoquinto es un estudio de las estrategias que utilizan diversas lenguas para formas subordinadas adjetivas. El capítulo decimoséptimo trata sobre las construcciones focales y el siguiente sobre las construcciones de tópico. El capítulo decimoctavo abarca el estudio de las oraciones no declarativas, fundamentalmente las interrogativas. El capítulo decimonoveno trata de las relaciones interoracionales. El capítulo vigésimo es un detallado estudio de la coherencia referencial y sus mecanismos sintácticos. Se cierra esta inmensa obra con un capítulo sobre marcación e iconicidad en sintaxis. En conjunto, puede decirse que estamos ante uno de los libros fundamentales de la tipología sintáctica del siglo actual (y muy posiblemente del que viene).

Lazard, G. (1994): *L'Actance,* París, Presses Universitaires de France, 285 páginas, con bibliografía e índice de temas y lenguas.
En este manual se exponen detalladamente los resultados de las investigaciones del grupo tipológico francés denominado RIVALC. Se pasa revista a las diversas formas en que se expresan las relaciones entre predicados y argumentos en las lenguas del mundo. Precisamente el capítulo segundo describe los tipos de estructuración nominativo-acusativo y ergativo-absolutivo, con descripción de sus restricciones y sus relaciones con las papeles semánticos. El capítulo tercero está enteramente dedicado a la forma en la que se expresan los argumentos en las diversas lenguas naturales. Estudia los criterios para determinar el status argumental de un sintagma y analiza los participantes indirectos o circunstantes. Hay una sección dedicada a la función sintáctica de sujeto y otra a la de objeto. El capítulo cuarto se dedica a los predicados y en él se estudia la clasificación de los verbos según el número de argumentos que requieren. El capítulo quinto se ocupa de las diversas manifestaciones de las oraciones de predicados con diferente número de argumentos. El último capítulo estudia las correlaciones entre los diversos esquemas actanciales e incluye un apartado sobre las diátesis. Este libro constituye una visión de conjunto ilustrativa y muy aprovechable. Nos hemos inspirado en la notación que se utiliza para la exposición de la última sección de este capítulo.

Palmer, F. R. (1994): *Grammatical Roles and Relations,* Cambridge University Press, Cambridge Textbooks in Linguistics, 259 páginas, contiene un glosario de términos técnicos (241-242), bibliografía, índice de lenguas e índice temático.
Constituye el presente libro un excelente repaso crítico de las funciones y papeles sintácticos fundamentales realizado desde una perspectiva interlingüística. Después de un capítulo inicial introductorio, se examinan en el segundo capítulo las nociones de agente, paciente, experimentante, beneficiario, locativo e instrumental. En el capítulo segundo se analizan los sistemas acusativo, ergativo y agentivo. El capítulo cuarto está dedicado a la noción de sujeto. El capítulo quinto y el sexto tratan de diversos aspectos tipológicos de la pasividad. El capítulo séptimo estudia la antipasiva, y el octavo, los sistemas topicales e inversos. El último capítulo está dedicado a la causatividad.

REFERENCIAS BIBLIOGRÁFICAS

Harris, A. (1985): *Syntax and Semantics. Vol 18. Diachronic Syntax: The Kartvelian Case,* Nueva York, Academic Press.

Keenan, E. y Timberlake, A. (1985): "Predicate Formation Rules in Universal Grammar" en E. Keenan (ed.) *Universal Grammar: 15 Essays,* Londres, Croom Helm, 1987, páginas 316-334.

Lehmann, Ch. (1984): *Der Relativsatz. Typologie seiner Strukturen. Theorie seiner Funktionen. Kompendium seiner Grammatik,* Gunter Narr, Tubinga.

Nichols, J. (1986): "Head-marking and Dependent-Marking Grammar" en *Language,* 62, 1, páginas 56-119.

Perlmutter, D. M. (1978): "Impersonal Passives and the Unaccusative Hypothesis" en J. J. Jaeger *et al.* (eds.) *Proceedings of the Fourth Annual Meeting of the Berkeley Linguistic Society,* Berkeley, 1978, páginas 157-188.

Rebuschi, G. (1984): *Structure de l'énoncé en basque,* París, Selaf.

Seefranz-Montag, A. von (1983): *Syntaktische Funktionen und Wortstellungsveränderung. Die Entwicklung "subjektloser" Konstruktionen in einigen Sprachen,* Wilhelm Fink, Múnich.

Tchekhoff, C. (1979): *La Construction ergative en avar et en tongien,* París, Klincksieck.

9

UNIVERSALES DEL CAMBIO GRAMATICAL

1. SINCRONÍA, DIACRONÍA Y UNIVERSALES

Habitualmente se entiende por *lingüística sincrónica* aquella disciplina que se ocupa del estudio de un sistema lingüístico en un determinado momento delimitado con precisión. Por ejemplo, el estudio del español contemporáneo constituye un enfoque de carácter sincrónico. La lingüística diacrónica se ocupa de relacionar sistemas lingüísticos de una misma lengua pertenecientes a períodos de tiempo diferentes. Por ejemplo, si hacemos una investigación sobre el español del siglo XIV, estamos en el terreno de la lingüística sincrónica según la definición vista, pero si investigamos la relación del español del siglo XIV con el español del siglo XVII, hacemos un estudio de lingüística diacrónica.

Puede utilizarse el término *lingüística histórica* para hacer referencia al estudio de etapas anteriores cronológicamente de una lengua actual. Si al llevar esto a cabo, estudiamos un estadio concreto de la lengua en una época pasada, hacemos lingüística sincrónica y no diacrónica; sólo se trata de lingüística diacrónica cuando relacionamos dos o más etapas de la evolución de una lengua o familia de lenguas. Por tanto, hay una lingüística histórica sincrónica y una lingüística histórica diacrónica. Por su parte, la disciplina conocida como *historia de la lengua* ha de ser necesariamente diacrónica, porque la única manera razonable de llevar a cabo esta empresa es la de observar el desarrollo cronológico de una lengua a lo largo de diversas etapas temporales.

Un principio fundamental que iguala a todas las lenguas vivas es que cambian con el paso del tiempo. No existe ninguna lengua que no experimente cambios ocasionados por una causa u otra. Esto equivale a decir que todas las lenguas tienen historia, sea ésta conocida o no. Tenemos así el primer universal diacrónico:

Universal 1

Toda lengua humana viva cambia con el paso del tiempo.

Otro principio importante es que las lenguas cambian a ritmo desigual; en un mismo período de tiempo unas lenguas pueden haber cambiado más que otras. Este ritmo desigual se debe fundamentalmente a factores externos que tienen que ver con las circunstancias geográficas, culturales o demográficas en las que se desarrollan las lenguas. Obtenemos así el siguiente universal lingüístico:

Universal 2

Lenguas distintas pueden cambiar a ritmo desigual en los mismos períodos cronológicos.

Otro punto importante es que una lengua puede llegar a transformarse con sus sucesivos cambios cronológicos en una o varias lenguas diferentes y que ésta es la tendencia natural del cambio de las lenguas; podemos llamarla *divergencia*.

Universal 3

La tendencia natural del cambio lingüístico consiste en que una lengua va transformándose con el tiempo hasta convertirse en una o varias lenguas diferentes a la originaria.

Existe también el proceso contrario, el de convergencia, consistente en que varias lenguas se transforman en una sola denominada *lengua mixta*. El surgimiento de éstas es debido al contacto entre idiomas, pero no a una tendencia histórica de las lenguas a la convergencia. De aquí podemos deducir el siguiente universal:

Universal 4

La convergencia lingüística puede darse; la divergencia lingüística siempre se da.

La dicotomía sincronía-diacronía, tal como se expone de modo tajante en, por ejemplo, el *Curso de Lingüística General* de F. de Saussure, deja de poder aplicarse de modo tan radical en cuanto adoptamos una perspectiva tipológica y universalista. La razón se deriva del universal 2. En efecto, si comparamos diversas lenguas, estén relacionadas genéticamente o no, podremos observar que se encuentran en etapas diversas de su transformación diacrónica. Una de ellas puede haber perdido el sistema de casos nominal, y otra puede conservarlo aún; si comparamos el español hablado con el francés hablado, observamos que, mientras que el español conserva las flexiones personales en el verbo, el francés hablado las ha perdido totalmente. Por tanto, en cualquier comparación sincrónica de lenguas nos encontramos con exactamente la misma variación que observamos en la diacronía. De aquí se deduce que la distinción diacronía/sincronía se desdibuja en la lingüística tipológica y universalista.

Pero es que además este cambio desigual entre los diversos idiomas se da también si consideramos las lenguas aisladamente. En toda lengua conviven elementos de etapas anteriores de su desarrollo histórico con elementos de etapas recientes del mismo. No existe ningún idioma diacrónicamente homogéneo en la sincronía. Es decir, que se haya *renovado* completamente: la innovación convive con la conservación. Por ejemplo, en español, palabras como *hacer* o *hecho* conviven con palabras como *fechoría* o *fecha,* que delatan el verbo latino del que proceden los cuatro vocablos (*facere* 'hacer'). Por poner otro ejemplo, en español se han perdido la declinación latina en los sustantivos, pero no en los pronombres (*yo* frente a *me*). Esto es la regla y no la excepción en las lenguas; es intrínseco en las lenguas humanas y hace posible que, incluso a partir del estudio de una lengua en un único período de tiempo, puedan sacarse conclusiones sobre sus características en períodos anteriores. Tenemos, pues, el siguiente universal:

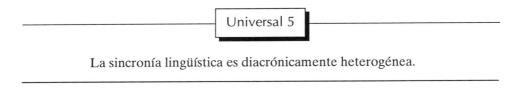

Universal 5

La sincronía lingüística es diacrónicamente heterogénea.

Esta heterogeneidad diacrónica de la sincronía hace que cualquier estudio sincrónico en mayor o menor medida tenga que tener en cuenta el factor diacrónico y que sea posible reconstruir etapas anteriores de la lengua a partir de su estudio (por ejemplo, a través del método de la reconstrucción interna).

2. INDICATIVIDAD Y PREDICATIVIDAD EN SINCRONÍA Y DIACRONÍA

Al examinar la inmensa variedad lingüística del mundo podemos recoger todas las formas en las que el mismo tipo de contenido se manifiesta en diversas lenguas. A partir de esa variedad, se pueden construir unos continuos de técnicas lingüísticas que conforman el espacio de variación dentro del cual las lenguas cambian respecto a la expresión de esa categoría conceptual, tanto sincrónica como diacrónicamente. Estos continuos son las invariantes que hay detrás de las variantes observadas en las diversas lenguas y conforman la manera en la que éstas van a expresar la categoría conceptual en cuestión. Como decimos, tales continuos tienen relevancia tanto sincrónica como diacrónica, pues no sólo constituyen el espacio de variación dentro del cual se despliega la variedad de las lenguas, sino que también determinan los límites en los que se produce el cambio de las técnicas de expresión de una o varias lenguas a lo largo del tiempo.

Estos continuos de técnicas de expresión lingüística están delimitados por dos polos opuestos que constituyen dos principios fundamentales denominados *indicativi-*

dad y *predicatividad* en la escuela que los ha propuesto, el UNITYP (véase Seiler 1995). Ambos polos delimitan la variación lingüística tanto sincrónica como diacrónica.

La oposición entre ambos principios no es discreta, sino gradual, y se manifiesta en mayor o menor medida en las expresiones lingüísticas. No son, pues, principios excluyentes, sino complementarios. Toda expresión lingüística está informada por ambos y, en ellas, predomina uno sobre el otro o están en un equilibrio más o menos estable. Podemos caracterizar la indicatividad y la predicatividad tanto desde el punto de vista de la forma como desde el punto de vista del contenido.

Desde el punto de vista del contenido, *indicatividad* y *predicatividad* se conciben como dos maneras fundamentales de representar la realidad. La primera tiene que ver con el señalamiento directo, la ostensión o referencia directa, la denominación. Los pronombres, los elementos deícticos y los nombres propios en general son manifestación de este modo de relacionar la lengua con el mundo. La *predicatividad* tiene que ver con la caracterización, la descripción, la atribución de propiedades. Los adjetivos o las oraciones de relativo tienen un alto grado de predicatividad. La *indicatividad* tiene que ver, pues, con los individuos y la *predicatividad,* con las propiedades. Los elementos del mundo podemos simplemente señalarlos, darles nombres o podemos describirlos. Los dos procedimientos están presentes en todas las expresiones lingüísticas tal como hemos dicho, aunque en distintas proporciones.

Por tanto, tenemos las siguientes caracterizaciones semánticas de los dos principios complementarios que determinan el espacio de variación sincrónica y diacrónica de las lenguas.

ESQUEMA 9.1. *Rasgos semánticos de los dos principios complementarios de la indicatividad y la predicatividad.*

Indicatividad	*Predicatividad*
Señalamiento	Caracterización
Denominación	Descripción
Individuación	Atribución
Referencia	Sentido
Extensión	Intensión

Consideremos un sintagma nominal como *el cartero* y un sintagma verbal como *ha venido*. En ambos casos encontramos un elemento en el que predomina la indicatividad y otro en el que predomina la predicatividad. El artículo *el* tiene un grado de indicatividad alto y un grado muy bajo de predicatividad: sirve para identificar individuos (o mejor para señalar que un individuo es identificable en el contexto de emisión). En el sintagma verbal, *ha* tiene también un grado alto de indicatividad pues está conjugado y, por tanto, hace referencia al tiempo en el que tiene lugar lo comunicado; señala además una situación, estado, proceso o acción sin especificar de qué situación, estado, proceso o acción se trata.

En el sintagma nominal, *cartero* tiene un alto grado de predicatividad pues hace referencia, no a un individuo sino a una propiedad o conjunto de propiedades; de hecho, esta palabra no es referencial, sino predicativa; y en el verbal, *venido* tiene un alto grado de predicatividad, pues caracteriza un determinado tipo de suceso.

Hemos dicho que los dos principios son complementarios y no excluyentes y que en todas las expresiones se manifiestan, aunque en diferente proporción. De este modo, aunque *el* es predominantemente indicativo tiene alguna predicatividad, pues hay una caracterización mínima de aquello a lo que nos referimos: es masculino (o más propiamente, el nombre que denota lo referido es un nombre masculino). Por su parte, *cartero* tiene algún componente de indicatividad, ya que estamos refiriéndonos al usarlo a una clase de entidades opuesta a otras clases como la clase *lechero.* Por ello, ciertos usos ponen de manifiesto ese mínimo potencial indicativo; considérense ejemplos como *cartero y lechero nunca se pusieron de acuerdo.*

Por otro lado, *ha* tiene cierto componente de predicatividad, pues su forma singular caracteriza al protagonista de la acción implicada como único o singular, y a la acción misma como ya realizada o completa. El participio *venido* tiene rasgos de indicatividad en su propio significado, que es deíctico: señala un movimiento hacia la persona que está hablando, por ejemplo.

Es interesante constatar que estos principios también presentan características opuestas en el plano de la expresión. Las expresiones indicativas son más paradigmáticas, dependientes, improductivas y opacas que las predicativas, que son más sintagmáticas, independientes, productivas y transparentes.

Comparemos, para comprobar este extremo, el artículo con el nombre común. Al decir que es más paradigmático el artículo que el nombre, se quiere decir que constituye una clase más cerrada y delimitada de elementos; su carácter poco independiente se manifiesta por el hecho de que ha de aparecer el artículo junto a un sustantivo; su carácter improductivo se deriva del hecho de que los artículos no se someten, por lo general, a los procesos de derivación a los que puede atenerse el nombre común; su naturaleza opaca hace referencia al hecho de que los artículos no suelen componerse de elementos significativos independientes, lo que sí ocurre con los sustantivos que, como en el caso de *cartero,* poseen una cierta transparencia semántica (véase el capítulo VI, sección 1.2).

En el siguiente esquema vemos resumidas las propiedades de expresión de los dos principios básicos:

ESQUEMA 9.2. *Rasgos morfológicos de los dos principios complementarios de la indicatividad y la predicatividad.*

Indicatividad	Predicatividad
Paradigmática	Sintagmática
Dependiente	Independiente
Improduciva	Productiva
Opaca	Transparente

Como vamos a ver en las secciones siguientes, el cambio gramatical se realiza en dos direcciones: desde lo indicativo a lo predicativo, y este tipo de cambio se denomina *gramaticalización;* y desde lo predicativo a lo indicativo, en este caso, es lo que se denomina *lexicalización.* Estas dos tendencias gramaticalizadora y lexicalizadora son operativas también en la sincronía. Esta variación se ilustra si comparamos la palabra *lechero* con *persona que vende leche.* Las dos expresiones lingüísticas pueden usarse para denotar la misma persona, pero el nombre común simple *lechero* es más indicativo y menos predicativo que *persona que vende leche.* En el cambio gramatical puede suceder que se pase de un elemento indicativo a otro más predicativo. Esto ocurre, por ejemplo, cuando una forma sintética se convierte en analítica a través de un proceso de cambio lingüístico. Un ejemplo podría ser el paso de la pasiva flexiva sintética latina a la pasiva perifrástica con el verbo *ser* de las lenguas romances. Las formas analíticas son más predicativas que las sintéticas. El paso contrario, de una forma analítica a una sintética, como por ejemplo, el paso de *amar he* a *amaré* en español, nos muestra el cambio contrario: cambio de una expresión con mayor grado de predicatividad a otra con menor grado de predicatividad y, por tanto, más indicatividad.

3. LOS PROCESOS DE GRAMATICALIZACIÓN

La gramaticalización es un proceso mediante el cual un elemento léxico pierde su contenido enciclopédico y se especializa como marcador de una relación gramatical. Tomemos a modo de ejemplo la palabra española *cara.* Designa originariamente la parte anterior de la cabeza humana, pero tiene algunos usos gramaticales como preposición locativa que indica aquello hacia lo que se va: *cara al futuro* o como adverbio que denota lo que está delante o enfrente *el sol da de cara.* En francés y alemán existe una partícula impersonalizadora (*on* y *man* respectivamente) que proceden de una palabra que significa 'hombre'. Así en alemán *Man spricht Deutsch* 'se habla alemán' o en francés *On parle française* 'se habla francés'. Este uso de la palabra *hombre* es un caso de gramaticalización.

La gramaticalización es un proceso que va desde el léxico a la sintaxis; por ello, podemos decir que es una transformación *lexicogenética* (tiene su origen en el léxico) y *sintactotélica* (tiene su punto de llegada en la sintaxis). Para ilustrar esto consideremos, por ejemplo, el paso del pronombre al artículo: nuestro artículo *el* procede del pronombre demostrativo latino *ille.* Esta conversión tiene carácter sintactotélico, porque el pronombre deja de señalar directamente una entidad y sirve para introducir una predicación adicional expresada por el nombre común y, además, pierde su contenido deíctico (es decir, indicativo). De modo que el *ille homine* antecedente de *el hombre* nos presenta un nuevo tipo de sintagma que consta de un demostrativo más un nombre común y que introduce una predicación dentro del sintagma: algo así como 'aquél que es hombre'. Este incremento en la predicatividad va acompañado por un detrimento de la indicatividad: el demostrativo pierde su carácter deíctico y sirve únicamente para señalar definitud (un hombre determinado esté donde esté). Esta gramaticalización es creadora de sintaxis ya que origina la existencia de un nuevo tipo de sintagma nominal y una expresión sintáctica nueva de la diferencia entre definido e indefinido.

Al gramaticalizarse, un elemento léxico ve ampliado el número de contextos sintácticos en los que puede aparecer y, por tanto, la sintaxis misma se enriquece. Por su parte, el léxico se empobrece, pues se le resta un elemento que tenía una función determinada. En el caso que nos ocupa, el pronombre deíctico de lejanía *ille* desaparece como tal del léxico. Por supuesto, este vacío léxico se puede llenar y en nuestra lengua se llenó convirtiendo en un elemento léxico indescomponible una secuencia de partícula enfática más *ille: ecce ille,* que dio *aquél.* Este es precisamente un ejemplo de proceso de lexicalización, que consiste en que una construcción sintáctica pierde su carácter predicativo y pasa a adqurir un contenido indicativo, precisamente el que perdió *ille*. La lexicalización supone una fusión material que da origen a un nuevo elemento léxico. El hueco creado en el léxico ha sido colmado.

Estos procesos de gramaticalización han sido atestiguados en lenguas habladas en todos los rincones del planeta. En muy diversos idiomas del globo los verbos desarrollan funciones análogas a las de las preposiciones de las lenguas indoeuropeas, lo que da origen a construcciones polirremáticas como las vistas en el capítulo VII, sección 2.6.1. Veamos un ejemplo de la lengua yoruba (lengua níger-congo de Nigeria) tomado de Lord 1993: 33. En esta lengua, el verbo *fún* significa 'dar', pero puede funcionar de modo análogo a nuestra preposición 'para' tal como vemos en la segunda de las oraciones.

E JEMPLO 1

Dos oraciones del yoruba

a) O   fún   mi   lówó
   él   dar   mí   dinero
   'Me ha dado dinero'

b) Ó   f-owó   fún   mi
   él   tomar-dinero   dar   mí
   'Me ha dado dinero

El verbo *fún* se gramaticaliza y pasa a señalar la función semántica de destinatario. Con ello, pierde su indicatividad al desarrollar un carácter predicativo o relacional: sirve para indicar de qué entidad se atribuye el ser destinatario de la acción. Es además, como ocurre con los sentidos gramaticalizados, un significado relacional, pues pone en relación un individuo con un suceso en el que participa de modo anejo.

Esta gramaticalización de los verbos como índices de relaciones sintácticas puede afectar también a las relaciones fundamentales. Por ejemplo, Lord (1993: 65) señala que en acano (lengua níger-congo de Ghana) el marcador de paciente *de* originariamente era un verbo que significaba *tomar*. Lo mismo ha sucedido en chino, lengua en la que el marcador de objeto directo *bǎ* era originariamente un verbo que significaba igualmente 'tomar' (Lord 1993: 114-117).

B. Heine, U. Claudi y F. Hünnemeyer (1991: 55) han propuesto que los procesos de gramaticalización se atienen a la siguiente jerarquía universal:

ESQUEMA 9.3. *Jerarquía universal de la gramaticalización.*

PERSONA > OBJETO > PROCESO > ESPACIO > TIEMPO> CUALIDAD

Esta jerarquía se puede interpretar estableciendo que una palabra cuyo significado se inscriba en una de las esferas semánticas señaladas, puede desarrollar, a través del proceso de gramaticalización, cualquiera de los significados que aparecen a su derecha.

Por ejemplo, la palabra *pie,* que pertenece a la esfera PERSONA desarrolla por gramaticalización un significado que pertenece a la esfera OBJETO en su uso para denotar el pie de una colina. La palabra *cara,* que pertenece también a la esfera conceptual PERSONA puede, como acabamos de ver, desarrollar un sentido que pertenece a la esfera conceptual ESPACIO en un ejemplo como *de cara a la pared* o TIEMPO como en *de cara al futuro.*

Veamos ahora un ejemplo de B. Heine, U. Claudi y F. Hünnemeyer (1991: 65) en el que se muestra cómo la palabra de la lengua níger-congo efé (Ghana), que significa 'espalda' (y que, por tanto, pertenece a la esfera PERSONA), desarrolla significados de las esferas conceptuales ESPACIO, TIEMPO y CUALIDAD.

E JEMPLO 2

Tres usos de la palabra 'espalda' en efé

a) *épé   megbé   fá*
   su   espalda   fría
   'Su espalda está fría' (PERSONA)

b) *éle   xɔ   á   megbé*
   está   casa   la   espalda
   'Está detrás de la casa' (ESPACIO)

c) *ékú   Ie   é-megbé*
   murió   ser   su-espalda (TIEMPO)
   'Murió después que él'

d) *étsí   megbé*
   está   espalda
   'Es retrasado' (CUALIDAD)

Esta jerarquía de la gramaticalización es metafórica, ya que se trata de ir despojando de determinados rasgos semánticos a las palabras para que puedan designar otros elementos con los que comparten alguno de ellos. Es el caso de la palabra *pie* visto antes. Para hablar de *pie de la colina* es necesario eliminar de *pie* muchos rasgos semánticos hasta dejar unos pocos que tiene en común con otros conceptos que denotan realidades distintas. El hecho de constituir un extremo de la parte inferior puede ser el rasgo semántico que permita hablar de *pie de la colina.*

En el caso de la gramaticalización del verbo *tomar* para indicar paciente, que supone un paso de la esfera conceptual PROCESO a la de CUALIDAD a que nos hemos referido antes, es necesario eliminar la mayoría de los rasgos semánticos que caracterizan ese verbo para quedarnos sólo con el concepto de que una entidad se ve afectada por una acción: a partir de ahí se llega al sentido de 'paciente' por abstracción metafórica. Téngase en cuenta que estos elementos no denotan el paciente (no se trata de una metonimia) sino la relación de 'ser paciente'. Por tanto, podemos decir que la jerarquía de gramaticalización vista es una jerarquía de abstracción metafórica.

En la evolución del latín al español se registran muchos casos de gramaticalización metafórica. Luis Santos y R. M. Espinosa (1996) han puesto de manifiesto el carácter metafórico de muchas evoluciones léxicas del latín vulgar al español; así, la palabra latina *caput* 'cabeza' nos da la española *cabo* (Santos y Espinosa 1996: 52). Se ha producido un cambio de la esfera PERSONA a la esfera OBJETO. Un cambio de ESPACIO a TIEMPO se da en el paso del latín *loco* 'en lugar' al español *luego* (Santos y Espinosa 1996: 83-84). Un cambio de PROCESO a TIEMPO se ve en la palabra española *momento* que procede del latín *momentum* 'movimiento' (Santos y Espinosa 1996: 92).

ESQUEMA 9.4. *Características de la gramaticalización.*

- Tiene el léxico como punto de partida (proceso lexicogenético).
- Tiene la sintaxis como punto de llegada (proceso sintactotélico).
- Empobrece el léxico.
- Enriquece la morfología y la sintaxis.
- Se atiene a la jerarquía de abstracción metafórica.

Universal 6

Toda lengua enriquece su morfosintaxis mediante la gramaticalización.

---

4. LOS PROCESOS DE LEXICALIZACIÓN

La lexicalización es un proceso sincrónico y diacrónico mediante el cual una unidad sintáctica pierde su predicatividad, aumenta su indicatividad y se convierte en una unidad léxica. Es justamente el proceso opuesto al de la gramaticalización. En este caso las unidades de partida pertenecen a la sintaxis: es un proceso *sintactogenético;* y las unidades de llegada pertenecen al léxico: es un proceso *lexicotélico*.

Ya hemos visto un ejemplo de *lexicalización* en la sección anterior: el proceso que da origen al pronombre *aquél* a partir de una construcción sintáctica como *ecce ille* 'ahí tenéis a aquél'. La lexicalización puede ser completa, es decir, puede obtenerse un elemento léxico indescomponible a partir de una construcción sintagmática, como en el ejemplo que acabamos de ver, y en otros españoles como *pordiosero, correveidile, bienmesabe, nomeolvides;* o bien puede producirse una locución fija de estructura reconocible, aunque no modificable: es el caso de las locuciones o frases hechas. Por ejemplo, *tomar el pelo* ha sufrido un proceso de lexicalización, de modo que constituye una unidad con un significado léxico ('engañar'), pero no ha llegado, como en el caso de *correveideile* a conformar un todo léxico inanalizable, ya que el verbo *tomar* puede concordar en persona y flexionarse para tiempo, cosa que no puede hacerse con los elementos de *correveidile,* que se ha convertido en un sustantivo, igual que las otras palabras mencionadas.

Hemos dicho que el proceso de la lexicalización va en la dirección opuesta al de la gramaticalización. Pues bien, no es aventurado postular que la jerarquía de abstracción metafórica que vimos que gobernaba ese proceso, siga siendo válida, pero esta vez leída de derecha a izquierda. Consideremos la oración *corre, ve y dile.* Está constituida por tres elementos que pertenecen a la esfera semántica PROCESO (no se olvide que en nuestra definición las acciones incluyen procesos; véase el capítulo VII, sección 2.1). Lo que se obtiene mediante el proceso lexicotélico es una palabra (*correveidile*) que pertenece a la esfera semántica de PERSONA. Por tanto se ha producido un movimiento de PROCESO a PERSONA; es decir, un movimiento hacia el extremo izquierdo en la jerarquía de abstracción metafórica. El mecanismo que posibilita este movimiento en la dirección opuesta no es, por tanto, de abstracción, sino de concreción: la esfera PERSONA es más concreta que la esfera PROCESO o la esfera CUALIDAD. Esa concreción se logra a partir de una metonimia, es claramente metonímica. En el ejemplo que nos ocupa, se pasa de la designación de las acciones de correr, ir y decir a la persona que realiza esas acciones. De aquí podemos deducir que el proceso de lexicalización se atiene a una jerarquía de concreción metonímica que es la misma que la de abstracción metafórica, pero en el sentido inverso. Tenemos, pues, las dos jerarquías siguientes:

ESQUEMA 9.5. *Jerarquía universal de abstracción metafórica [gramaticalización].*

PERSONA > OBJETO > PROCESO > ESPACIO > TIEMPO> CUALIDAD

ESQUEMA 9.6. *Jerarquía universal de concreción metonímica [lexicalización].*

CUALIDAD > TIEMPO > ESPACIO > PROCESO > OBJETO > PERSONA

Vamos a examinar a la luz de lo visto un caso muy frecuente de metonimia lexicalizadora. Tomemos ejemplos como *el espada, el corneta, la rizos* o *la pelos.* La denotación de la persona que lleva o usa la espada mediante la expresión *el espada* es claramente un caso de metonimia y supone un desplazamiento de OBJETO a PERSONA. Pero no se puede considerar que lo que ha ocurrido es que *espada* ha cambiado de género en este uso, sino más bien que *el espada* es una unidad sintagmática en la que *espada* sigue conservado su género, pero no es el núcleo de la misma.

Vamos a ver un esquema de los pasos de este proceso de lexicalización:

ESQUEMA 9.7. *Pasos teóricos del proceso de lexicalización*
que da origen a el espada.

a)   punto de partida:
      ART + NOMBRE + PREP + ART + NOM-
      BRE
      el + hombre + de + la + espada
b)   paso primero:
      ART + PREP + ART + NOMBRE
      el + de + la + espada
c)   paso segundo:
      ART + PREP + NOMBRE
      *el + de + espada
d)   paso tercero:
      ART + NOMBRE

Vamos a explicar brevemente esta evolución lexicotélica. Primero, se parte de un sintagma *el hombre de la espada* en el que tenemos un nombre principal (hombre) y un sintagma nominal subordinado (la espada). Ahora bien, el nombre principal no aporta contenido caracterizador alguno y el subordinado es el que tiene precisamente ese contenido. En el primer paso, se elimina el nombre principal, pero permanece la referencia a una entidad masculina a través del artículo (el): la referencia principal ha de mantenerse y, por tanto, el carácter identificativo del sintagma. En el paso segundo, se elimina precisamente el artículo del sintagma nominal subordinado, pues es el que le da carácter identificativo, cuando lo que interesa es el rasgo caracterizador aportado por el nombre común. Una vez hecho esto, la preposición no se necesita, pues ha desaparecido el sintagma nominal subordinado, quedando sólo el nombre común que incluía y se obtiene *el espada*. A partir de aquí, podemos ya decir que *espada* adquiere en el léxico un nuevo significado: la persona que la ciñe. Todo este proceso vemos que tiene su origen en la sintaxis y que tiene su punto de llegada en el léxico. Además, hemos visto que este proceso es claramente metonímico.

La siguiente es una caracterización del proceso de lexicalización:

ESQUEMA 9.8. *Características de la lexicalización.*

• Tiene la sintaxis como punto de partida (proceso sintactogenético).
• Tiene el léxico como punto de llegada (proceso lexicotélico).
• Empobrece la sintaxis.
• Enriquece el léxico.
• Se atiene a la jerarquía de concreción metonímica.

Universal 7

Toda lengua enriquece su léxico mediante la lexicalización.

5. CARÁCTER CÍCLICO DE LA DIACRONÍA GRAMATICAL

Un aspecto esencial del desarrollo histórico de las lenguas es que este desarrollo no es unidireccional, sino bidireccional o cíclico. Esto significa que no encontramos lenguas que sufran predominantemente o exclusivamente procesos de gramaticalización o de lexicalización. Una lengua que cambie únicamente mediante gramaticalización iría perdiendo gradualmente su léxico e iría desarrollando su sintaxis y morfología, con lo que nos acabaríamos encontrando con un idioma con un léxico empobrecido y una morfología y sintaxis complejísimas.

Por otro lado, una lengua que cambiase únicamente hacia la lexicalización acabaría teniendo un léxico riquísimo, pero una sintaxis y morfología muy pobre o inexistente.

Ninguna de las dos situaciones que acabamos de esbozar se corresponde con la realidad: las lenguas no son cada vez más ricas gramaticalmente y pobres léxicamente ni viceversa. Ya hemos visto en los capítulos anteriores que no existe lengua alguna sin un léxico y una sintaxis plenamente operativos. Esto se debe a que el cambio lingüístico es cíclico, y es, a la vez, lexicotélico y sintactotélico. Los huecos en el léxico que van dejando los procesos sintactotélicos se ocupan con el resultado de procesos lexicotélicos, y los huecos que van dejando los procesos lexicotélicos en la morfología y la sintaxis se van llenando con el resultado de los procesos sintactotélicos.

| Universal 8 |

El cambio gramatical es cíclico, pues tanto el léxico como la sintaxis son puntos de partida y llegada.

Vamos a ver unos ejemplos prácticos de este cambio cíclico. Empecemos por una lengua que no tiene morfología flexiva; se trata del chino mandarín. En esta lengua existe un verbo *lái* que significa 'venir', 'llegar'. Veamos un par de ejemplos de este verbo:

Ejemplo 3

Dos ejemplos de uso del verbo chino Lái

1. 客人　来　了
   Kè rén lái le
   visitante venido ha
   'Ha venido el visitante'

2. 新的　一年又　来　了
   xīn de yi nián yòu lái le
   nuevo un año otra vez venir ha
   'Ha llegado un nuevo año'

En estos dos casos tenemos un uso recto del verbo chino *lái*. Pero hay otros usos de este verbo que surgen de una gramaticalización. En ellos, *lái* indica que la acción denotada por otro verbo al que modifica se realiza en el mismo o hacia el mismo lugar en que se habla. Ahora *lái* no denota PROCESO sino CUALIDAD, en este caso, una cualidad de una acción determinada. Se ha producido una gramaticalización en el uso sintáctico del verbo *lái*. Veamos un par de ejemplos de este uso gramaticalizado:

EJEMPLO 4

Dos ejemplos de uso gramaticalizado del verbo chino lái

1. 我 来 说 两句

Wǒ lái shuō liǎng jù
yo venir decir unas frases
'Voy a decir algunas palabras'

2. 先生 进 教室 来了

xiānsheng jìn jiàoshì lai le
profesor entrar aula venir
'El profesor ha entrado en el aula'

En estos dos casos tenemos una utilización de *lái* claramente gramaticalizada, que indica que la acción denotada por el verbo principal se realiza en las proximidades del que habla. La segunda oración sólo puede enunciarla alguien que esté dentro del aula; un alumno, por ejemplo.

Ahora bien, de estos usos gramaticalizados del verbo *lái* en los que este verbo acompaña a otro y denota una cualidad de la acción a que nos referemos mediante el verbo principal, pueden surgir por el proceso de lexicalización nuevos verbos compuestos que se introducen en el léxico como nuevos verbos dotados de un significado especial. Así, por ejemplo, en chino el verbo *qǐ* (起) significa 'levantarse de la cama' y también existe en los diccionarios chinos un verbo *qǐlái* (起来) que significa igualmente 'levantarse', pero que tiene, como veremos, una serie de usos gramaticalizados adicionales. De modo análogo, el verbo *chū* (出) significa 'salir', 'sacar' y el verbo complejo *chūlái* (出来) significa 'salir hacia el que habla'. En estos casos se produce un cambio de CUALIDAD a PROCESO en el significado del verbo *lái,* de acuerdo con la jerarquía de concreción metonímica, ya que de denotar una propiedad de una acción pasa a denotar conjuntamente con *chū* una nueva acción.

Por tanto, vemos cómo, una vez gramaticalizado, el verbo *lái* puede dar origen a un proceso de lexicalización subsiguiente que enriquece el léxico de la lengua que lo experimenta.

Veamos un ejemplo de utilización del verbo *chūlái:*

EJEMPLO 5

Ejemplo de uso del verbo chino *chūlái*

她 从 宿舍里 出来了

tā cóng sùshèli chūlái le
ella desde dormitorio salirvenir ha
'Ha venido del dormitorio'

Pero, a su vez, este verbo compuesto puede gramaticalizarse y dejar de denotar un proceso para denotar una cualidad. Ahora *chūlái* denota una cualidad de otro verbo: que el proceso denotado por ese otro verbo es un movimiento desde dentro de algo y hacia la dirección del que habla. Veamos un ejemplo de este uso:

EJEMPLO 6

Ejemplo de uso gramaticalizado del verbo chino chūlái

她 从 宿舍里 跑出来了

tā cóng sùshèli pǎochūlái le
ella desde dormitorio corrersalirvenir ha
'Ha salido corriendo del dormitorio'

Desde *lái* hasta el uso de *chūlái* como sufijo verbal, se ha producido un ciclo de gramaticalización, lexicalización y de nuevo gramaticalización que esquematizamos como sigue:

ESQUEMA 9.9. *Ciclo sintactotélico-lexicotélico-sintactotélico del verbo chino* lái.

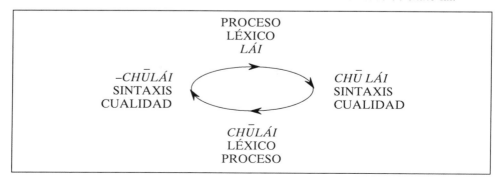

Consideremos ahora la evolución del participio presente latino en *-ens* en las lenguas romances. En latín los participios presentes convertían los verbos en sintagmas adjetivales capaces de modificar a un sustantivo. Por ejemplo, tenemos un sintagma (Bassols de Climent 1983 I: 380) como *senex delirans* 'viejo que delira'. El participio *delirans* se obtiene del verbo *deliro,* que ha experimentado un proceso de gramaticalización, reflejado morfológicamente, que supone un paso de la esfera conceptual PROCESO a la esfera conceptual CUALIDAD; en efecto, *delirans* expresa una cualidad de *senex.* Ahora bien, como observa el mismo Bassols de Climent (1983 I: 381), en la misma lengua latina hay una tendencia a sustantivar estos participios: así tenemos *amantes* 'los enamorados', *sciens* 'el sabio', *praesentes* 'los presentes', *aegrotantes* 'los enfermos'. Esta evolución es claramente lexicotélica pues se pasa de la esfera CUALIDAD a la esfera conceptual PERSONA.

En español, estos participios latinos se conservan, bien como adjetivos *(elegante, constante, inteligente),* bien como sustantivos *(comerciante, cantante, presidente).* Es decir, se han mantenido en español los participios como adjetivos instalados en la esfera de la CUALIDAD cuyo origen está en un proceso de gramaticalización morfológica en latín y como sustantivos surgidos a partir de un proceso subsiguiente de lexicalización también existente en latín. El resultado en español es que el sufijo *-ente* se ha convertido en un afijo derivativo mediante el que se obtienen palabras que denotan CUALIDAD (adjetivos) a partir de palabras que denotan PROCESO (verbos); es decir, en un afijo gramaticalizador y, a partir de ahí, muchos verbos gramaticalizados con ese afijo pueden lexicalizarse mediante un proceso en el que se obtiene un significado de la esfera de PERSONA u OBJETO a partir de otro en la esfera de CUALIDAD, con lo cual se incrementa el léxico con nuevos sustantivos.

En el siguiente esquema vemos esto resumido:

ESQUEMA 9.10. *Ciclo sintactotélico-lexicotélico en español.*

LÉXICO	*SINTAXIS*	*LÉXICO*
amar	amante	el amante
resultar	resultante	la resultante
variar	variante	la variante
militar	militante	el militante
residir	residente	el residente
remitir	remitente	el remitente
calmar	calmante	el calmante
PROCESO	*CUALIDAD*	*COSA/PERSONA*

Puede comprobarse fácilmente que los casos de desplazamiento semántico del húngaro y el vasco examinados en la sección 1.4 del capítulo VII son ejemplos perfectos de evolución lexicotélica.

ORIENTACIÓN BIBLIOGRÁFICA

Coseriu, E. (1973): *Sincronía, Diacronía e Historia. El problema del cambio lingüístico,* 290 páginas, con un índice de autores y un índice general.
Es un esclarecedor ensayo teórico sobre la naturaleza del cambio lingüístico, que debe utilizarse para profundizar en los problemas esbozados en este capítulo.

Heine, B.; Claudi, U. y Hünnemeyer, F. (1991): *Grammaticalization. A Conceptual Framework,* Chicago, The University of Chicago Press, 318 páginas, con referencias bibliográficas, índice de nombres, índice de lenguas e índice de materias.
El presente libro constituye una de las exposiciones teóricas más desarrolladas y argumentadas del proceso de la gramaticalización. En él se desarrolla el marco teórico necesario para fundamentar una teoría general de la gramaticalización en las lenguas naturales. Se analiza detalladamente el papel de la metáfora y la metonimia en este proceso, y se propone la jerarquía de abstracción metafórica que hemos explicado en este capítulo. Se ilustran los diversos conceptos teóricos con ejemplos de muy diversas lenguas.

Hopper, P. J. y Traugott, E. C. (1993): *Grammaticalization,* Cambridge, Cambridge University Press, 256 páginas, con referencias bibliográficas, índice de nombres, índice de lenguas e índice general.
Constituye este libro una excelente introducción a la moderna teoría de la gramaticalización. Hay un capítulo en el que se hace un breve repaso a la historia de la teoría. Otro capítulo se dedica a dos mecanismos esenciales de la gramaticalización: el reanálisis y la analogía. La hipótesis de la unidireccionalidad, según la cual la gramaticalización va en una única dirección (del léxico a la gramática) merece un detallado y clarificador capítulo. Un capítulo adicional se dedica a la gramaticalización dentro de la oración y otro más, a la gramaticalización a través de oraciones.

Moreno, Cabrera, J. C. (1997): "On the relationships between grammaticalization and lexicalization" en A. G. Ramat y P. Hopper (eds.) *The Limits of Grammaticalization,* Amsterdam, John Benjamins.
En este artículo se expone la descripción del cambio gramatical basado en el ciclo sintactotélico-lexicotélico que adoptamos en este capítulo.

REFERENCIAS BIBLIOGRÁFICAS

Bassols de Climent, M. (1983): *Sintaxis Latina,* CSIC, Madrid, 2 vols.
Lord, C. (1993): *Historical Change in Serial Verb Constructions,* Amsterdam, John Benjamins.
Santos Domínguez, L. A. y Espinosa Elorza, R. M. (1996): *Manual de Semántica Histórica,* Madrid, Síntesis.
Seiler, H. (1995): "Cognitive-Conceptual Structure and Linguistic Encoding: Language Universals and Typology in the UNITYP framework" en M. Shibatani y T. Bynon (eds.) *Approaches to Language Typology,* Oxford, Clarendon Press.

10

LA EXPLICACIÓN DE LOS UNIVERSALES LINGÜÍSTICOS

1. HACIA UNA EXPLICACIÓN MATERIALISTA DE LA UNIFORMIDAD Y DIVERSIDAD LINGÜÍSTICAS

La explicación de los universales lingüísticos y de los tipos de lenguas debe figurar entre los objetivos fundamentales de la ciencia lingüística. A lo largo del presente libro hemos ido viendo que los diversos universales lingüísticos se fundamentan en las bases materiales sobre las que se edifica la construcción de los sistemas lingüísticos, entendiendo por *bases materiales* tanto los órganos articulatorios y fonatorios como el órgano que rige el funcionamiento de la actividad lingüística: la mente humana, que tiene en el cerebro su base material. Además, la lengua es un medio de interacción con el entorno, por lo que existe un lazo de unión esencial entre la lengua y la realidad transmitida o señalada a través de ella. Por ello, la estructura y variación lingüísticas van a estar condicionadas por la realidad que transmiten y que las configura. La explicación de los universales y tipos lingüísticos ha de estar basada en todos estos elementos que ocasionan que las lenguas sean como son y no de otra manera.

Podemos distinguir, pues, los siguientes factores dentro de una explicación materialista de la homogeneidad (universales) y de la heterogeneidad (tipología) lingüísticas. Vamos a señalar dos aspectos fundamentales para agruparlos. El interno tiene que ver con la definición de las lenguas como entidades individuales aislables del mundo; el externo tiene que ver con las relaciones de las lenguas con el entorno natural y cultural en que se adquieren, utilizan y transmiten.

Empecemos por el interno. Los factores internos que configuran las lenguas son, en primer lugar, el factor *material* determinado por la configuración física y psíquica del ser humano. La estructura de nuestros órganos articulatorios y la estructura de nuestra mente configuran de modo decisivo muchas de las características comunes de las lenguas humanas, así como el espacio en el que se produce su variación tipológica. Nuestra mente nos posibilita poder imaginar un número infinito de situaciones o hechos reales o posibles: a partir de aquí surge la propiedad que hemos denominado *omnisimbolismo* o *efabilidad*. Ahora bien, como nuestro cerebro no es capaz de manejar más que un conjunto finito de elementos, sólo podemos alcanzar esta propiedad a través de la combinación de un número finito de unidades. Esto ocasiona que las lenguas humanas deban presentar unas características formales particulares: deben disponer de un léxico y de una serie de reglas de combinación para obtener secuencias más complejas a partir de secuencias simples y, además, esas reglas deben ser perfectamente algorítmicas, de lo contrario no seríamos capaces de crear y descomponer de modo automático, eficaz y uniforme esas secuencias. Por todo ello, las lenguas tienen unas propiedades formales que son lo que hemos denominado *universales semióticos*. Por tanto, los universales semióticos formales están motivados por los universales semióticos sustantivos.

Pasamos a los factores externos. Estos tienen que ver con la relación de las lenguas con el mundo y con las comunidades que las usan. Una característica universal de las lenguas es que son simbólicas, remiten sus mensajes a una realidad diferente de ella misma. Las relaciones entre lengua y realidad determinan buena parte de las características de las lenguas. Esto no sólo se ve en el hecho de que elementos de la realidad como el sexo, la animación, la pluralidad, la materia se vean más o menos gramaticalizados o reflejados en las lenguas, sino también en la propia estructura sintáctica, en la que la interacción de diversas entidades o individuos encuentra un reflejo inmediato en la estructura de la oración de las lenguas del mundo. Así, por ejemplo, el hecho de que el agente controla un determinado suceso se ve reflejado en algunas lenguas por la situación de que el sintagma que denota ese agente controla unos determinados rasgos de la palabra que denota ese suceso, el verbo (concretamente, sus rasgos de persona y número).

La división que hemos visto entre estados, procesos y acciones sin duda se deriva de la estructura de la realidad, pues en ella hay situaciones permanentes y aparentemente inmutables (estados), situaciones dinámicas y transitorias cuyo devenir es fácilmente perceptible (procesos) y situaciones en los que una entidad o individuo controla un determinado proceso (acciones). Es evidente que esta tricotomía no es más que un reflejo del mundo real, pero una vez establecida sobre una base natural, adquiere independencia y autonomía y se convierte en estructuradora de la manera en la que podemos transmitir e incluso concebir la realidad. Por ejemplo, ahora una acción puede ser vista como un proceso o como un estado. Así, podemos obtener a partir de *Juan ve la película*, *la película es vista por Juan* y *la película está siendo vista por Juan*. Las tres oraciones hacen referencia exactamente al mismo suceso de la realidad, pero se puede describir y ver como una acción, como un proceso o como un estado. Esto muestra que las categorías que se dedujeron de la realidad pasan a ser independientes de ella y sirven para señalar diferentes aspectos de esa naturaleza a través de ellas. ¿De dónde proceden estas categorías gramaticales de agente, paciente, instrumento, suceso, acción, estado? Del esfuerzo del ser humano por comprender y ordenar la naturaleza y no de ningún otro sitio.

Las lenguas no tienen sentido sin la existencia de una comunidad lingüística que las adopte como medio de comunicación. Muchas de las características de las lenguas proceden de su definición como instrumentos de contacto social. Ya vimos que todas las lenguas tienen previsto diferenciar entre interrogaciones, órdenes y afirmaciones. No hace falta insistir en el carácter social de esta distinción. Sólo desde la perspectiva de la interacción social podemos explicar esto.

2. ¿SON INEXPLICABLES MATERIALMENTE LAS PROPIEDADES FORMALES DEL LENGUAJE HUMANO?

Ahora bien, aunque ningún lingüista ha negado que muchos aspectos de las lenguas están materialmente motivados, se mantiene habitualmente que hay características formales de las lenguas que no tienen motivación material alguna. Recordemos el principio de la dependencia estructural, según el cual las reglas de la gramática son dependientes de la estructura de las secuencias o elementos y no simplemente de la disposición lineal de los elementos que las componen. Cook y Newson (1996: 33) se hacen la siguiente pregunta "¿Por qué habría de dar la dependencia estructural o el parámetro del núcleo una ventaja biológica a su posesor?". De hecho, se preguntan los autores por qué las lenguas humanas habrían de ser diferentes: parece más ventajoso que todos compartiéramos la misma lengua. En la misma línea se sitúa Baker (1966: 508-511), que se pregunta si puede existir una explicación biológica o sociológica de la diversidad sintáctica. Sus conclusiones son tajantes: "Por lo que sé nadie ha dado una explicación de la diversidad sintáctica en términos puramente biológicos" (1996: 510); "Hay pocas pruebas de que la organización social se correlacione con el tipo lingüístico. De modo que los conceptos sociológicos no pueden explicar la existencia de una diversidad sintáctica profunda" (1996: 511).

Estos autores se aseguran de hacer preguntas absurdas para intentar demostrar así que las lenguas son inexplicables materialmente; cuestiones tales como ¿Qué ventajas biológicas ofrece la tricotomía acción, proceso y estado? ¿Qué factor social explica la existencia de la concordancia sujeto-verbo?

Primero, es claro que nadie ha pretendido explicar todos las características de las lenguas humanas en términos de un único factor dentro de una de las bases materiales. ¿Puede explicarse toda la biología en términos del concepto "ventaja biológica"? Como hemos visto anteriormente, es una interacción entre los diversos aspectos de las bases materiales de las lenguas lo que puede darnos una explicación de las características variables e invariables de las lenguas humanas. Si renunciamos a ello, la única salida que nos queda es la que adopta Baker: la explicación teológica (Baker 1996: 515), según la cual "si los macroparámetros son uno de los mecanismos fundamentales que dan lugar a la diversidad sintáctica sustancial (la que no puede solventarse mediante el aprendizaje léxico habitual), su origen es claramente de naturaleza espiritual" (1966: 515). De hecho, Baker nos remite al versículo 11 del Génesis, donde se enuncia el mito de Babel. ¿Habría que incluir a Baker en el libro de Borst citado en el capítulo primero?

Los fenómenos de diversidad sintáctica son complejos y sería inútil buscar una sola causa material para dar cuenta de ellos; sólo la interacción compleja entre diversos factores materiales puede llevarnos a una explicación que ha de ser poliédrica y necesariamente compleja. Ya hemos visto que la estructuración formal de las lenguas en un léxico y una sintaxis está motivada por las limitaciones de nuestra mente y por su carácter dinámico y creativo. ¿Qué ocurre con el principio de la dependencia estructural? Según él las operaciones gramaticales son siempre dependientes de la estructura. ¿De qué factor material puede surgir este principio? Cualquier lengua humana debe satisfacer dos requisitos fundamentales: debe ser aprendible y debe ser manejable con facilidad por los usuarios, es decir, debe poder ser utilizable realizando un esfuerzo razonable. Intente el lector memorizar las dos listas siguientes.

ESQUEMA 10.1.

1.	Nubes negras, viento, lluvia, paraguas, humedad, mojado.
2.	Caja, piedra, televisor, voluntad, paraguas, café.

Encontrará sin la menor duda mucho más fácil retener la primera lista que la segunda. ¿Por qué? Sencillamente porque somos capaces de comprender la estructura que informa la primera lista: podemos establecer unas relaciones específicas entre cada uno de los elementos de la primera lista y entre los elementos de la segunda no encontramos tan fácilmente esa estructura.

¿Por qué las lenguas están estructuradas? Para facilitar su aprendizaje y su uso; ni más ni menos. Es decir, el principio de la dependencia de la estructura tiene una inequívoca base material.

Aun concediendo esto, se podría objetar que la estructuración concreta de, por ejemplo, una oración no está materialmente motivada, sólo lo estaría el hecho de que esté dotada de una estructura. La estructura concreta que muestra la oración no está materialmente motivada. Hemos dicho antes que las categorías lingüísticas están materialmente motivadas, pero que, una vez creadas, son autónomas y sirven para estructurar la realidad. Y esto es exactamente lo que ocurre con las estructuras sintácticas.

En esta sección vamos a mostrar que las categorías y procesos gramaticales tienen una raíz material, se asientan sobre las bases materiales del lenguaje. Más aún, las estructuras gramaticales son, en buena medida, un reflejo de la realidad que transmiten.

Las lenguas hay que definirlas como mecanismos mediante los que asociamos secuencias fónicas estructuradas con situaciones de la realidad. Esos mecanismos tienden a reflejar isomórficamente las propiedades de la realidad que transmiten. Aquí podemos hacer referencia a las teorías de la verdad por congruencia, según las cuales no sólo se da que las oraciones son verdaderas o falsas de acuerdo con que acaezca o no lo que en ellas se describe, sino que además la propia estructura de la oración refleja algunas de las características de lo transmitido. Bertrand Russell propuso una teoría de la verdad de este cariz, aunque los primeros enunciados de la misma pueden remontarse a Platón (Kirkham 1992: 120-124). Por su parte, hay que recordar aquí la teoría figurativa del sentido de Ludwig Wittgenstein (cfr. Acero 1985: 89-108). Según esta teoría:

> «Una *proposición* es una figura (o una representación) de una parcela de la realidad. Más específicamente, una *proposición* es una figura –una especie de mapa o dibujo peculiar de una situación real –es decir, existente– o hipotética» (Acero 1985: 89).

Las estructuras lingüísticas están materialmente motivadas, pero, una vez creadas, son independientes de esa base material. Partamos de la división entre sintagma nominal sujeto y sintagma verbal. ¿Qué motivación material puede tener esta estructuración? Cuando en la realidad observamos que un animal mueve una piedra, el animal salta inmediatamente al primer plano, ya que sin la acción del mismo la piedra seguiría en su sitio; por su parte, la piedra se ve como aquello que se mueve, aquello que está ligado indisolublemente al movimiento, que es interno al movimiento. El animal es externo al movimiento, es la entidad que lo controla desde fuera. No es, pues, extraño que el sintagma que denota la piedra esté más íntimamente unido a la palabra que denota la acción de mover que el sintagma que denota el animal, y que el sintagma que denota el animal se distinga del conjunto formado por el verbo y el objeto. La idea de que el objeto está más ligado al verbo que el sujeto ha sido enunciada como principio universal por Tomlin (Tomlin 1986: 73-101) y justifica la idea de que la estructura de la oración se establece en dos niveles: por un lado, el sintagma nominal sujeto y, por otro lado, el sintagma verbal compuesto de verbo más objeto. Desde el punto de vista de la génesis del lenguaje humano se insiste en lo mismo en Aitchison 1996: 119-122.

Una vez que esta estructuración se establece, pasa a ser usada independientemente de su motivación semántico-referencial y puede utilizarse para casos en los que no existe tal motivación. Compárese, por ejemplo, *El animal mueve la piedra* con *La piedra aprisiona la pluma*. En la segunda oración no hay acción alguna, sino un estado en el que la pluma está total o parcialmente debajo de la piedra. La estructura sintáctica de las dos oraciones es sin embargo exactamente la misma.

Por tanto, la estructura lingüística está motivada materialmente, pero se aplica independientemente de esa motivación. La razón de esa independización de la forma lingüística a partir de su motivación material es claramente material también. Nuestra mente no es capaz de manejar y acumular un número infinito de categorías, por lo que utiliza unas pocas categorías cuya intensión y extensión va ampliando mediante diversas operaciones como las que hemos visto en este libro (desplazamiento, asimilación y reajuste). El proceso de independización de las estructuras se basa exactamente en estas operaciones. Vamos a poner un ejemplo concreto. J. C. Moreno (1993) ha observado que en muy diversas lenguas se utiliza el verbo *hacer* para denotar la relación semántica indirecta de causatividad (CAUS). Se postula en ese trabajo que la acción denotada por *hacer* tiene rasgos como *fuerza, transición,* que son las propiedades que definen la causatividad, y que se produce un proceso de asimilación del significado de *hacer* para lograr que se convierta en índice de la relación CAUS. De modo análogo, la diferencia de sexo (una diferencia material de carácter biológico), que está en el origen de la distinción gramatical entre el masculino y el femenino, se gramaticaliza y se convierte en un índice de clase morfológica (independiente del sexo). La diferencia sexual sirve para establecer una clasificación; pues bien, es este rasgo de clasificación el que se abstrae por asimilación y se crea una categoría gramatical independiente del sexo. Otras lenguas han hecho lo propio con otras categorías materiales (tales como *animado, redondo, líquido,* etc.).

Consideremos ahora la estructura caracterizable mediante la relación entre modificador y modificado. Por ejemplo, la relación entre *rojo* y *coche* en *coche rojo* hace que *coche* sea el núcleo y *rojo* el modificador. ¿Qué base material tiene esta estructura gramatical? Es evidente que las propiedades no se dan en la realidad solas, sino siempre en una determinada entidad que las presenta o manifiesta. Por ello, no es extraño que se identifique el sustantivo como el elemento nuclear y el adjetivo como dependiente. También es sabido que una entidad puede perder muchas propiedades: por ello, podemos eliminar *rojo* del sintagma nominal, como adyacente que es, sin que se vea afectada la función que dicho sintagma tiene dentro de la oración o sintagma en que se encuentre. Por supuesto, esta estructura *modificador + modificado* se independiza de su base material y puede utilizarse para otro tipo de casos. Por ejemplo, en *coche de gasolina, gasolina* no expresa una propiedad de coche sino una materia que está relacionada con él de una determinada manera.

Por último, examinemos el parámetro OV/VO que vimos en el capítulo II del presente libro. ¿Cuál es la explicación material de la importancia estructuradora que tiene el orden en que aparece el objeto y el verbo? Como hemos visto, la relación verbo-objeto expresa la relación entre un proceso y el participante interno en ese proceso. Un proceso puede crear una entidad *(proceso efectuador)* o puede modificar una entidad ya existente *(proceso afectador)*. En el primer caso, la entidad es posterior al proceso (o acción), aparece cuando termina el proceso; en el segundo caso, la entidad es anterior al proceso (o acción), tiene que existir antes del proceso. Cualquier proceso es clasificable en uno de estas dos clases. Es evidente que el orden VO en el que el objeto va después del verbo expresa de modo natural el proceso efectuador y que la disposición OV expresa el proceso afectador, en el que la entidad existe antes del proceso (J. C. Moreno 1991: 698-702). Si la relación entre el participante interno y el proceso es crucial para la estructuración sintáctica y semántica de las lenguas naturales, no es extraño que la expresión lineal de esa relación se tome como principio estructurante general. Se produce aquí una generalización de esa categoría semántica de *objeto afectado* frente a *objeto efectuado*. El objeto efectuado depende del verbo (que denota el proceso creador) y, por tanto, en las lenguas que adoptan el orden VO, en los sintagma adposicionales, el sustantivo, que es elemento que depende de otro, va detrás del elemento que denota la relación, con lo que tenemos preposiciones. Por su parte, las lenguas que adoptan el orden OV (el del objeto afectado), basan su principio estructurador en el hecho de que el proceso depende del objeto afectado (es imposible mover algo si no existe ese algo y, por otro lado, es imposible crear algo que ya tiene existencia). De este modo, se generaliza la relación de dependencia y, en los sintagmas adposicionales, primero se pone el elemento del que depende la relación (el sustantivo) y luego el índice de dicha relación (la adposición) y obtenemos posposiciones. De este modo, el español *contra el padre* y el vasco *aitaren kontra* denotan exactamente la misma relación real, pero vista desde la perspectiva de la estructuración del objeto efectuado y afectado respectivamente que se independizan y se convierten en un medio estructurante formal.

3. LA BASE MATERIAL DE LA GRAMÁTICA FORMAL

En la teoría gramatical actual hay principios que se consideran inasequibles a cualquier explicación o motivación de carácter material y que constituyen, se aduce, propiedades formales irreductibles de las lenguas humanas. Examinemos algunos de esos principios y cómo es posible encontrarles una motivación material.

Hace tiempo que se ha descubierto que un pronombre no puede estar en una posición dentro de la estructura sintáctica superior a aquella en la que se encuentra su antecedente. Comparemos las dos expresiones siguientes:

EJEMPLO 1

1. Juan$_i$ dice que él$_i$ no lo sabe
2. *Él$_i$ dice que Juan$_i$ no lo sabe

Los subíndices en *Juan* y en *él* indican que ambos términos se refieren al mismo individuo. Esto es sólo posible en la primera expresión, que se puede interpretar como 'Juan dice que él (Juan mismo) no lo sabe'. En la segunda expresión esto no es posible; *él* y *Juan* se interpretan como refiriéndose a personas distintas. Las razones que se aducen para esto son estrictamente formales. El pronombre no puede estar en una posición jerárquicamente más alta que el antecedente. La estructura sintáctica de 1 es la siguiente:

ESQUEMA 10.2. *Estructura sintáctica de la primera oración.*

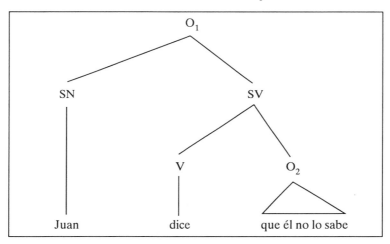

Puede observarse que en este esquema el pronombre *él* se halla en una posición inferior a su antecedente *Juan*. En este caso, el pronombre puede tener la misma referencia que éste.

Veamos ahora la estructura sintáctica de la segunda oración:

ESQUEMA 10.3. *Estructura sintáctica de la segunda oración.*

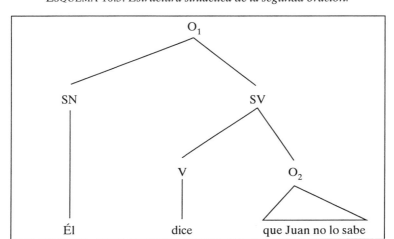

En esta segunda estructura, observamos que el pronombre *él* está en una posición jerárquica superior al nombre propio *Juan*. En este caso, los dos términos no pueden tener la misma referencia.

En términos técnicos de la moderna teoría gramatical, se dice que, en el primer caso, el antecedente *domina por su constituido (manda-c)* al pronombre, mientras que, en el segundo caso, es éste el que domina por su constituido *(manda-c)* a aquél. Un elemento A *manda-c* a otro elemento B, si el constituyente del que A es constituyente inmediato (su constituido), domina (inmediata o mediatamente) a B y A no domina a B.

En la primera estructura, el constituido de *Juan* (es decir, el constituyente del que A es constituyente inmediato) es O_1, y O_1 domina mediatamente, a través de SV y O_2, a *él*. *Juan,* por tanto, puede ser el antecedente de *él*. En la segunda estructura, el constituido de *él,* que es O_1, domina mediatamente, a través de SV y O_2 a *Juan*. Es decir *él* manda-c a *Juan* y, por tanto, el nombre propio no puede ser antecedente del pronombre. La generalización que se propone es la siguiente:

Un pronombre no puede tomar como antecedente a un elemento de su dominio de mando-c (Chomsky y Lasnik 1993: 93).

¿Qué motivación material hay detrás de esta ley? Este principio está semánticamente motivado, según nuestra opinión. Acabamos de ver que el pronombre no puede dominar jerárquicamente al antecedente; es éste el que debe dominar a aquél en términos de estructura sintáctica. Ahora bien, esta exigencia de dominio sintáctico no es más que un reflejo del correspondiente dominio semántico que el antecedente ejerce sobre el pronombre. El nombre propio y el pronombre mantienen relaciones con la realidad diferentes. Existe un vínculo *invariable* entre el nombre propio y el individuo que denotamos al usarlo. La relación de un pronombre con su referente es muy diferente; la referencia del pronombre cambia según su momento de uso, es una relación denotativa *variable*. Mediante el pronombre *él* podemos referirnos a cualquier individuo, pero mediante el nombre propio *Juan* sólo podemos referirnos a un individuo determinado (si hay varios individuos llamados *Juan* podemos recurrir a los apellidos y, si esto no basta, al número de DNI). Está claro que *él* puede asumir la denotación de *Juan;* es decir, cualquiera que sea el individuo que denote *Juan,* esta denotación puede asignarse a *él*. Lo contrario no ocurre: *Juan* no puede asumir la denotación de *él* pues no hay garantía alguna de que el individuo que denote *él* coincida con el que denota *Juan*.

Dicho de otra manera, el individuo que denota *Juan* está siempre en el ámbito de referentes potenciales de *él*, pero dado que ese ámbito incluye muchos individuos aparte de Juan, no siempre que elijamos uno de ellos habremos elegido a Juan. En términos deductivos, podemos obtener siempre la primera y no necesariamente la segunda de las dos deducciones siguientes: *Juan* ⇒ *él, él* ⇒ *Juan*. La deducción de *él* a partir de *Juan* es siempre segura, pero la contraria no lo es. Por tanto, *Juan* domina deductivamente a *él* o, si se quiere, es una premisa lógicamente válida de *él*, y *él* no es una premisa lógicamente valida de *Juan*.

Pues bien, la exigencia de que el antecedente *manda-c* al pronombre correferencial no es más que un *reflejo directo* en la sintaxis de esta relación de dominio deductivo que se establece entre el nombre propio y el pronombre. Esta relación deductiva se deriva de cómo los seres humanos relacionamos con la realidad los pronombres y los nombres propios y, por tanto, tiene una clara base semántico-pragmática. Este requisito sintáctico está motivado por la estructura semántica de las lenguas humanas. Tiene, pues, una base material y no estrictamente formal.

Veamos ahora los tres principios básicos de la teoría del ligamiento, tal como los formulan Chomsky y Lasnik (1993: 96):

ESQUEMA 10.4. *Los tres principios de la teoría del ligamiento.*

---

a)   Las anáforas deben estar ligadas en un dominio local.
b)   Los pronombres deben estar libres en un dominio local.
c)   Las expresiones referenciales han de ser libres.

Por *anáfora* se entiende un pronombre reflexivo. De este modo, en una oración como *Juan dice que María se peina,* el pronombre *se* no puede referirse nunca a Juan sino a María, pues *María se peina* constituye ese dominio local en el que la anáfora debe estar ligada: es decir, debe encontrar su antecedente *dentro* de ese dominio local. Para ilustrar el segundo principio compararemos las dos oraciones siguientes:

E JEMPLO 2

1. Juan$_i$ le$_j$/*le$_i$ peina
2. Juan$_i$ se$_i$/*se$_j$ peina

En el primer caso, tenemos el pronombre *le,* que según el principio B debe estar libre en el dominio local en el que aparece. Esto significa que no puede referirse al mismo individuo que *Juan: Juan le peina* sólo puede significar que Juan peina a otra persona. La interpretación en la que Juan se peina a sí mismo está excluida de esta oración. La interpretación de la segunda oración obedece al principio A, según el cual las anáforas han de estar ligadas dentro del dominio local en el que aparecen. Como *se* es una anáfora, *Juan se peina* sólo puede significar que se peina a sí mismo no que peina a otro. Obsérvese que en el contexto *Juan__ peina* sí está permitida la referencia a Juan, pero marcándola explícitamente. Es decir, en vez de considerar *se* y *le* como dos elementos diferentes (una anáfora y un pronombre, respectivamente), podríamos decir que son variantes del mismo pronombre, con la idea de que la variante *se* se utiliza cuando el antecedente está en el mismo dominio local. El problema no es el de que no se pueda realizar la correferencia dentro del dominio local, sino este otro: ¿por qué se marca explícitamente la correferencia en un dominio local? Esta pregunta no es planteada ni contestada por la teoría del ligamiento.

El tercer principio nos dice que elementos como un nombre propio no pueden ser anafóricos. Por ejemplo, es extraño decir *Juan piensa que Juan ha venido* en el sentido de *Juan piensa que él ha venido,* en la interpretación en la que *él* y *Juan* se refieren a la misma persona. Los nombres propios no se utilizan como pronombres en ningún caso. De ahí el principio C, frente al B: mientras que los pronombres pueden estar ligados, los nombres propios siempre deben estar referencialmente libres.

Estos tres principios del ligamiento parecen tener una base exclusivamente formal, pero es evidente que, dado que implican la referencia, han de tener una clara base material.

En lo que sigue vamos a dar una explicación de los tres principios del ligamiento sobre una base semántico-discursiva. Con ello intentaremos mostrar que, aunque dichos principios pueden enunciarse de un modo exclusivamente formal, haciendo referencia a las propiedades estrictamente sintácticas de los contextos en los que se aplican, están fundamentados materialmente en la estructura semántica del discurso y, por tanto, en última instancia en la relación entre el lenguaje y la realidad. Con ello, no se intenta demostrar que estas leyes simplemente se reducen a esa base material; más bien, que están construidos o motivados sobre ella y que sólo mediante ella pueden ser explicados. Una vez asumidos estos principios en su caracterización puramente sintáctica, surgen las preguntas. ¿Cuál es su motivación? ¿Por qué estos principios y no otros? Estas preguntas no pueden contestarse desde la sintaxis misma: hay que recurrir a la semántica y a la estructuración del discurso para darles una respuesta adecuada.

En otro lugar (J. C. Moreno 1991: 721) decíamos que el discurso se halla regido por dos principios complementarios, que podemos enunciar de modo informal como sigue:

ESQUEMA 10.5. *Los dos principios complementarios de la estructuración del discurso.*

---

a) *Principio de la asunción de la información.*Todo texto parcial asume la información aportada por el texto anterior.
b) *Principio del incremento de la información.* Todo texto parcial incrementa la información aportada por el texto anterior.

Ninguna secuencia de oraciones se conceptúa como texto si no cumple uno de estos dos requisitos. Para comprobarlo rápidamente consideremos las dos secuencias de oraciones siguientes.

EJEMPLO 3

Dos secuencias oracionales que no constituyen texto

1. Juan ha ido al servicio. Juan ha ido al retrete. Juan ha ido al excusado. Juan ha ido al váter.

2. Juan ha ido al servicio. París es la capital de Francia. Este libro tiene 600 páginas y veinte ilustraciones. Esta noche es Nochebuena y mañana es Navidad. Ayer dirigió G. Solti en el Auditorio Nacional.

La primera secuencia respeta escrupulosamente el principio de la asunción de la información, pero no el del incremento de la información. Por ello, cuesta interpretar la secuencia como un texto. La segunda secuencia incrementa gradualmente la información, pero no se ve ningún síntoma de que se asuma la información aportada por cada una de las oraciones. Sólo podemos concebir esta secuencia como texto si conseguimos llevar a cabo esa operación de asunción informativa; tendríamos que comprender la relación existente entre los sucesos que cada oración va sacando a la palestra.

Una secuencia oracional ha de cumplir los dos principios a la vez para poder ser interpretada como texto. Por ejemplo, si decimos *La comida que nos han servido es pésima. Juan ha ido al servicio,* interpretando la segunda oración desde la perspectiva de la asunción de la información aportada por la primera, tenemos un texto coherente en el que se asume que Juan ha comido la comida a que se hace referencia en la primera oración y que Juan ha ido al servicio después de comer esa comida. Podemos colocar las oraciones en orden inverso: *Juan ha ido al servicio. La comida que nos han servido es pésima;* la ley de la asunción de la información nos obliga a interpretar la segunda oración desde la perspectiva de la primera y, por tanto, a considerar que lo relatado por la primera es consecuencia de lo descrito en la segunda.

¿Qué tiene todo esto que ver con los tres principios del ligamiento? En primer lugar, es claro que el hecho de que un pronombre esté ligado por un antecedente está directamente relacionado con la ley de la asunción de la información: se asume una referencia ya establecida con anterioridad. El pronombre ligado, pues, asume información, y el pronombre libre incrementa la información. Así pues, la diferencia entre *Él dice que Juan no ha venido* y *Juan dice que él no ha venido* está en que en el primer caso el pronombre tiene una referencia diferente a la que tiene *Juan* y se produce, por tanto, un incremento de la información; en el segundo caso, la referencia de *él* es la misma que la de *Juan* y se produce una asunción de la información. Por su parte, las expresiones referenciales, como los nombres propios, siempre incrementan la información. Por ello, en una oración como *Juan dice que Juan no ha llegado* se interpreta que cada *Juan* se refiere a un individuo distinto. La idea es que los nombres propios incrementan la información y los pronombres sólo la incrementan si están libres; si están ligados la asumen.

Pero ¿por qué una anáfora ha de estar ligada en su dominio local (principio A) y un pronombre ha de estar libre en su dominio local (principio B)?

La contestación a esta pregunta es muy simple. Basta decir que un *dominio local es una unidad mínima de incremento de la información.* Esto quiere decir que dentro de un dominio local se marca explícitamente la asunción de la información. De este modo, si en el contexto *Juan__afeita,* el paciente es el mismo Juan, como ese contexto es un dominio local, hay que marcar la asunción de información y hay que optar por el pronombre reflexivo; lo no marcado es el incremento de la información; por ello, en el contexto en cuestión, puede ponerse un pronombre no marcado como *le,* lo que resultará *Juan le afeita,* donde hay incremento de la información.

Este punto de vista explica fácilmente por qué el reflexivo no puede ser el antecedente, por qué no es posible *se afeita a Juan*, siendo *se* sujeto de *afeita*. Recordemos que el pronombre no puede estar en una posición sintácticamente dominante respecto de su antecedente, no puede mandarlo-c, pues razonábamos que el antecedente domina deductivamente al pronombre; pero, por otro lado, este pronombre supone asunción de la información dentro del dominio local, por lo que tiene que hacer referencia al mismo individuo que *Juan*. He aquí una contradicción que implica que la secuencia no sea sintácticamente gramatical.

Ahora surge otra pregunta: ¿por qué un dominio local ha de ser una unidad mínima de incremento de la información? Lo que tienen en común los dominios locales es que expresan relaciones entre dos o más elementos. Como su propio nombre indica, las relaciones conectan entre sí entidades. Ahora bien, a veces la relación relaciona una entidad consigo misma; consideramos que este tipo relacional está cognitiva, semántica y discursivamente marcado. Es común a las lenguas del mundo marcar una relación cuando conecta a una entidad consigo misma y no a dos o más entidades distintas (véase L. Faltz 1977).

Vemos, pues, que los principios formales de la gramática pueden ser explicados a través de una base material, sin que esto signifique que dichos principios carezcan de autonomía y puedan caracterizarse (aunque no explicarse) desde un punto de vista estrictamente formal.

ORIENTACIÓN BIBLIOGRÁFICA

Aitchison, J. (1996): *The Seeds of Speech. Language Origin and Evolution,* Cambridge, Cambridge University Press, 281 páginas, con bibliografía e índice de materias, nombres propios y lenguas.
Es esta una obra de claridad y amenidad excepcionales que introduce al lector en los problemas relativos a la base material que conforma las premisas necesarias para el surgimiento de las lenguas humanas. Está dividida en cuatro partes. La primera trata algunas preguntas generales sobre la naturaleza del lenguaje humano. La segunda parte se dedica a plantear cómo pudo surgir la capacidad lingüística humana; se examinan las bases físicas y fisiológicas que hicieron posible esta conquista fundamental de la humanidad. La tercera parte expone cómo pudo haberse desarrollado el lenguaje humano a partir de las etapas más primitivas a las más evolucionadas. La parte cuarta plantea el problema del surgimiento y difusión de las lenguas. Es notable este libro por su claridad, amenidad y precisión, así como por conectar la cuestión del origen de las lenguas con la del origen del lenguaje. En ningún tipo de investigación se ponen más de manifiesto las bases materiales del lenguaje humano que en este tipo de enfoque.

Butterworth, B.; Comrie, B. y Dahl, Ö. (eds.) (1984): *Explanations for Language Universals,* Berlín, Mouton, 292 páginas, con índice de nombres, índice de temas e índice de lenguas.
En este libro se incluyen diversas aportaciones que tratan directa o indirectamente sobre la explicación de los universales lingüísticos. Los trabajos de B. Comrie y L. M. Hyman son los más generales y estudian la relación entre forma, función y sustancia en los universales lingüísticos. Hay aportaciones sobre universales fonológicos vistos desde la perspectiva de su base física articulatoria y perceptual. También hay estudios sobre aspectos morfosintácticos tales como el tiempo y los verbos de percepción, así como sobre aspectos semánticos. Excepto los trabajos citados de Hyman y Comrie, este libro contiene estudios muy específicos que pueden arrojar al-

guna luz sobre las explicaciones de los universales, pero que no pueden considerarse como una explicación teórica de largo alcance.

Givón, T. (1979): *On Understanding Grammar,* Nueva York, Academic Press, 379 páginas, con bibliografía e índice de materias.
En este libro, Givón integra en un volumen varios artículos informados de una idea directriz fundamental: la gramática se explica a partir de categorías semánticas y discursivas y a partir de cómo los humanos interactuamos con nuestro entorno. El capítulo segundo trata de los fundamentos discursivos de la sintaxis, a continuación se aborda el estudio de la negación desde el punto de vista pragmático; acto seguido se estudian los papeles semánticos y su función pragmática. El siguiente capítulo trata del origen diacrónico y procesual de la sintaxis, que retoma en el siguiente, en donde trata de las constricciones diacrónicas sobre la sintaxis. El capítulo que sigue está dedicado al estudio de los factores sociales y comunicativos que regulan la filogenia lingüística. El último capítulo estudia cómo se organizan las categorías cognitivas perceptuales que dirigen el funcionamiento de las lenguas humanas. En suma, este libro nos ofrece un esfuerzo muy serio y detenido por plantear las bases materiales inmediatas de los universales lingüísticos.

Givón, T. (1995): *Functionalism and Grammar,* Amsterdam, John Benjamins.
Es la propuesta más reciente de este autor dentro de su perspectica cognitivo-funcional del origen de las estructuras gramaticales. Se abordan en el libro cuestiones que tienen que ver con la marcación, las categorías gramaticales, los tipos oracionales, la transitividad, los modos, la estructura sintagmática y las relaciones gramaticales, así como la cohesión textual.

Hawkins (ed.), J. A. (1988): *Explaining Language Universals,* Oxford, Basil Blackwell, 398 páginas, con índice de temas, índice de lenguas e índice de nombres propios.
A diferencia del libro de Butterworth, esta antología sí puede considerarse como un texto de alcance teórico en el que se examinan de modo sistemático y organizado los diversos acercamientos a la explicación de los universales lingüísticos. La introducción de J. A. Hawkins (páginas 3-30) es una excelente presentación de los conceptos y acercamientos fundamentales al problema, así como una guía para el resto del volumen. El capítulo segundo aborda el estudio de la hipótesis del innatismo, y el tercero y cuarto se ocupan de los aspectos universales de la adquisición lingüística, examinando y poniendo en tela de juicio algunas de las asunciones que corrientemente se realizan dentro de este terreno por los que no trabajan directamente en él. A continuación figuran trabajos que se basan en una explicación semántico-pragmática de los universales sintácticos: estos trabajos se centran en los papeles semánticos (Keenan), las estructuras concesivas (König), el adjetivo (Thompson) y la correferencia y elisión (Comrie). Sigue un bloque dedicado a las explicaciones de carácter cognitivo, perceptual y procesual. El primer trabajo de este grupo es de M. Lee y tiene carácter general con aplicaciones a diversas categorías lingüísticas. El siguiente trabajo se centra sobre el procesamiento lingüístico, y el que cierra este bloque trata de los factores psicolingüísticos que determinan la asimetría morfológica. El último bloque de trabajos se inscribe dentro del enfoque diacrónico. El primero de ellos trata sobre los principios procesuales y diacrónicos que determinan la mayor frecuencia de la sufijación sobre la prefijación en las lenguas del mundo. El último de los trabajos es de J. Bybee y trata de situar la dimensión diacrónica dentro de la explicación de los universales, con aplicaciones concretas al desarrollo del tiempo futuro. En suma, se trata de una obra imprescindible como punto de referencia en toda investigación sobre las explicaciones de los universales lingüísticos.

Kuno, S. (1987): *Functional Syntax. Anaphora, Discourse and Empathy,* Chicago, University of Chicago Press, 320 páginas con bibliografía e índice.
En este libro se examinan detenidamente las condiciones de correferencia y los principios del ligamiento (tal como eran formulados a mediados de los años ochenta por los generativistas) desde una perspectiva discursivo-pragmática. Es una lectura que enriquecerá y hará profundizar en el análisis que hemos esbozado en este capítulo.

Lenneberg, E. H. (1967): *Fundamentos Biológicos del Lenguaje,* Madrid, Alianza, vers. española de N. Sánchez Sáinz-Trápaga y A. Montesinos, 1975, 537 páginas, con un apéndice de N. Chomsky *(La naturaleza formal del lenguaje)* y otro de O. Max *(La historia de la base biológica del lenguaje),* índice de autores e índice de materias.
Es este un libro absolutamente pionero dentro del ámbito del estudio moderno de las bases biológicas del lenguaje humano. Se analizan tanto los correlatos morfológicos como los fisiológicos. Se estudian los aspectos neurológicos del habla y del lenguaje, la adquisición de las lenguas, la evolución del lenguaje desde sus etapas más primitivas y la relación entre el lenguaje y la cognición.

Lieberman, Ph. (1984): *The Biology and Evolution of Language,* Harvard University Press, 379 páginas, con un índice de materias y nombres.
A pesar de ser un libro relativamente reciente, se puede considerar como un clásico del estudio de las bases biológicas del lenguaje humano. La tesis fundamental de esta obra es que las estructuras psico-fisiológicas que posibilitan el lenguaje humano se han originado a través de la evolución y adaptación de las estructuras más primitivas correspondientes de los mamíferos, que posibilitan tareas elementales tales como respirar o caminar. El lenguaje humano tiene, según esta teoría, una inequívoca base material biológica, que el autor intenta desvelar en este importante libro.

REFERENCIAS BIBLIOGRÁFICAS

Acero, J. J. (1985): *Filosofía y Análisis del Lenguaje,* Madrid, Cincel.
Baker, M. C. (1996): *The Polysynthesis Parameter,* Oxford, Oxford University Press.
Chomsky, N. y Lasnik, H. (1993): "The Theory of Principles and Parameters" en N. Chomsky, *The Minimalist Program,* Cambridge, The MIT Press, 1996, páginas 13-127.
Cook, V. J. y Newson, M. (1996): *Chomsky's Universal Grammar,* Oxford, Blackwell.
Faltz, L. (1977): *Reflexivization. A Study in Universal Syntax,* Nueva York, Garland.
Kirkham, R. L. (1992): *Theories of Truth. A Critical Introduction,* Cambridge, The MIT Press.
Moreno, J. C. (1990): "Hacia una explicación funcional de la tipología del orden de palabras" en *Actas de las Primeras Jornadas de Lengua y Literatura Inglesa y Norteamericana,* Publicaciones del Colegio Universitario de la Rioja, Logroño, 1990, páginas 139-149.
Moreno, J. C. (1991): *Curso Universitario de Lingüística General. Tomo I. Teoría de la Gramática y Sintaxis General,* Madrid, Síntesis.
Moreno. J. C. (1993): "«Make» and the semantic origins of causativity" en B. Comrie y M. Polinsky (eds.) *Causatives and Transitivity,* Amsterdam, John Benjamins, 1993, páginas 155-164.
Tomlin, R. S. (1986): *Basic Word Order. Functional Principles,* Londres, Croom Helm.

11

REPERTORIO DE UNIVERSALES PROPUESTOS

0. Universales Iniciales

0.1. Todas las lenguas del mundo son accesibles para su adquisición natural. [Introducción, 4]
0.2. Es posible la traducción entre cualesquiera lenguas naturales humanas. [Introducción, 4]

1. Universales Semióticos

1.1 Toda lengua humana se estructura en dos componentes básicos: un léxico y una sintaxis. [3.2.1]
1.2. Toda lengua es un sistema de signos, es decir, de símbolos abstractos expresables materialmente que se usan para referirse a otras entidades. [3.2.1]
1.3. Cualquier contenido comunicable simbólicamente es expresable en cualquier lengua humana. [3.2.1]
1.4. Toda lengua humana tiene el canal sonoro como medio básico de transmisión de los símbolos. [3.2.2]
1.5. Las unidades simbólicas primitivas de toda lengua se analizan en términos de la combinación de secuencias más pequeñas no simbólicas (las sílabas) obtenidas mediante la combinación de unidades básicas no simbólicas (los fonemas). [3.2.2]
1.6. Toda lengua humana se estructura en dos álgebras <ES, Λ, CAT, Σ> y <EF, Φ, CAT, Ψ>, tales que existe una relación $\mathfrak{R}$ que asocia a cada elemento de Λ con un elemento de EF. [3.2.2]
1.7. Todas las lenguas son potencialmente homonímicas. [3.2.2]
1.8. Todas las lenguas sobregeneran en la segunda articulación. [3.2.2]

2. Universales Gramaticales

2.1. El léxico de toda lengua está organizado en clases sintácticas o morfológicas entre las que figuran al menos N, P, Y, Q y M. [3.3.1]

2.2. Todas las lenguas distinguen entre V y C. [3.3.1]

2.3. Las unidades simbólicas organizan su realización a través de su disposición
lineal. [3.3.1]

2.4. La gramática de toda lengua ha de constar al menos de una fonología y de
una morfosintaxis. [3.3.2]

2.5. Toda lengua humana es objeto de estudio de la fonología y la sintaxis generales. [3.3.2]

2.6. Toda regla gramatical es sensible a la estructura de la secuencia a la que se
aplica. [3.3.2]

3. Universales Metateóricos

3.1. Los universales implicativos están subordinados a los universales absolutos,
en el sentido de que éstos limitan las clases tipológicas inducidas por aquéllos. [3.4.3]

3.2. Toda implicación tiene que restringir el espacio de variación observado dentro de un determinado ámbito lingüístico. [3.4.3]

3.3. Hay propiedades universales de las lenguas y relaciones universales entre
propiedades lingüísticas universales o no. [3.4.3]

4. Universales Fonológicos

4.1. El espacio de variación fonológico es una partición del espacio de variación
articulatorio. [5.1.2]

4.2. En toda lengua se distingue entre vocales y consonantes. [5.1.4]

4.3. El número de vocales de una lengua no es nunca mayor que el número de
sus consonantes. [5.1.4]

4.4. Las vocales de todas las lenguas del mundo están situadas dentro del espacio
de variación <i, a, u>. [5.2.2]

4.5. El número de vocales anteriores es mayor o igual que el de las vocales posteriores. [5.2.2]

4.6. El número de vocales centrales no puede ser mayor que el número de vocales anteriores o posteriores. [5.2.2]

4.7. Si una lengua tiene vocales nasales también tiene vocales orales. [5.2.2]

4.8. Toda lengua tiene más consonantes articuladas dentro del espacio de variación <p, k>, que fuera de él. [5.3.2]

4.9. El espacio de variación de las laterales es mayor que el de las vibrantes.
[5.3.2]

4.10. El número de consonantes glotalizadas de una lengua no supera el de consonantes no glotalizadas. [5.3.2]

4.11. Todas las lenguas que tienen consonantes coarticuladas tienen también
consonantes simples. [5.3.2]

4.12. Si una lengua tiene consonantes uvulares, también las tendrá velares. [5.3.2]

4.13. En las lenguas existe una clara preferencia a tener un número de consonantes uvulares igual o menor que el número de consonantes velares. [5.3.2]

4.14. La fonotáctica de las lenguas se organiza a partir de la sílaba. [5.4]

4.15. En toda lengua una vocal sola puede constituir una sílaba. [5.4]

4.16. El núcleo silábico es más abierto que la cabeza y coda silábicas. [5.4]

4.17. JERARQUÍA UNIVERSAL DE ABERTURA [5.4]
VOCALES > SONANTES > FRICATIVAS > OCLUSIVAS

4.18. Todas las lenguas tienen el tipo silábico CV. [5.4]

4.19. Si una lengua tiene C^nV también tendrá $C^{n-1}V$.para $n \geq 2$. [5.4]

4.20. Si una lengua tiene CVC^n también tendrá C^nVC. [5.4]

4.21. En las lenguas del mundo las sílabas se agrupan en unidades mayores, los pies. [5.4]

4.22. Las lenguas del mundo utilizan la entonación para delimitar y caracterizar las unidades fónicas superiores. [5.4]

5. Universales Morfológicos

5.1. En las lenguas del mundo se diferencia, en la primera articulación, entre elementos básicos léxicos o lexemas y elementos básicos gramaticales o gramatemas. [6.1.2]

5.2. El conjunto de lexemas de toda lengua puede variar mediante la introducción de nuevos elementos y la desaparición de otros. [6.1.3]

5.3. Toda lengua puede aumentar o disminuir su léxico mediante mecanismos internos y externos. [6.1.3]

5.4. Si una lengua conoce la flexión, conoce también la derivación. [6.1.3]

5.5. Todas las lenguas conocen el mecanismo derivativo de la composición. [6.1.3]

5.6. Si una lengua conoce la derivación por afijación, también tendrá la derivación por composición. [6.1.3]

6. Universales Semánticos

6.1. El léxico de las lenguas humanas se estructura parcialmente en TAXONOMÍAS y MERONOMÍAS. [7.1.1]

6.2. Toda lengua tiene mecanismos de creación de meronomías homogéneas. [7.1.2]

6.3. Las operaciones de empaquetado y trituración son universales. [7.1.3]

6.4. El léxico de todas las lenguas humanas experimenta incesantemente las operaciones de REAJUSTE, ASIMILACIÓN y DESPLAZAMIENTO denotativos. [7.1.4]

6.5. Toda lengua tiene palabras que denotan un Esquema Eventivo. [7.2.1]

6.6. Estados, Procesos y Acciones constituyen una jerarquía universal. [7.2.1]

6.7. Toda lengua tiene mecanismos para crear propiedades complejas. [7.2.1]

6.8. Los procesos pueden ser desplazamientos y mutaciones. [7.2.1]

6.9. Las mutaciones pueden ser innovaciones, modificaciones y transformaciones. [7.2.1]

6.10. Los tipos de esquemas eventivos son categorías semánticas dinámicas. Puede haber recategorización de un tipo en otro. [7.2.3]

6.11. CADENA UNIVERSAL DE RECATEGORIZACIÓN EVENTIVA [7.2.3]

$$\Sigma \Rightarrow \wp \Rightarrow \aleph \Rightarrow \wp \Rightarrow \Sigma$$

6.12. Toda lengua puede recategorizar los estados como procesos, los procesos como acciones y a la inversa. [7.2.3]

6.13. Las relaciones eventivas indirectas son CON, ORIG y DEST. [7.2.4]

6.14. Las relaciones eventivas ANT, POST y SIMUL son universales. [7.2.4]

6.15. Todas las lenguas presentan formas de expresar la coherencia/incoherencia esquemática. [7.2.6]

6.16. Toda lengua tiene mecanismos de expresión de coherencia/incoherencia típica. [7.2.6]

6.17. Todas las lenguas tienen mecanismos de expresión de la coherencia/incoherencia locativa. [7.2.6]

6.18. Las modalidades declarativa (DECL), imperativa (IMP) e interrogativa (INT) son universales. [7.3]

7. Universales Sintácticos

7.1. En todas las lenguas del mundo al menos se distingue entre lexemas predicativos que requieren un argumento y lexemas predicativos que requieren dos argumentos. [8.1.1]

7.2. Si en una lengua hay lexemas predicativos que requieren tres o más argumentos, también habrá lexemas predicativos que requieren dos argumentos y lexemas predicativos que requieren sólo un argumento. [8.1.1]

7.3. Los argumentos universalmente requeridos por lexemas predicativos son los que denotan el participante interno de los estados y procesos, y el participante externo de las acciones. [8.1.1]

7.4. Si en una lengua hay lexemas predicativos que requieren tres o más argumentos, entre ellos se encontrarán los argumentos que denotan el participante interno y/o externo del esquema eventivo correspondiente. [8.1.1]

7.5. Toda lengua distingue entre relaciones sintácticas directas y relaciones sintácticas indirectas; las primeras se reservan a los participantes directos de los eventos. [8.1.3]

7.6. Las relaciones sintácticas directas pueden oponerse entre sí de modo privativo (relación marcada R^1 y relación no marcada R^0) o equipolente (relaciones básicas marcadas R^1 y R^2). [8.1.3]

7.7. La relación sintáctica no marcada R^0 es la premisa óptima o general para los procesos sintácticos relacionales. [8.1.3]

7.8. El acceso a la relación directa no marcada puede ser el objetivo de los procesos sintácticos relacionales. [8.1.3]

7.9. La formación argumental por composición, cuantificación y modificación de palabras que denotan propiedades de los individuos está presente en todas las lenguas. [8.2.1]

7.10. Toda lengua puede enriquecer el número de sus predicados con reglas de aplicación, modificación, composición y afección predicativas. [8.3.1]

7.11. En toda lengua es posible aumentar y/o disminuir la valencia de algún predicado. [8.3.2]

7.12. Las marcas argumentales son relacionales y pueden ser además referenciales, y las marcas predicativas son referenciales y pueden ser además relacionales. [8.4]

8. Universales del Cambio Lingüístico

8.1. Toda lengua humana viva cambia con el paso del tiempo. [9.1]

8.2. Lenguas distintas pueden cambiar a ritmo desigual en los mismos períodos cronológicos. [9.1]

8.3. La tendencia natural del cambio lingüístico consiste en que una lengua va transformándose con el tiempo hasta convertirse en una o varias lenguas diferentes a la originaria. [9.1]

8.4. La convergencia lingüística puede darse, la divergencia lingüística siempre se da. [9.1]

8.5. La sincronía lingüística es diacrónicamente heterogénea. [9.1]

8.6. JERARQUÍA UNIVERSAL DE LA GRAMATICALIZACIÓN [9.3]
PERSONA > OBJETO > PROCESO > ESPACIO > TIEMPO> CUALIDAD

8.7. Toda lengua enriquece su morfosintaxis mediante la gramaticalización. [9.3]

8.8. JERARQUÍA UNIVERSAL DE LA LEXICALIZACIÓN. [9.4]
CUALIDAD > TIEMPO > ESPACIO > PROCESO > OBJETO > PERSONA

8.9. Toda lengua enriquece su léxico mediante la lexicalización. [9.4]

8.10. El cambio gramatical es cíclico pues, tanto el léxico como la sintaxis son puntos de partida y llegada. [9.5]

BIBLIOGRAFÍA

[Las referencias que están comentadas en las orientaciones bibliográficas de cada capítulo se señalan indicando entre corchetes el capítulo en el que se realiza ese comentario].

Acero, J. J. (1985): *Filosofía y Análisis del Lenguaje*, Madrid, Cincel.

Aitchison, J. (1996): *The Seeds of Speech. Language origin and evolution*, Cambridge, Cambridge University Press [X].

Anderson, E. S. (1978): "Lexical Universals of Body-Part Terminology" en J. Greenberg (ed.) 1978b, vol III, páginas 335-368.

Arens, H. (1976): *La Lingüística. Sus textos y su evolución desde la antigüedad hasta nuestros días*, Madrid, Gredos, 2 vols. [I].

Baker, M. (1988): *Incorporation. A Theory of Grammatical Function Changing*, Chicago, The University of Chicago Press.

Baker, M. C. (1996): *The Polysynthesis Parameter*, Oxford, Oxford University Press.

Ball, M. J. (ed.) (1993): *The Celtic Languages*, Routledge, Londres y Nueva York.

Bassols de Climent, M. (1983): *Sintaxis Latina*, CSIC, Madrid, 2 vols.

Bell, A. (1978): "Syllabic consonants" en J. H. Greenberg (ed.) *Universals of Human Language. Vol 2. Phonology*, Stanford, Stanford University Press, 1978, páginas 153-201.

Bengtson, J. D. (1991): "Paleolexicology: a tool toward language origins" en W. von Raffler-Engel, J. Wind y A. Jonker (eds.) *Studies in Language Origins. Vol. 2*, Amsterdam, John Benjamins, 1991, páginas 175-186.

Bengtson, J. D. y Ruhlen, M. (1994): "Global Etymologies", en M. Ruhlen, *On the Origin of Languages. Studies in Linguistic Taxonomy*, Stanford University Press, 1994, páginas 277-336.

Berlin, B. y Kay, P. (1969): *Basic Color Terms*, Berkeley, University of California Press.

Bisang, W. (1992): *Das verb im Chinesischen, Hmong, Vietnamischen, Thai und Khmer. Vergleichende Grammatik im Rahmen der Verbserialisierung, der Grammatikalisierung und der Attraktorpositionen*, Tubinga, Gunter Narr.

Blake, B. J. (1994): *Case*, Cambridge University Press, Cambridge Textbooks in Linguistics [VIII].

Bolinger, D. (1978): "Intonation across languages" en J. H. Greenberg (ed.) *Universals of Human Language. Vol 2. Phonology*, Stanford, Stanford University Press, 1978, páginas 471-526.

Bomhard, A. y Kerns, J. C. (1994): *The Nostratic Macrofamily. A Study in Distant Linguistic Relationship*, Berlín, Mouton de Gruyter.

Borst, A. (1957-1963): *Der Turmbau von Babel. Geschichte der Meinungen über Ursprung und Vielfalt der Sprachen und Völker*, 4 Tomos en 6 volúmenes, Múnich, Deutscher Taschenbuch Verlag, 1995.

Breva Claramonte, M. (1991): "Las ideas lingüísticas del siglo XVIII en Lorenzo Hervás: la descripción de las lenguas del mundo", *ASJU*, 1991: XXV-3, páginas 769-781.

Breva-Claramonte, M. y Sarmiento, R. (1991): "Lorenzo Hervás: el binomio lengua-nación y la descripción de las lenguas del mundo" en L. Hervás y Panduro, *I. Vocabulario Poligloto (1787). II. Saggio Pratico delle Lingue (1787)*, Estudio Introductorio y Edición Facsímil de M. Breva-Claramonte y R. Sarmiento, Madrid, SGEL, 1991.

Butterworth, B.; Comrie, B. y Dahl, Ö. (eds.) (1984): *Explanations for Language Universals*, Berlín, Mouton.

Bybee, J. (1985): *Morphology. A Study of the Relation between meaning and grammar*, Amsterdam, John Benjamins [VI].

Campbell, G. L. (1991): Compendium of the World's Languages, Londres, Routledge, 2 vols [II].

Cassirer, E. (1964): *Filosofía de las Formas Simbólicas. I. El Lenguaje*, México, Fondo de Cultura Económica, 1971.

Chomsky, N. (1965): *Aspects of the Theory of Syntax,* Cambridge, MIT. [versión española con introducción, notas y apéndice de C. P. Otero, *Aspectos de la Teoría de la Sintaxis*, Madrid, Aguilar, 1971] .

Chomsky, N. (1975): *Reflections on Language*, Nueva York, Pantheon Books [trad. esp. con el título *Reflexiones sobre el lenguaje*, Barcelona, Ariel, 1979].

Chomsky, N. y Lasnik, H. (1993): "The Theory of Principles and Parameters" en N. Chomsky, *The Minimalist Program*, Cambridge, The MIT Press, 1996, páginas 13-127.

Comrie, B. (1987): *The World's Major Languages,* Londres, Routledge,.

Comrie, B. (1988): "Translatability and Language Universals" en M. Kefer y J. van der Auwera (eds.) *Universals of Language, Belgian Journal of Linguistics*, n° 4, 1989, páginas 53-67.

Comrie, B. (1989): *Language Universals and Linguistic Typology*, Londres, Basil Blackwell, (Versión española, *Universales del Lenguaje y Tipología Lingüística*, Madrid, Gredos, 1990) [INTRODUCCIÓN, III].

Cook, V. J. y Newson, M. (1996): *Chomsky's Universal Grammar*, Oxford, Blackwell.

Coseriu, E. (1972): "Los universales del lenguaje (y los otros)" en E. Coseriu *Gramática, Semántica y Universales. Estudios de Lingüística Funcional*, Madrid, Gredos, 1978, páginas 148-205.

Coseriu, E. (1973): *Sincronía, Diacronía e Historia. El problema del cambio lingüístico*, Madrid, Gredos.

Cowgill, W. (1963): "A search for universals in Indo-European diachronic morphology" en J. Greenberg (ed.) *Universals of Language*, Massachusetts, The MIT Press.

Croft, W. (1990): *Typology and Universals*, Cambridge University Press. [INTRODUCCIÓN, III].

Croft, W. (1991): *Syntactic Categories and Grammatical Relations. The Cognitive Organization of Information*. The University of Chicago Press. [VII].

Crothers, J. (1978): "Typology and Universals of Vowel Systems" en J. H. Greenberg (ed.) *Universals of Human Language. Vol 2. Phonology*, Stanford, Stanford University Press, 1978, páginas 93-152.

Décsy, G. (1977): *Sprachherkunftsforschung. Band I. Einleitung und Phonogenese/ Paläophonetik*, Wiesbaden, Otto Harrasowitz.

Décsy, G. (1981): *Sprachherkunftsforschung. Band II. Semogenese/Paläosemiotik*, Berlín, Eurasian Linguistic Association.

Décsy, G. (1983): "A Preliminary List of the *h*-less Languages of the World: An Attempt at a Global Phoneme-Geography" en G. Décsy (ed.) *Global Linguistic Connections*, Eurolingua, Bloomington, 1983, páginas 7-33.

Décsy, G. (1988): *A Select Catalog of Language Universals*, Bloomington, Eurolingua [INTRODUCCIÓN].

Dez, J. (1980): *La Syntaxe du Malgache*, París, Honore Champion. 2 vols.

Dixon, R. M. W. (1994): *Ergativity*, Cambridge University Press, Cambridge Studies in Linguistics nº 69 [VIII].

Dolgopolsky, A. B. (1964): "Gipóteza drevnéïshego ródstva yazykovýj seméï sévernoï Evrázii s veroyátnostnoï tóchki zréniya" [Hipótesis sobre la filiación más lejana de las familias lingüísticas de Eurasia septentrional desde un punto de vista probabilístico], *Voprosy Yazykoznaniya*, 1964, nº 2, páginas 53-63.

Eco, U. (1993): *La Búsqueda de la Lengua Perfecta*, Barcelona, Crítica, 1994 [I].

Faltz, L. (1977): *Reflexivization. A Study in Universal Syntax*, Nueva York, Garland.

Foley, W. y Van Valin, R. D. Jr. (1984): *Functional Syntax and Universal Grammar*, Cambridge University Press [VII].

Fukui, N. (1995): "The Principles-and-Parameters Approach: A Comparative Syntax of English and Japanese" en M. Shibatani y T. Bynon (eds.), páginas 327-372.

Givón, T. (1979): *On Understanding Grammar*, Nueva York, Academic Press [X].

Givón, T. (1984): *Syntax. A Functional-Typological Introduction. Vol I*, Amsterdam, John Benjamins [VIII].

Givón, T. (1990): *Syntax. A Functional-Typological Introduction. Vol II,* Amsterdam, John Benjamins [VIII].

Givón, T. (1995.): *Functionalism and Grammar*, Amsterdam, John Benjamins [X].

Greenberg, J. (1960): "A quantitative approach to the Morphological Typology of Language" *International Journal of American Linguistics*, XXVI, nº3, 1960, páginas 192-220.

Greenberg, J. (ed.) (1963): *Universals of Language*, Massachusetts, The MIT Press [INTRODUCCIÓN].

Greenberg, J. (1963): "Some universals of grammar with particular reference to the order of meaningful elements" en J. Greenberg (ed.) *Universals of Language*, Massachusetts, The MIT Press, páginas 58-90.

Greenberg, J. (1966a): "Language, diffusion, and migration" en J. Greenberg *Essays in Linguistics*, The University of Chicago Press, 1957, páginas 66-74.

Greenberg, J. (1966b): *Language Universals with special reference to feature hierarchies*, Mouton, La Haya [INTRODUCCIÓN, III].

Greenberg, J. (1974): *Language Typology: a historical and analytic overview*, Mouton, La Haya [INTRODUCCIÓN].

Greenberg, J. (1978a): "Typology and Cross-Linguistic Generalizations", en J. Greenberg (ed.), 1978, páginas 33-60.

Greenberg, J. (1978b): "Some generalizations concerning initial and final consonant clusters" en J. H. Greenberg (ed.) *Universals of Human Language. Vol 2. Phonology*, Stanford, Stanford University Press, 1978, páginas 243-279.

Greenberg, J. (ed.) (1978): *Universals of Human Language*, 4 vols., Stanford University Press. [INTRODUCCIÓN, III].

Grice, H. P. (1957): "Meaning" en Dany D. Steinberg y Leon A. Jakobovits (eds.) *Semantics. An Interdisciplinary Reader in Philosophy, Linguistics and Psychology*, Cambridge, Cambridge University Press, páginas 53-60.

Grimes, B. (ed.) (1992): *Ethnologue. Languages of the World*, Dallas, Summer Institute of Linguistics, 12ª edición [II].

Haiman, J. y Munro, P. (eds.) (1983): *Switch Reference and Universal Grammar*, Amsterdam, John Benjamins.

Hála, B. (1961): *La sílaba. Su naturaleza, su origen y sus transformaciones*, Madrid, CSIC, 1973, 2ª edición [V].

Harris, A. (1985): *Syntax and Semantics. Vol 18. Diachronic Syntax: The Kartvelian Case*, Nueva York, Academic Press.

Hawkins, J. A. (ed.) (1988): *Explaining Language Universals*, Oxford, Basil Blackwell [X].

Heine, B.; Claudi, U. y Hünnemeyer, F. (1991): *Grammaticalization. A Conceptual Framework*, Chicago, The University of Chicago Press [IX].

Hervás y Panduro, L. (1787): *Vocabolario Poligloto. Saggio Pratico delle lingue*, Estudio Introductorio y edición facsímil de Manuel Breva-Claramonte y Ramón Sarmiento, Madrid, SGEL, 1990.

Hewitt, B. G. (1995): *Georgian. A Structural Reference Grammar*, Amsterdam, John Benjamins.
Hjelmslev, L. (1935): *La Categoría de los Casos. Estudio de Gramática General*, Madrid, Gredos 1978.
Hockett, Ch. (1961): "The problem of Universals in Language" en J. H. Greenberg (ed.) *Universals of Language*, Cambridge, The MIT Press 1963, páginas 1-29.
Hopper, P. J. y Traugott, E. C. (1993): *Grammaticalization*, Cambridge University Press [IX].
Horne, K. M. (1966): *Language Typology. 19th and 20th Century Views*, Georgetown University School of Languages and Linguistics. [I].
Hutchisson, D. (1986): "Sursurunga Pronouns and the Special Uses of Quadral Number" en U. Wiesemann (ed.) *Pronominal Systems*, Tubinga, Gunter Narr, 1986, páginas 1-20.
Jackendoff, R. (1983): *Semantics and Cognition*, Cambridge, The MIT Press [VII].
Jackendoff, R. (1990): *Semantic Structures*, Cambridge, The MIT Press [VII].
Jackendoff, R. (1991): "Parts and boundaries" en B. Levin y S. Pinker (eds.) *Lexical and Conceptual Semantics*, Oxford, Blackwell, 1991, páginas 9-46.
Jakobson, R. (1941): *Child Language, Aphasia and Phonological Universals*, La Haya, Mouton 1972.
Jensen J. T. (1990): *Morphology*, Amsterdam, John Benjamins [VI].
Katamba, F. (1993): *Morphology*, Londres, MacMillan [VI].
Katz, J. J. (1972): *Semantic Theory*, Nueva York, Harper & Row [vers. esp. *Teoría Semántica*, Madrid, Aguilar].
Keenan, E. L. (1978): "The Syntax of Subject-Final Languages" en W. P. Lehmann (ed.) *Syntactic Typology. Studies in the Phenomenology of Language*, Sussex, the Harvester Press, 1978 páginas 267-328.
Keenan, E. y Timberlake, A. (1985): "Predicate Formation Rules in Universal Grammar" en E. Keenan (ed.) *Universal Grammar: 15 Essays*, Londres, Croom Helm, 1987, páginas 316-334.
Keenan, E. (1987): *Universal Grammar: 15 Essays*, Londres, Croom Helm. [INTRODUCCIÓN].
Kirkham, R. L. (1992): *Theories of Truth. A Critical Introduction*, Cambridge, The MIT Press.
Kölver, U. (1982): "Klassifikatorkonstruktionen in Thai, Vietnameschisch und Chinesisch. Ein Beitrag zur Dimension der Apprehension" en H. Seiler y C. Lehmann (eds.) 1982, páginas 160-187.
Kuhn, W. (1982): "Formale Verfahren der Technik Kollektion" en H. Seiler y F. J. Stachowiak (eds.) 1982, páginas 55-83.
Kuno, S. (1987): *Functional Syntax. Anaphora, Discourse and Empathy*, Chicago, University of Chicago Press.
Ladefoged, P. y Maddieson, I. (1996): *The Sounds of the World's Languages*, Oxford, Blackwell [V].
Larson, R. K. (1991): "Some issues in Verb Serialization" en C. Lefebvre (ed.) *Serial verbs: Grammatical, comparative and cognitive approaches*, Amsterdam, John Benjamins, 1991, páginas 185-210.
Laver, J. (1994): *Principles of Phonetics*, Cambridge, Cambridge University Press.
Lazard, G. (1994): *L'Actance*, París, Presses Universitaires de France [VIII].
Lecomte, G. (1976): *Grammaire de l'arabe*, París, Puf.
Lee, H. B. (1989): *Korean Grammar*, Oxford, Oxford University Press.
Leech, G. (1974): *Semantics*, Middlesex, Harmondsworth.
Lehmann, W. (1978): "The great underlying ground-plans" en W, Lehmann (ed.) *Syntactic Typology. Studies in the Phenomenology of Language*, Sussex, the Harvester Press.
Lehmann, Ch. (1984): *Der Relativsatz. Typologie seiner Strukturen. Theorie seiner Funktionen. Kompendium seiner Grammatik*, Gunter Narr, Tubinga.
Lenneberg, E. H. (1967): *Fundamentos Biológicos del Lenguaje*, Madrid, Alianza.
Lieberman, Ph. (1984): *The Biology and Evolution of Language*, Harvard University Press.
Lipski, J. M. (1994): *El español de América*, Madrid, Cátedra, 1996.

Lord, C. (1993): *Historical Change in Serial Verb Constructions*, Amsterdam, John Benjamins.

Mac Eoin, G. (1993): "Irish" en Ball (ed.) 1993, páginas 101-144.

Maddieson, I. (1984): *Patterns of Sounds*, Cambridge, Cambridge University Press.

Martinet, A. (1960): *Elementos de Lingüística General*, Madrid, Gredos, 1974.

Martínez Celdrán, E. (1989): *Fonética*, Barcelona, Teide (3ª edición) [V].

Masica, C. P. (1976): *Defining a Linguistic Area: South Asia*, Chicago, University of Chicago Press.

Meyer, R. (1989): *Gramática de la Lengua Hebrea*, Barcelona, Riopiedras.

Moreno Cabrera, J. C. (1990a): "Processes and actions: internal agentless impersonals in some European languages" en J. Bechert, Cl. Buridant & G. Bernini (eds.) *Toward a Typology of European Languages*, Berlín, Mouton-De Gruyter, 1990, páginas 254-272.

Moreno Cabrera, J. C. (1990b): *Lenguas del Mundo*, Madrid, Visor [II].

Moreno Cabrera, J. C. (1990c): "Hacia una explicación funcional de la tipología del orden de palabras" en *Actas de las Primeras Jornadas de Lengua y Literatura Inglesa y Norteamericana*, Publicaciones del Colegio Universitario de la Rioja, Logroño, 1990, páginas 139-149.

Moreno Cabrera, J. C. (1991): *Curso Universitario de Lingüística General. Tomo I. Teoría de la Gramática y Sintaxis General*, Madrid, Síntesis.

Moreno Cabrera, J. C. (1993): "«Make» and the semantic origins of causativity" en B. Comrie y M. Polinsky (eds.) *Causatives and Transitivity*, Amsterdam, John Benjamins, 1993, páginas 155-164.

Moreno Cabrera, J. C. (1994): "Morfología" en *Curso Universitario de Lingüística General. Tomo II*, Madrid, Síntesis, 1994, páginas 409-500. [VI].

Moreno Cabrera, J. C. (1995): *La lingüística teórico-tipológica*, Madrid, Gredos. [INTRODUCCIÓN].

Moreno, Cabrera, J. C. (1997): "On the relationships between grammaticalization and lexicalization" en A. G. Ramat y P. Hopper (eds.) *The Limits of Grammaticalization*, Amsterdam, John Benjamins [IX].

Morpurgo Davies, A. (1975): "Language classification in the Nineteenth Century" en T. E. Sebeok (ed.) *Current Issues in Linguistics. Volume 13, Historiography of Linguistics*, La Haya, Mouton, páginas 607-716 [I].

Moscati, S. (ed.) (1980): *An Introduction to the Comparative Grammar of the Semitic Languages. Phonology and Morphology*, Wiesbaden, Otto Harasowitz.

Mühlhäusler, P. y Harré, R. (1990): *Pronouns and People. The Linguistic Construction of social and personal identity*, Londres, Basil Blackwell.

Nespor, M. e Vogel, I. (1986): *La Prosodia*, Madrid, Visor 1984 [V].

Nichols, J. (1986): "Head-marking and Dependent-Marking Grammar" *Language,* 62, 1, páginas 56-119.

Perlmutter, D. M. (1978): "Impersonal Passives and the Unaccusative Hypothesis" en J. J. Jaeger et al. (eds.) *Proceedings of the Fourth Annual Meeting of the Berkeley Linguistic Society*, Berkeley, 1978, páginas 157-188.

Rebuschi, G. (1984): *Structure de l'énoncé en Basque*, París, Selaf.

Ó Siadhail, M. (1980): *Learning Irish. An Introductory Self-Tutor*, Dublin Institute for advanced studies.

Ó Siadhail, M. (1989): *Modern Irish. Grammatical Structure and Dialectal Variation*, Cambridge, Cambridge University Press.

Palmer, F. R. (1986): *Mood and Modality*, Cambridge, Cambridge University Press.

Palmer, F. R. (1994): *Grammatical Roles and Relations*, Cambridge University Press, Cambridge Textbooks in Linguistics [VIII].

Pena, J. (1996): "Tipología morfológica de Sapir" en *Scripta Philologica in memorian Manuel Taboada Cid*, Tomo I, Ediciones Universidade da Coruña, páginas 165-176.

Pensado, C. (ed.) (1995): *El Complemento Directo Preposicional*, Madrid, Visor Libros.

Pustejovsky, J. (1991): "The Syntax of Event Structure" en B. Levin y S. Pinker, *Lexical and Conceptual Semantics*, 1991, Oxford, Blackwell, páginas 47-82. [VII].

Ruhlen, M. (1987*): A Guide to the World's Languages. Volume 1: Classification*, Stanford University Press [II].

Sadock, J. M. y Zwicky, A. M. (1985): "Speech act distinctions in syntax" en T. Shopen (ed.) *Language Typology and Syntactic Description. Vol I. Clause Structure*, Cambridge, Cambridge University Press, 1985, páginas 155-194.

Santos Domínguez, L. A. y Espinosa Elorza, R. M. (1996): *Manual de Semántica Histórica*, Madrid, Síntesis.

Schenker, A. M. (1993): "Proto-Slavonic" en B. Comrie y G. G. Corbett (eds.) 1993 *The Slavonic Languages,* Routledge, Londres, 1993, páginas 60-124.

Schmidt, W. (1929): *Die Sprachfamilien und Sprachenkreisen der Erde*, Heidelberg, Carl Winter's Universitätsbuchhandlung.

Seefranz-Montag, A. von (1983): *Syntaktische Funktionen und Wortstellungsveränderung. Die Entwicklung "subjektloser" Konstruktionen in einigen Sprachen*, Wilhelm Fink, Múnich.

Seiler, H. (1975): "The principle of concomitance: instrumental, comitative and collective" *Foundations of Language 12*: 1974: 215-247.

Seiler, H. (ed.) (1978): *Language Universals*, Tubinga, Gunter Narr. [INTRODUCCIÓN].

Seiler, H y Lehmann, C. (eds.) (1982): *Apprehension. Das sprachliche Erfassen von Gegenständen. Teil I: Bereich und Ordnung der Phänomene*, Tubinga, Gunter Narr.

Seiler, H. y Stachowiak, F. J. (eds.) (1982): *Apprehension. Das sprachliche Erfassen von Gegenständen. Teil II: Die Techniken und ihr Zusammenhang in Einzelpsrachen*, Tubinga, Gunter Narr.

Seiler, H. (1986): *Apprehension. Language, Object and Order. Part III: The Universal Dimension of Apprehension*, Tubinga, Gunter Narr.

Seiler, H. (1995): "Cognitive-Conceptual Structure and Linguistic Encoding: Language Universals and Typology in the UNITYP framework" en M. Shibatani y T. Bynon (eds.) 1995, páginas 273-326.

Sgall, P. (1995): "Prague School Typology" en M. Shibatani y T. Bynon (eds.) 1995, páginas 49-84.

Shevoroshkin, V. y Manaster-Ramer, A. (1991): "Some recent work on the remote relations of languages" en S. M. Lamb y D. E. Mitchell (eds.), *Sprung from Some Common Source. Investigations into the prehistory of languages*, Stanford, Stanford University Press, 1991, páginas 178-204.

Shibatani, M. y Bynon, T. (eds.) (1995): *Approaches to Language Typology*, Oxford, Clarendon Press [I].

Shopen, T. (1985): *Language Typology and Syntactic Description*, 3 vols. Cambridge University Press. [INTRODUCCIÓN].

Sihler A. L. (1995): *New Comparative Grammar of Greek and Latin*, Oxford, Oxford University Press.

Silverstein, M. (1976): "Hierarchy of Features and Ergativity" en P. Muysken y H. van Riemsdijk (eds.) *Features and Projections*, Dordrecht, Foris, 1986, páginas 163-232.

Skalička, V. (1979): *Typologische Studien*, Wiesbaden, Vieweg.

Spencer, A. (1994): *Morphological Theory*, Londres, Basil Blackwell [VI].

Stirling, L. (1993): *Switch-reference and discourse representation*, Cambridge University Press.

Svorou, S. (1994): *The Grammar of Space*, Amsterdam, John Benjamins.

Swadesh, M. (1972): *The Origin and Diversification of Language*, Londres, Routledge & Kegan Paul.

Tchekhoff, C. (1979): *La Construction ergative en avar et en tongien*, París, Klincksieck.

Thomas, J. M. C.; Bouquiaux, L. y Cloarec-Heiss, F. (1976): *Iniciación a la fonética*, Madrid, Gredos, 1985 [V].

Thorne, D. A. (1993): *A Comprehensive Welsh Grammar*, Oxford, Blackwell.

Tomlin, R. S. (1986): *Basic Word Order. Functional Principles*, Londres, Croom Helm.

Tovar, A. (1981): "Comparación: léxico-estadística y tipología" en A. Tovar *Estudios de Tipología Lingüística. Sobre el euskera, el español y otras lenguas del Viejo y el Nuevo Mundo*, Madrid, Istmo, 1997, capítulo IX, páginas 173-203.

Tovar, A. (1986): *El Lingüista español Lorenzo Hervás. Estudio y Selección de Obras Básicas. I Catalogo delle Lingue, Madrid, SGEL.*

Trombetti, A. (1905): *L'Unità d'origine del linguaggio*, Bolonia, Scuola Grafica "Civitas Dei" 1962.

Val Álvaro, J. F. (1986): "Lengua e historia en el catálogo de las lenguas" en *Estudio en Homenaje al Dr. Antonio Beltrán Martínez*, Zaragoza, páginas 1231-1239.

Varios Autores (1997-1998): *EUROTYP*, Berlín Mouton de Gruyter, 9 tomos. [INTRODUCCIÓN].

Villar, F. (1996): *Los Indoeuropeos y los Orígenes de Europa. Lenguaje e Historia*, Madrid, Gredos [II].

Weinreich, U. (1968): *Lenguas en Contacto. Descubrimientos y Problemas*, Ediciones de la Biblioteca, Universidad Central de Venezuela, 1974.

Wierzbicka, A. (1996): *Semantics. Primes and Universals*, Oxford, Oxford University Press [VII].

Wright, W. (1896): *A Grammar of the Arabic Language, Vol I*, Cambridge, Cambridge, University Press.

Wright, W. (1898): *A Grammar of the Arabic Language, Vol II*, Cambridge, Cambridge, University Press.

ÍNDICE DE MATERIAS

ablativo, 70-71
absolutivo-ergativo (sistema), 200-206
accesibilidad, 18
acciones, 63, 93-97, 164-172, 195, 240
actividades, 172
activo (sistema), 197-207
activo-equipolente (sistema), 200-201, 202,
   205
activo-externo (sistema), 200-201, 202, 203
activo-interno (sistema), 200-201, 202
acumulatividad, 151
adjetivo, 59, 132
adlativo, 71
adquisiciones, 167
adquisición lingüística, 18-19
adverbio, 181
afección accesiva, 214, 216, 217, 218
afección de la valencia (reglas de), 213, 215-
   218
afectado (objeto), 244
agente, 94, 165, 170, 197, 240
agente pasivo, 179
agentivización, 174
aglutinación (índice de), 34, 35
aglutinantes (lenguas), 31, 32, 33, 139
aislada (oposición), 35
aislamiento (índice de), 34
aislantes (lenguas), 31, 32, 33, 139
álgebra, 59
ampliación semántica, 153
analíticas (lenguas), 33
animados (nombres), 46, 71-72
anterioridad, 182
anterioridad impeditiva, 182

anterioridad propiciatoria, 182
anterioridad temporal, 182
antipasiva, 216
APA, 209-212
apicoalveolar (fricativa), 100
aplicación argumental (reglas de), 213
areemas, 46, 47
argumental (tipo de lengua), 218-219
argumento, 195-218
artículo, 68, 69, 132, 207, 226-227, 228
asimilación denotativa, 153, 154, 243
asociación, 149-150
atélico (proceso, acción), 171
aumentos, 168

base, 138
benefactivo, 178-179

cabeza silábica, 60, 61, 121-125
cambio de referencia, 188
cambios, 166, 167
campos léxicos, 147
cardemas, 47
caso, 22, 69-71, 134
causa, 178, 182
causatividad, 221, 243
chasquido, 115
circumfijo, 138
coda silábica, 60, 122-125
coherencia intereventiva, 183-189
colectivización, 149-150
colectivos (nombres), 149
comitativo, 178-179
complemento indirecto, 47, 54

composición (índice de), 34
concesividad anterior, 182
concesividad posterior, 183
concomitancia, 179
concordancia, 47, 54, 84, 90, 95, 96, 221
concordancia (índice de), 34, 35
condición, 182
condición esencial, 182
conjunción, 48, 63, 80, 214
consonante, 60, 64, 67, 103, 104, 110-120, 122
contoides, 114
correlación fonológica, 35
criollas (lenguas), 44
cuantificación, 208
cuerdas vocales, 99

debilitamientos, 167
dependencia estructural (ley de la), 241
derivación (índice de), 34, 35
desplazamientos, 167
desplazamiento denotativo, 153, 154, 243
determinante, 48, 68, 69, 132, 161, 207
diáfora, 188-189
dialecto, 41
disminuciones, 168
dual, 32, 142
dualidad, 57, 58

eclipsis, 79
efabilidad, 21, 55, 56, 57, 67, 240
efectuado (objeto), 244
elativo, 71
empaquetado, 151, 152
entonación, 126
equipolente (oposición), 35
ergativo-absolutivo (sistema), 197-207
espacio de variación articulatorio (EVA), 100, 101
esquema eventivo libre, 164-165, 175, 176
estados, 93, 164-167, 195, 240
estativización, 174
etimologías globales, 159-160
explosión, 100, 110
explosivas (consonantes), 122
externo (sistema), 199
eyectivas (consonantes), 45, 114, 119

faringe, 99
femenino, 46, 90
filo, 42
flexión (índice de), 34, 35
flexión pura (índice de), 34, 35
flexión verbal, 47
flexivas (lenguas), 31, 32, 33, 139
fonema, 58, 100, 101, 102

forma del lenguaje, 51
forma lingüística, 31
formación de predicados (reglas de), 212-214
formales (universales), 17, 36, 37
fricativas, 35, 100, 102, 110-113
función, 61-62
futuro, 142

genemas, 46, 47
género, 46, 131, 142, 143, 149
giga-filo, 43
glotalizadas (consonantes), 45, 114-115
glotis, 99, 100, 104, 110, 112, 114
gradual (oposición), 35
gramatemas, 130-133, 140
gramaticalización, 134, 227, 228-231

heterófora, 188
hiperonimia, 147
hiperónimo, 147, 148
hiponimia, 147
hipónimo, 147
holónimo, 147, 148
homófora, 188
homonimia, 62

implosión, 122
implosivas (consonantes), 122
incoherencia intereventiva, 183-189
incorporación, 140
incorporantes (lenguas), 31, 32, 140
indemas, 46, 47
indicatividad, 225-228
individuos, 150, 152
inesivo, 71-72
infijo, 138
innovaciones, 167, 168
instrumento, 177-179, 240
intensificaciones, 167
interno (sistema), 199
interrogativas, 21, 221
introflexivas (lenguas), 33
inyectivas (consonantes), 144

laringe, 99
lenición, 79
lexema, 129, 130-133, 140
lexema predicativo, 195-196
lexicalización, 227, 229, 231-233
léxico, 56, 63, 147-164, 228-233, 240, 241
ley fonética, 31
linealidad del significante, 64

macrofamilia, 42
macrofilo, 43

mando-c, 246
masculino, 46, 90
materia (nombres de), 151, 152
medio, 178
megafilos, 43
merónimo, 147-150
meronomías, 147-150
metáfora, 153
metonimia, 153, 154, 231, 232, 238
mixta (lengua), 224
mixto (tipo de lengua), 218-219
modalidades, 189-191
modificaciones, 138, 168
modificador, 63, 208, 243
modo, 144, 221
mora, 60
movimientos, 166, 167
muestreo lingüístico, 15
multidimensionales (tipologías), 47
mutaciones, 167
mutación consonántica, 78, 79

neutro (tipo de lengua), 218-219
nombre, 48, 59, 79, 142, 144, 191
nombre común, 63, 71, 227, 228
nombre personal, 71
nombre propio, 54, 63, 71, 207, 248
nombre verbal, 82, 83, 84, 85
nominativo-acusativo (sistema), 197-207
núcleo silábico, 121
número, 134, 142, 143

OBAPO, 73, 74
objeto directo, 47, 48, 54, 71, 73-74, 78, 83, 89,
    90, 179 198, 221, 243, 244
oclusiva glotal, 110
oclusiva glotalizada, 110
oclusivas, 35, 100, 102, 110-112, 126
omnisimbolismo, 21, 55, 56, 240
oración, 59
orden de palabras, 35, 94, 95

palabra, 34, 61, 129
palatalización, 114
paleolexicología, 159
paleoprotosememas, 158-159
parámetro tipológico, 93
participante accidental, 176
participante externo, 166, 175, 176, 196
participante indirecto, 176, 178, 183, 186-187
participante interno, 166, 175, 176, 196, 244
participio, 237
pasado, 142, 180
pasiva, 169, 215, 228
pasivización, 174, 198

PASOBO, 95-96
pie, 60, 125, 127
plural, 81, 82, 88, 96, 142
plurales fractos, 88
pluralización, 150
POBAPO, 73-74
polirremática (construcción), 185-186, 229
polisintéticas (lenguas), 33
porciones, 150, 151
posesión, 85, 95-96
posposiciones, 48, 244
posterioridad, 182
posterioridad impeditiva, 183
posterioridad propiciatoria, 183
posterioridad temporal, 183
postlativo, 71
predicatividad, 225-228
predicativo (tipo de lengua), 218-219
prefijación (índice de), 34, 35
prefijo, 138
preposición, 33, 48, 80, 82, 96, 244
preposición flexionada, 78, 96
presente, 142
primera articulación del lenguaje, 59, 66
Principios y Parámetros (teoría de los), 38
privaciones, 167
privativa (oposición), 35
proceso sintáctico relacional, 198
procesos, 63, 93-97, 164-175, 195, 240
pronombre personal, 46, 63, 71, 132, 143,
    161, 207, 245, 246, 247, 248, 249
pronombres exclusivos, 46
pronombres inclusivos, 46
proporcional (oposición), 35
propósito, 178

raíz, 31, 32, 138, 140
reajuste denotativo, 153, 154, 243
realizaciones, 172
reducción semántica, 153
resultado, 178
resultativización, 174
RIVALC, 221

segunda articulación del lenguaje, 59
semiconsonantes, 114
semivocales, 114
significado no natural, 55
sílaba, 45, 58, 60, 66, 121-125, 126
símbolo, 55, 58
simultaneidad, 182
simultaneidad impeditiva, 183
simultaneidad propiciatoria, 183
sintaxis, 56, 228-233, 241
síntesis (índice de), 34, 35

sintéticas (lenguas), 33
sistema referencial, 54
sonantes, 122, 123
sufijación (índice de), 34, 35
sufijo, 81, 88
sujeto, 47, 54, 73-74, 78, 83, 84, 89, 90, 91, 94, 95, 96, 149, 179, 198, 219, 221, 242, 243
sumatividad, 151
sustancia del lenguaje, 51
sustantivos (universales), 36, 37
sustrato, 29
switch reference, 188

taxonomías, 148, 150-152
télico (procesos, acciones), 171
tema, 32, 138
tijemas, 47
tipemas, 47
tipo eventivo, 176-179
tipo lingüístico, 31
tipologías generalizadoras, 77
tipologías individualizadoras, 77
tono laríngeo, 99, 103
traducción, 19-21
traductibilidad, 19, 21
transformaciones, 167, 168
trial, 142
trituración, 151-152

trocaico (pie), 61, 125
unemas, 46, 47
unidimensionales (tipologías), 47
UNITYP, 24, 226
universales absolutos, 67
universales estadísticos, 67, 72-75, 120
universales formales, 17
universales gramaticales, 53, 54, 62-67
universales implicativos, 67
universales semióticos, 18, 53-62, 63, 240
universales sustantivos, 18 19
UPSID, 103, 107, 109, 111, 112, 113, 114, 115, 116
uvulares (consonantes), 111, 112, 116-121

valencia, 195-196, 214-218
velares (consonantes), 116-121
verbo, 47, 59, 63, 93, 84, 94, 95, 96, 142, 144, 179, 191
vocabulario básico, 155-164
vocal, 60, 64, 67, 99, 102, 103, 104, 105-110, 121
vocales nasales, 47, 107, 109
vocoides, 114
voz antipasiva, 216
voz media, 216
voz pasiva, 169, 215, 216

yámbico (pie), 125

ÍNDICE DE LENGUAS Y FAMILIAS LINGÜÍSTICAS

abaza, 103
abipón, 120
abjaso, 150, 156, 218, 219
acadio, 86
acano, 185, 229
acerí, 42
achenés, 42
achumahuí, 120
afroasiática, 43, 77, 92, 112, 118, 160
aimará, 42, 137
alacalufo, 42
alemán, 49, 110, 117, 142, 204, 215, 228
aleuta, 118
algonquina, 107
altaica, 41, 43
amárico, 86, 87
amele, 188, 189
amerindia, 32, 44, 160
amuesa, 108
anatolia, 43
andina, 42, 104
apache, 104
árabe, 29, 32, 33, 47, 49, 86, 87, 88, 89, 90, 96,
    117, 118, 139, 143, 149
árabe clásico, 86, 108, 112, 117, 142
arahuaca, 108
arameo, 86, 87
aranda, 104
araucano, 32
armenio, 29, 43, 117
asirio, 86
atabascana, 119
atayal, 118
atlántica-occidental, 117

auca, 104
aunquí, 117, 118
australiana, 160, 216
austroasiática, 104, 160
austronesia, 29, 118, 142, 160

babilonio, 86
báltica, 42
balto-eslava, 42, 43
bambara, 104
bantú, 32, 33, 42
basquiro, 42
bereber, 117
bielorruso, 42
birahuí, 108
birmano, 32, 44
Bougainville meridional, 112
bretón, 78, 80, 82, 107
británicas, 78
buguinés, 42
búlgaro, 42
buruchasquí, 118

cabardiano, 103, 108, 118
caldeo, 29
cananeo, 86
canarés, 32, 212
cantonés, 45
capampango, 42
caracalpaco, 42
castellano, 41, 48, 50, 60, 68, 96, 100, 113,
    114, 116, 122, 124, 134, 138, 142, 149, 151,
    153, 170, 173, 186, 201-202, 209-210, 211,
    215, 217, 224, 225, 231, 237

catalán, 41
caucásica, 156, 160, 218
caucásica septentrional, 43, 108
cazajo, 42
cebuano, 42
celdala, 73
celta, 28 29, 43, 77-86, 92, 96-97, 107
celtíbero, 78
chádica, 118, 156
checheno, 219
checo, 42, 111, 123
chimacú, 113
chimacuana, 113, 119
chino, 32, 33, 42, 45, 47, 49, 64, 95, 118, 124,
    132, 133, 134, 135, 140, 141, 143, 144, 185,
    210, 218, 219, 229, 234-236
chucoto, 118
chuvacho, 42
cingalés, 48
cocoliche, 50
coluchano, 112, 118-119
congo, 42
copto, 32, 137
coreano, 45, 104, 190, 218
córnico, 78, 82
croata, 42, 111
cua, 104, 107
cumico, 42
cungo, 104, 115
cunimaipa, 112, 118
curdo, 117
cusita, 112, 117, 118

daguestánica, 118
daica, 104, 160
dan, 104
delevés, 107
dené-caucásico, 44
diegueño, 120
drávida, 108, 118, 160, 212

efé, 156, 230
egipcio, 50
endú, 143
engbaka, 47
escita, 28
eslava, 28, 42
eslovaco, 42
esloveno, 42
español *(ver castellano)*
esquihuamés, 119
esquimal-aleutiana, 32, 44, 118, 160
etíope, etiópico, 29, 86, 87
eurasiático, 43

eurásica, 28
evenquí, 137

fenicio, 86
finés, 28, 32, 47, 156
fino-ugria, 28, 43, 54, 156
fiyiano, 73
fon, 185
francés, 33, 41, 47, 49, 103, 104, 107, 117, 142,
    153, 224, 225, 228
franciano, 41

gaélico escocés, 78, 82
gagauso, 42
galés, 78, 80, 81, 82, 83, 84, 85, 150
gallego, 41
galo, 78
ge-pano, 120
georgiano, 29, 33, 43, 47, 115, 118, 122, 123
germánica, 28, 43, 117, 124
goidélicas, 78
goilala, 112
griego, 29, 33, 43, 78, 142, 149
groenlandés, 32, 33, 118, 191
guaicurú, 120
guaraní, 205
gununa, 120
guragué, 87

haida, 118
hararí, 87
hausa, 156
havayano, 42
hebreo, 29, 32, 43, 50, 86, 87, 88, 89, 90, 91,
    117, 118
herero, 42
hiligainón,42
hindí-urdú, 112, 117
hocana, 120, 156, 212
hopí, 42, 112, 119
huichol, 42
huintú, 119
húngaro, 28, 32, 43, 45, 47, 70, 71, 143, 153,
    154, 217, 237
hupa, 119

iberorromance, 43
ibo, 104, 107, 158
ilirio, 29
ilocano, 42
indoaria, 43, 117
indoeuropea, 32, 43, 51, 78, 107, 117, 149,
    160, 210, 229
indonesio, 42
indopacífica, 160

inglés, 49, 63, 95, 110, 111, 122, 124, 125, 137,
    142, 143, 144, 153, 156
iracú, 117, 118
irania, 117
irlandés, 48, 78, 79, 82, 83, 84, 85
iroquesa, 140
italiano, 42
itálica, 43

jacarú, 120
japonés, 45, 47, 211, 218
joisana, 104, 160
josa, 42

kam-dai, 118
karok, 156
kartuélica,43, 118, 160, 203
kaví, 32
kechí, 119
kemer, 104, 186
keto, 118
kordofana, 160
kuruj, 118

laco, 118, 119
lakia, 104
latín, 29, 32, 41, 50, 68, 78, 134, 143, 153, 163,
    231, 237
lazo, 203
letón, 42
limba, 20
lingala, 42
lituano, 42
luganda, 42
luiseño, 119
lunfardo, 50
lutuamí, 114, 119

macasarés, 42
macedonio, 42
macrochibcha, 113
macua, 42
malayo, 32, 42
malayo-polinesia, 29, 42, 73, 112, 134
malgache, 29, 42, 47, 73, 108, 136, 143
mandingo, 47
manés, 78, 82
maorí, 42, 112
marguí, 156
masái, 156
maya, 29, 50
melanesia, 32
miao, 185
miao-yao, 160
minancabáu, 42

moabita, 86
mohaqués, 140
mongol, 160, 212
mura, 113

na-dené, 44, 107, 112, 118, 160
nagala, 143
nahua, 32, 42, 50
nasiói, 112
navajo, 107, 108
neerlandés, 215
neo-arameo, 117, 118
nezpercés, 115, 119
níger-congo, 156, 185, 229
níger-cordofano, 104, 107, 160, 230
nilo-sahariana, 117, 160
nivejí, 118
nostrática, 43
nutca, 119

ok, 108
omótica, 118

palenquero, 50
paleo-siberiana, 118
pama-ñungana, 104
pápago, 156
papú, 112
pasto, 117
penutí, 73, 115, 119
persa, 29, 50, 117
polaco, 42, 47, 163
polinesia, 32
pomo, 120
protoeslavo, 41
provenzal, 41
puelche, 120
pugué, 119

quechua, 32, 50, 112, 120
quicuyú, 42
quileutés, 113, 119
quirguiso, 117

romance, 28, 41, 43, 117
rotocas, 113
ruanda, 42
ruso, 42, 47, 122, 13, 151, 163, 203, 204, 208

samaritano, 29
samoano, 33, 42
sánscrito, 30, 50, 142, 206, 207
sardo, 50
semita, 32, 33, 43, 77, 86-91, 92, 96-97, 117,
    118

sélica, 119
servio, 29, 42, 124
sinítica, 42
sino-caucásico, 44
sino-tibetana, 42, 44, 160
sirio, 29
socotrí, 117, 118
somalí, 112, 117, 118
soto, 42
suací, 42
suahelí, 42, 150
subiya, 33
sudánica oriental, 156
sui, 118
sursurunga, 142, 143

tabasarano, 71
tagalo, 42, 108
tahitiano, 42
tai, 45, 64, 152, 186
tarahumara, 42
tártaro, 28, 42
telefolo, 108
telugú, 108
tepehuano, 42
teuso, 117
tibetano, 42
tigré, 86, 87
tigriña, 86, 87
tiví, 112
toba-bataco, 73, 118, 137
tongano, 205-206
totonaco, 119

tuareg, 117, 118
tucana, 112
tucano, 112
tungusa, 160
túrcica, 28, 41, 42, 43, 54, 117, 135, 160
turco, 32, 33, 42, 135, 143, 144, 210, 215, 217
turcomano, 42

ucraniano, 42
ugarítico, 86
uiguro, 42
urálica, 160
usán, 188
uzbeco, 42

vacachana, 119
vasco, 34, 35, 45, 47, 48, 49, 70, 71, 72, 141,
    144, 154, 170, 173, 206, 210-211, 212, 217,
    218, 219, 220, 237
vietnamita, 45, 47, 64, 144, 150, 152, 185, 218
volofo, 117

yacuto, 32
yalé, 158
yavapái, 212
yeneseico, 44
yidín, 216
yoruba, 115, 185, 229
yucaguiro, 118
yuto-azteca, 42, 112, 119, 156

záparo, 104
zulú, 42

ÍNDICE DE NOMBRES

J. J. Acero, 242
Adán, 27
J. C. Adelung, 30
J. Aitchison, 94, 102, 155, 243
S. Anderson, 24, 25, 156
A. Andrews, 24
H. Arens, 27, 28
Babel, 27, 29
M. Baker, 140, 241
M. Bassols de Climent, 237
A. Bell, 23, 123
J. D. Bengtson, 159, 160
B. Berlin, 157, 158
D. Bhat, 23
W. Bisang, 185
B. J. Blake, 203
L. Bloomfield, 130
D. Bolinger, 23, 126
A. Bomhard, 43
F. Bopp, 30, 31
A. Borst, 27, 28, 241
O. Böthling, 32
M. Breva Claramonte, 29, 155
G. L. Campbell, 137
Carlos III, 28
J. B. Casagrande, 22
E. Cassirer, 57
J. Chamberlayn, 29
N. Chomsky, 31, 36, 53, 66, 246-247
S. Chung, 24
E. Clark, 23
M. L.Clarke, 20
U. Claudi, 229, 230
E. Closs-Traugott, 23
B. Comrie, 21, 22, 25, 75, 250, 251
V. J. Cook, 241
E. Coseriu, 65
W. Cowgill, 22, 35
W. Croft, 178, 191
J. Crothers, 23, 102, 105, 106, 109
Dante, 27
G. Décsy, 46, 102, 104, 109, 112, 113, 158, 159
J. Dez, 136
L. Dezső, 24

A. Dolgopolsky, 29, 158
B. Downing, 23
D. Dowty, 192
U. Eco, 27, 37
J. C. Escalígero, 28
J. J. Escalígero, 28
R. M. Espinosa, 231
L. Faltz, 250
Ch. Ferguson, 23, 75
F. N. Finck, 31, 33
W. Foley, 24, 192
N. Fukui, 37
G. von der Gabelentz, 31
H. C. von der Gabelentz, 32
Th. Gamkrelidze, 23
T. Givón, 23, 131, 251
J. Greenberg, 22, 23, 24, 34, 35, 38, 41, 43, 44, 45, 47, 75, 77, 125, 134, 142
H. P. Grice, 55
B. Grimes, 14
J. Grimm, 30, 31
J. Haiman, 188
R. Harré, 143
H. Harries-Delisle, 23
A. Harris, 203
J. A. Hawkins, 251
B. Heine, 229, 230
L. Hervás y Panduro, 28-30, 32, 155, 156, 157, 158, 159
B. G. Hewitt, 122, 123
L. Hjelmslev, 69-71
Ch. F. Hockett, 22, 58
H. Hoenigswald, 22
L. Horn, 23
K. Horne, 49
W. von Humboldt, 31, 32
F. Hünnemeyer, 229, 230
D. Hutchisson, 142
L. M.Hyman, 23, 250
D. Ingram, 23
R. Jackendoff, 192
R. Jakobson, 22, 35, 36, 75
J. J. Katz, 55
P. Kay, 157, 158
E. Keenan, 23, 24, 73, 212, 251

J. C. Kerns, 43
G. King, 83
R. L. Kirkham, 242
U. Kölver, 152
W. Kuhn, 149
R. Ladefoged, 127
R. K. Larson, 185
H. Lasnik, 246-247
J. Laver, 115
G. Lazard, 38
G. Lecomte, 89, 91
H. B. Lee, 190
G. Leech, 158
Ch. Lehmann, 210, 211, 212
W. Lehmann, 48
G. W. Leibniz, 28
G. Lewis, 135
H. H. Lieb, 75
J. M. Lipski, 50
R. Longacre, 24
C. Lord, 229
G. MacEoin, 84
I. Maddieson, 103, 107, 108, 109, 111, 112,
    113, 114, 115, 116, 117, 118, 119, 120,
    127
A. Makkai, 23
Y. Malkiel, 23
A. Manaster-Ramer, 43
A. Martinet, 58
E. Martínez Celdrán, 99
C. Masica, 45
R. Meyer, 87, 88
F. Misteli, 31, 32, 33
E. Moravcsik, 23
J. C. Moreno, 15, 37, 95, 243, 244, 248
P. Mühlhäusler, 143
M. Müller, 31
P. Munro, 188
V. Nedialkov, 38
M. Nespor, 125
M. Newson, 141
J. Nichols, 219
S. Nikolayev, 44
M. Noonan, 24
Ch. E. Osgood, 22
F. R. Palmer, 191, 205, 216
Pāṇini, 32
H. Paul, 30, 31
J. Payne, 24
J. Pena, 33
C. Pensado, 71
D. Perlmutter, 215
Pío VII, 28
G. Postel, 29
A. F. Pott, 31

J. Pustejovsky, 192
P. Ramat, 24
R. Rask, 30
G. Rebuschi, 217
R. Roth, 32
M. Ruhlen, 23, 51, 159, 160
B. Russell, 242
J. M. Sadock, 24, 191
G. Sanders, 23
L. Santos, 231
E. Sapir, 33, 34
R. Sarmiento, 155
F. de Saussure, 224
P. Schachter, 24
A. M. Schenker, 41
A. von Schlegel, 31
F. von Schlegel, 31
A. Schleicher, 30, 31
W. Schmidt, 46
A. von Seefranz-Montag, 204
H. Seiler, 24, 37, 38, 226
P. Sgall, 33
H. Seiler, 149, 179
V. Shevoroshkin, 43
M. Ó Siadhail, 79, 80, 81, 83, 85
A. L. Sihler, 134
M. Silverstein, 71, 72
V. Skalička, 33
S. Starostin, 44
S. Steele, 23
H. Steinthal, 31, 32, 33
W. A. Stewart, 49
L. Stirling, 188, 189
S. Svorou, 155
M. Swadesh, 29, 49, 157, 158
L. Talmy, 23, 34
C. Tchekhoff, 205
R. Thom, 24
S. Thompson, 24, 25, 251
D. A. Thorne, 80, 81
A. Timberlake, 24, 212
R. Tomlin, 73, 74. 243
A. Tovar, 28, 34
A. Trombetti, 102. 104
N. S. Trubetzkoy, 35
S. Ullmann, 22
R. Ultan, 23
R. D. van Valin, 24, 192
J. S. Vater, 30
I. Vogel, 125
U. Weinreich, 22, 45
A. Wierzbicka, 159-164, 193
L. Wittgenstein, 242
W. Wright, 87, 88, 89, 90
A. M. Zwicky, 24, 191

LETRAS UNIVERSITARIAS

Títulos publicados

1. Resolución de problemas de estadística
aplicada a las ciencias sociales.
Guía didáctica para profesores y alumnos
M.ª J. Fernández Díaz
J. M. García Ramos
J. Asensio Muñoz
A. Fuentes Vicente

2. 225 problemas de estadística aplicada
a las ciencias sociales.
Ejercicios prácticos para alumnos
M.ª J. Fernández Díaz
J. M. García Ramos
J. Asensio Muñoz
A. Fuentes Vicente

3. Curso universitario de lingüística general.
Teoría de la gramática y sintaxis general. Volumen I
J. C. Moreno Cabrera

4. Curso universitario de lingüística general.
Semántica, pragmática, morfología y fonología. Volumen II
J. C. Moreno Cabrera

5. Introducción a la historia de la pintura
A. Colorado Castellary

6. La didáctica de la lengua inglesa.
Fundamentos lingüísticos y morfológicos
J. Bestard Monroig
M.ª C. Pérez Martín

7. Práctica y teoría de la historia de la lengua española
R. Santiago
E. Bustos
A. Puigvert

8. Filosofía de la Historia
Manuel Benavides Lucas

9. Sintaxis y cognición
Marina Fernández Lagunilla
Alberto Anula Rebollo

10. Antropología de la producción artística
Lourdes Méndez

11. Los caminos de la historia.
Cuestiones de historiografía y método
Elena Hernández Sandoica

12. Fundamentos de las relaciones públicas
Luis Solano Fleta

13. Manual de Sociología de la Educación
Antonio Guerrero Serón

14. Teoría y técnica de la investigación científica
José María Desantes-Guanter
José López Yepes

16. Guerra en España
Walther L. Bernecker

17. Educación ambiental
Francisca Martín Molero

18. Introducción a la lingüística.
Enfoque tipológico y universalista
Juan Carlos Moreno Cabrera